SOCIEDAD CIVIL Y NORMATIVIDAD: LA TEORÍA SOCIAL DE DAVID HUME

Ana Marta González

SOCIEDAD CIVIL Y NORMATIVIDAD: LA TEORÍA SOCIAL DE DAVID HUME

ics
Universidad
de Navarra
Instituto Cultura y Sociedad

Dykinson, S. L.

Editorial DYKINSON, S.L. Meléndez Valdés, 61-28015 Madrid
Teléfono (+34) 91 544 28 46-(+34) 91 544 28 69

e-mail: info@dykinson.com
http://www.dykinson.es
http://www.dykinson.com

Consejo editorial véase www.dykinson.com/quienessomos

ISBN: 978-84-9031-608-5
Depósito Legal: M-23808-2013

ÍNDICE

CRÉDITOS

La introducción, el capítulo 2 y el epílogo se publican ahora por primera vez.

El resto de los capítulos se publicaron anteriormente como artículos o capítulos en obras colectivas. Se agradece el permiso de los editores para publicarlos de nuevo. Los títulos y fuentes originales de esos capítulos son los siguientes:

Capítulo 1. «Justicia como virtud artificial en David Hume: Elementos para una teoría psicosocial de la acción», en *Pensamiento*, vol. 64, nº 239, 2008, pp. 97-127.

Capítulo 3. «Hume y los teóricos de la ley natural acerca de las promesas: un contraste fecundo», en *In Umbra intelligentiae: Estudios en homenaje al Prof. Juan Cruz Cruz*, Ángel Luis González & Mª Idoya Zorroza (eds.), Pamplona, Eunsa, 2011, pp. 451-492.

Capítulo 4. «Naturaleza y función del gobierno en Hume», en *Revista de Filosofía*, vol. 33, nº 1, 2008, pp.161-196.

Capítulo 5. «Alcance y límites del deber de obediencia en Hume», en *Tópicos. Revista de Filosofía*, nº. 37, 2009, pp. 77-116.

Capítulo 6. «La oposición de pasiones y su superación en el trato social según Hume: Familia, castidad y cortesía», en *Themata. Revista de Filosofía*, nº 44, 2011, pp. 308-325.

Capítulo 7. «Humean Keys For Social Theory: From Natural Circles of Sympathy to the Formation of an Impartial Moral Judgment», en *Oikeiosis and the Natural Bases of Morality. From Classical Stoicism to Modern Philosophy*, A. Vigo (ed.), Hildesheim – Zürich – New York, Georg Olms, 2012, pp. 231-262.

ABREVIATURAS DE LAS OBRAS MÁS CITADAS

HUME:

- *Treatise of Human Nature*. Emplearé las iniciales de la obra, seguidas del número de libro, parte, sección y página en la edición de Selby-Bigge. Ej: T. 3. 2. 1., 477:
- *Enquiry of the principles of Morals*: Emplearé las iniciales de la obra, seguidas del número de sección, parte y página en la edición de Selby-Bigge. Ej. EPM, 9. 2., 283:
- *Essays Moral, Political and Literary:* se citarán por su título específico, seguido de *Essays*, volumen específico de los *Ensayos* en la edición de Green&Grose de *David Hume: The Philosophical Works*, y número de página. Donde haya traducción al castellano, se indicará entre paréntesis año de edición y página correspondiente. Ej. *De los partidos británicos, Essays. vol. I., p. 142 (1994:58).*

HOBBES: *Leviatán*: se cita la inicial, seguida de libro y capítulo. Ej: L, I.14, y la página en la edición castellana.

TOMÁS DE AQUINO: *Summa Theologiae*: iniciales, seguidas de parte, número de la cuestión y del artículo. Ej: S. Th.I.II. q. 24. a. 3.

KANT: Todas las obras de Kant se citan según las iniciales del original alemán, consignando el volumen y la página en la *edición de la Academia* de *Berlín*, 1904. *Metafísica de las costumbres*: MS, 6:387 *Paz Perpetua*: EF, 8:3.

ARISTÓTELES: Todas las obras de Aristóteles se citan consignando la numeración de la edición de Immanuel Bekker de 1831-1836, indicando la página, la columna (a ó b) y eventualmente la línea del texto en esa edición.

PRÓLOGO

Este volumen recoge siete trabajos publicados entre 2008 y 2012 sobre la filosofía moral de David Hume. Todos ellos responden a una unidad de propósito: poner de manifiesto las implicaciones que el pensamiento moral del autor escocés tiene para la formación de la teoría social moderna y la definición de la normatividad específica de lo que conocemos como «sociedad civil».

Aunque la idea de reunir en una monografía estos trabajos es muy anterior, no cabe duda de que las actuales circunstancias económicas y sociales le prestan una singular actualidad. Más allá del debate acerca de las causas de la presente crisis económica, muchos se preguntan si, verdaderamente, la sociedad civil puede regularse a sí misma. Para responder a esta cuestión, sin embargo, es preciso analizar la naturaleza de dicha regulación. En esta tarea Hume constituye un punto de referencia inexcusable, pues en gran medida sus estudios sobre moral no persiguen otra cosa que mostrar la normatividad interna de un nuevo espacio de relaciones sociales, específicamente diverso de las relaciones familiares y políticas.

INTRODUCCIÓN: DE LA LEY NATURAL A LA TEORÍA SOCIAL

En los últimos años se ha abierto paso una línea interpretativa en los estudios sobre Hume que incide en su relevancia como teórico social. Ahí están, por ejemplo, los libros de Christopher J. Finlay (2007) o Russell Hardin (2007). Si Finlay se ha preocupado sobre todo de hacer explícito el contexto social implícito en los temas y ejemplos que Hume desarrolla en el *Treatise*, Hardin ha continuado en parte los estudios sobre racionalidad estratégica y cooperación que ya tiempo atrás habían tomado nota de las aportaciones de Hume, mostrando, por un lado, la originalidad de Hume frente a Hobbes, y, por otro, su condición de precursor de lo que el propio Hardin denomina «Austrian Social Theory».

Enfatizando la relación de Hume con la teoría social, ambos autores continúan las obras seminales de Christopher J. Berry (1997) y Knud Haakonssen (1996), quienes han ampliado la comprensión convencional de Hume al situarlo en relación con la tradición de la ley natural y los contemporáneos escoceses. Tanto Berry como Haakonssen han influido también en el desarrollo de los trabajos que aquí se presentan, y que constituyen el fruto de los proyectos de investigación que vengo dirigiendo desde 2006: *Razón práctica y ciencias sociales en la ilustración escocesa: antecedentes y repercusiones* (HUM2006-07605) y *Filosofía Moral y Ciencias Sociales. De un paradigma evolutivo-naturalista a uno representacional-práctico* (FFI2009-09265).

La hipótesis de trabajo del primero de esos proyectos era que la aparición del discurso teórico sobre la sociedad es una consecuencia de la aplicación del método experimental a la acción humana, en la medida en que dicho análisis limita el alcance de la racionalidad práctica, tal y como se mantiene en la teoría clásica de la ley natural y se advierte singularmente en la doctrina clásica sobre el imperio (T. Enríquez, 2011).

Cabe observar, en efecto, que, desde un punto de vista histórico, el nacimiento de las ciencias sociales es solidario con el proceso de naturalización de la filosofía moral y la progresiva adopción de categorías naturales para explicar el comportamiento humano. Ahora bien, este proceso tiene lugar especialmente en el contexto de la ilustración escocesa, primeramente en la filosofía moral de David Hume, para quien constituye un objetivo prioritario el proporcionar una explicación científico-natural del comportamiento humano, recurriendo a categorías psicológicas y sociales contrastables empíricamente.

De este modo, Hume pretendía ofrecer una alternativa a las teorías modernas de la ley natural que, abandonada la síntesis medieval de Tomás de Aquino, oscilaban en difícil equilibrio entre elementos realistas y voluntaristas: Si por lo primero asumían que los valores morales son intrínsecos a las acciones, por lo segundo atribuían su obligatoriedad a voluntad divina. En esta dirección discurría la propuesta de Grocio, según parece, ya preparada parcialmente por la exposición que Suárez había hecho del imperio de la razón práctica. En efecto, según numerosos autores, Suárez entendía este acto como razón teórica más voluntad y, aunque él mismo trataba de situarse en un término medio entre la postura realista de un Gregorio de Rimini y la postura voluntarista de Ockhamistas como Jean Gerson, lo cierto es que su propia posición preludiaba la orientación hacia el voluntarismo.

Sería Pufendorf –por no hablar de Hobbes– quien desecharía el último elemento realista que quedaba en las teorías de Grocio y de Suárez: para Pufendorf, el contenido moral de las acciones debe inferirse de nuestra condición social, precisamente porque hemos sido creados con una naturaleza social. Sin embargo, seguiría apelando a la voluntad de Dios como garante de la obligatoriedad moral de tales acciones. Y es este recurso a una instancia trascendente a la naturaleza empírica lo que Hume trata de evitar en su filosofía moral.

En buena parte, la teoría ética de Hume puede comprenderse como un intento de *naturalizar el concepto de obligación*, tal y como se presentaba en las teorías corrientes de la ley natural, lo cual, en el contexto escocés, marcado por la influencia del puritanismo, significaba asimismo procurar una explicación naturalista del hecho religioso. El empeño naturalista de Hume, ciertamente, resulta manifiesto ante todo en sus escritos sobre religión natural, así como en su búsqueda de una explicación de la justicia alternativa a la que ofrecían las teorías modernas de la ley natural. En rigor, es precisamente en el curso de esta explicación cuando Hume desarrolla su teoría de la sociedad como artificio, la cual, desde un punto de vista conceptual, resulta clave para entender la teoría social que se desarrolla en el contexto de la ilustración escocesa.

En efecto, la teoría social de Hume aparece principalmente en el contexto de una argumentación destinada a probar por qué la justicia es una virtud artificial, o, lo que es lo mismo: por qué las conductas justas suscitan un sentimiento de aprobación, que, a diferencia de lo que ocurre con las acciones benevolentes o benéficas, no viene respaldado por un beneficio que de manera inmediata puede recibir el agente o sus próximos. Como ha visto Hartmut Kliemt, Hume descubre que los criterios que valen en un ámbito social reducido no son los mismos que los que rigen en un ámbito social más amplio. Pero ese descubrimiento es deudor de la diferenciación que introduce en el criterio moral: entre el sentimiento de aprobación propio de virtudes con base natural como la benevolencia y el sentimiento de aprobación propio de virtudes artificiales como la justicia.

La explicación que ofrece Hume de la justicia, a la que dedico el capítulo primero, constituye a mi juicio una puerta de acceso privilegiada al pensamiento social de Hume, desde la que entender los elementos estructurales de su teoría. Contiene, además, relevantes indicaciones, que permiten comprender el desarrollo de una peculiar visión de la historia como ciencia de la civilización, en la que la contingencia y la incertidumbre que rodean a la acción y las relaciones humanas, una vez abandonado el ámbito natural de la familia, se superan mediante el artificio generador de instituciones morales: desde instituciones como la propiedad y las promesas, que, por su carácter absolutamente necesario él cuenta entre las «leyes de la naturaleza», hasta instituciones que obedecen a la progresiva complejidad social, como el gobierno o las normas convencionales de cortesía. A lo largo de este libro, me iré ocupando con detalle de cada una de estas instituciones, siguiendo el hilo argumental marcado por el propio Hume en el *Treatise*. En esta introducción solo me interesa resaltar cómo el planteamiento de esa obra refleja, simultáneamente, una preocupación sistemática por el orden social y una visión histórica de su desarrollo.

A este propósito, conviene señalar que la aproximación a la historia como historia de la civilización no sólo está en la base de las filosofías de la historia que proliferan en la Francia del XVIII y posteriormente en Alemania, sino que constituye el punto de partida de la teoría social entendida como teoría de las instituciones, entre las que se cuenta la religión –naturalizada por Hume– o, por supuesto, la economía, luego considerada por Saint Simon o Comte como una ciencia básica a fin de construir la *Science de l'homme* y la *physique sociale*. En este desarrollo, la teoría social escocesa resulta capital. Todavía antes, la reflexión social de los escoceses habría de resultar determinante del curso seguido por la filosofía kantiana de la historia, constituyendo el trasfondo desde el que entender el papel mediador de la facultad del juicio en el ámbito de la acción (J. M. Torralba, 2009).

Pero lo que me interesa subrayar en esta breve introducción, por no haber sido suficientemente resaltado, es más bien la deuda paradójica del pensamiento social escocés con la tradición de la ley natural: el hecho de que el pensamiento social escocés se constituye en buena parte como una crítica a las teorías modernas de la ley natural –en especial las teorías voluntaristas de la ley natural– pero, al mismo tiempo, recibe de ellas la preocupación por el orden social, reproduciendo sus mismos temas y motivos.

Esto resulta especialmente claro en la crítica de Hume a las teorías contractualistas, alineadas con teorías voluntaristas de la ley natural. Como es sabido, era típico de las teorías voluntaristas el tratar la fundamentar la universalidad y objetividad de los juicios morales no tanto en un poder moral –sea la razón, el sentido moral, la conciencia o el sentido común–, cuanto en el acuerdo. A menudo esto se expresó apelando a la metáfora del contrato. Con ello se daba un paso importante en orden a conceptualizar la cultura en términos de convención (Haakonssen 1999). Ahora bien: aunque David Hume se opuso siempre a las teorías contractualistas de la sociedad, reservó un lugar importante para las convenciones en la vida social, en particular para aquella regla convencional que, según él, funda la estabilidad de las posesiones. Ciertamente, en contra de los planteamientos contractualistas, él insistirá en que no es necesario explicar dicha convención apelando a una promesa, sino que basta la sola costumbre, una vez que se haya advertido la utilidad común derivada de sujetarse a una serie de reglas de comportamiento: Del mismo modo que «dos hombres que reman en un bote lo hacen por una convención o acuerdo, aunque nunca se lo hayan prometido recíprocamente» (T.3.2.2., 490). Pero, precisamente por eso, a fin de articular su visión de la justicia como virtud artificial, tuvo que desarrollar una explicación genética de las instituciones morales, en la que estas aparecían simultáneamente como factor y producto de la civilización.

Más alineado con Pufendorf que con Hobbes, Hume se opone a los denominados «sistemas morales egoístas» –especialmente representados por Hobbes– que presentan al hombre como un ser solitario, preocupado exclusivamente por satisfacer sus intereses. En su lugar, propone una imagen más equilibrada del ser humano, en la que encuentran su lugar también los sentimientos sociales y altruistas. En esto se advierte la huella de Hutcheson, maestro de Adam Smith e interlocutor de Hume. Ahora bien, los filósofos escoceses aceptan esta herencia, sin por ello dejar de advertir los gérmenes de disensión y conflicto que anidan en la naturaleza humana.

Ciertamente, la conciencia del conflicto y el enfrentamiento es especialmente clara en la explicación que ofrece Ferguson de la evolución social, quien incidió asimismo con más claridad que Hume o Smith en los aspectos negativos del progreso. Con todo, la conciencia del conflicto no está ausente tampoco de la filosofía moral de Hume o de Smith. De hecho, como han mostrado Haakonssen o Schneewind (1998), este aspecto constituye un punto de coincidencia con las teorías modernas de la ley natural que, siguiendo la línea inaugurada por Grocio, habían hecho de la experiencia del conflicto social uno de sus puntos de partida. No hay que olvidar, en efecto, que la filosofía moral moderna se desarrolla en un contexto histórico marcado por sangrantes conflictos políticos y religiosos, al hilo de los cuales se hace difícil mantener la tesis de la sociabilidad natural del hombre, sin más matizaciones. De ahí que también en la teoría moral y social de los ilustrados escoceses, en general más partidarios de destacar el lado amable de la naturaleza, la constitución histórica de la sociedad civil pase por gestionar ese conflicto, lo cual tiene lugar gradualmente, a lo largo de un proceso histórico que se presenta como una historia de la civilización y una historia de las instituciones.

Así pues, la teoría social de los ilustrados escoceses se enmarca en el contexto de una reflexión moral y sirve en gran medida a un propósito moral. Ciertamente, dentro de este marco común no deja de haber importantes diferencias. De hecho, las posturas de Ferguson y Hume son con frecuencia diametralmente opuestas. Así, mientras que Hume, en su *Historia de Inglaterra*, insiste en el avance conjunto de comercio y libertad, Ferguson –más bien dentro de la tradición republicana en el sentido de Pocock– tiende a subrayar la corrupción debida a la riqueza y el modo en que el progreso político agrava tal estado de cosas, en la medida en que favorece una situación en la que los hombres quedan libres para dedicar toda su atención a la mejora material, en detrimento de un completo humanismo. De cualquier forma, tanto Hume como Ferguson coinciden en prolongar la reflexión moral con una reflexión social y política que no es en última instancia ajena a la misma determinación de la moral: Es el tema del progreso. Todos estos aspectos quedan asimismo reflejados en la filosofía kantiana de la historia que tanta importancia reviste en la formación del pensamiento sociológico (A. M. González, 2009: 77-105; 2011c: 433-454).

En efecto, aunque Kant no se cuenta ordinariamente entre los precedentes inmediatos de la sociología, su filosofía trascendental en general, y sus escritos de filosofía de la historia en particular, contienen importantes claves para entender los primeros pasos de esta ciencia. Fuertemente influido por las teorías del siglo XVIIII sobre el tránsito del estado de naturaleza al estado social, y contemporáneo de la Revolución Francesa, Kant reflexionó hondamente sobre el curso que iba tomando la sociedad de su época. Buena parte de sus reflexiones estuvieron alimentadas por su lectura de los filósofos escoceses. Se puede decir que la lectura de los escoceses operó como un contrapeso a la visión «grociana» de la conflictividad social. Y ahí se sitúa la genial conceptualización kantiana del hombre como un ser «insociablemente social» que, como he mostrado en otros lugares (A. M. González, 2004: 215-232; 2004b: 679-711), tanto peso tiene en su aproximación a la cultura. De esa insociable sociabilidad, tan subrayada en el pensamiento moderno, Hume nos ofrece su versión particular, cuando apunta la tensión entre relaciones con los próximos y relaciones con los extraños, entre satisfacciones a corto plazo e interés a largo plazo, entre deber natural y deber moral, etc. La manera en que articula estas tensiones permite vislumbrar los diversos modos en que, a su juicio, la sociedad civil llega a regularse a sí misma. A explicar los distintos niveles de normatividad social se dedican las páginas que siguen.

CAPÍTULO 1. LA JUSTICIA COMO VIRTUD ARTIFICIAL EN HUME. ELEMENTOS PARA UNA TEORÍA PSICOSOCIAL DE LA ACCIÓN

1.1. Introducción

La exposición que hace Hume de la virtud de la justicia constituye un lugar privilegiado para comprender la conexión entre una de las corrientes de la filosofía moral moderna y el inicio de las ciencias sociales. Confrontado con varias controversias éticas de su tiempo, Hume elaboró su propia teoría moral, en la que se contienen elementos clave para el pensamiento sociológico.

Por de pronto, la crucial controversia sobre el fundamento de la moral, que durante el siglo XVII enfrentó a voluntaristas, racionalistas y partidarios del sentido moral. Mientras los primeros sostenían que el origen de la obligación moral radicaba en la voluntad de Dios, los otros sostenían que dicho fundamento se encontraba ya en la naturaleza humana -sea en la razón o en el sentimiento–. Hume rechaza la solución voluntarista (D. Fate Norton, 1993), para inclinarse por la segunda respuesta -la naturaleza humana– pero, en contraste con la solución racionalista, busca el fundamento moral en un sentimiento, no en la razón (D. Fate Norton, 1993). Esta solución condiciona notablemente su postura con respecto a otro gran debate de su tiempo: Si la virtud y la obligación moral son creadas por la convención social o bien derivan de la naturaleza. En la solución apuntada por Hume va implícita una distinción entre virtudes naturales y artificiales, en torno a la cual se articula su análisis de la justicia (R. Cohon, 2001: 13).

Hume define la virtud como un rasgo del carácter que provoca un sentimiento de aprobación en el observador. En ese marco, la justicia se le presenta como una virtud peculiar que, a diferencia de otras virtudes llamadas por Hume «naturales», se origina en ciertas convenciones, por lo cual Hume la califica de «artificial». Lo característico de las virtudes artificiales, según Hume, es que, a diferencia de las naturales, cuya cualidad moral se despliega en círculos sociales familiares o cercanos, las artificiales despliegan su potencialidad en círculos sociales más amplios (H. Kliemt, 1986: 34; 65).

En lo que sigue, nuestro propósito es mostrar concretamente el modo en que Hume va haciendo explícitos los elementos de una teoría psicosocial de la acción, poniendo las bases del pensamiento social posterior. Nuestra exposición partirá de un breve recuento de la controversia entre voluntaristas y realistas, a cuya luz se definen los términos del problema que Hume trata de resolver con su teoría convencional de la justicia.

1.2. El contexto filosófico-moral: voluntarismo *versus* realismo

Francisco Suárez había resumido la confrontación entre los voluntaristas seguidores de Ockham y los «realistas» como Rimini en los siguientes términos: Mientras los primeros consideraban que la bondad de las acciones residía en ser imperadas por Dios, los segundos mantenían que la bondad de las acciones es relativamente independiente del mandato divino.

La controversia se trasladó a las teorías morales desarrolladas en el mundo protestante: Por un lado estaban los autores voluntaristas, que pensaban que, tras el pecado original, los hombres ya no eran capaces de apreciar la bondad moral y, por tanto, solo podían *ser obligados* a ciertos comportamientos, bien por la voluntad de la autoridad política –en el caso de los luteranos–, bien por voluntad de Dios manifestada en la propia conciencia –en el caso de los calvinistas– (K. Haakonssen, 1993).

Por otro lado, se encontraban los autores «realistas», que sostenían que los hombres tenían alguna capacidad de reconocer el bien moral, incluso en el estado de naturaleza caída. Dentro de esta tradición «realista», que postergaba en lo posible el recurso a la obligación, tenía gran importancia mostrar la racionalidad moral del mundo. Por eso, introduciendo el recurso a la teleología extrínseca, la ciencia popular de la moral se constituyó muy a menudo como una teoría de las instituciones morales, según la cual las diversas instituciones –familia, propiedad, gobierno, etc.– se ordenan a la estabilidad social, la cual, a su vez, se ordena a la felicidad general de todos (K. Haakonssen, 1999).

Con Hume asistimos a uno de los intentos más claros por esbozar una explicación del orden social, en la que el recurso a la teleología es sustituido por un modelo de comportamiento social autorregulador, tan decisivo para el posterior desarrollo del pensamiento social en la ilustración escocesa. Para verlo conviene comenzar atendiendo a su análisis de la justicia.

1.3. El análisis de la justicia: la justicia no es virtud natural

A primera vista, lo más intrigante del planteamiento de Hume es su caracterización de la justicia como una «virtud artificial». Hume reserva esta denominación para aquellas cualidades del carácter que suscitan el sentimiento de aprobación moral no en razón de su correspondencia inmediata con alguna pasión, sino con la mediación de algún artificio, «que se origina en las circunstancias y necesidades de la humanidad» y que se convierte en nosotros como en una segunda naturaleza a causa de la educación y el proceso civilizador. Así las cosas, podría resultar sorprendente el orden seguido por Hume en el *Treatise*, cuando elige estudiar primero las virtudes artificiales, y sólo después las naturales.

1.3.1. La precedencia de las virtudes artificiales en el Treatise

Sin embargo, como ha apuntado A. Baier, Hume tiene varias razones para invertir ese orden.

La primera es que, de este modo, Hume puede equilibrar un tanto la tesis que ha expuesto poco antes, en la primera parte, según la cual las distinciones morales no son conclusiones de nuestra razón, sino que derivan del sentimiento. Al referirse inmediatamente después de las virtudes artificiales, Hume deja claro que la tesis anterior no convierte en irrelevante el papel de la razón en la moral (A. Baier, 1991: 175).

La segunda es que la exposición de las virtudes artificiales le da ocasión para mostrar de qué forma un filósofo puede «observar y explicar» la transición del *is* al *ought*. Según Baier, es precisamente esto lo que Hume trata de hacer en su exposición de las virtudes artificiales[1].

[1] «La afirmación irrestricta que Hume hace aquí es que cualquier transición del ser al deber es "de la máxima importancia", y que el movimiento al deber "debe ser observado y explicado". Entonces añade la observación particular de que una deducción de un deber a partir de cualquier conjunto de afirmaciones de ser "parece enteramente inconcebible". Aquí él emplea las propias reglas de los racionalistas contra ellos mismos, como había hecho en su discusión del uso del principio de inducción. Pero él no comparte la visión de aquellos, según la cual la única inferencia correcta son las demostraciones, por tanto todavía está abierto para él el movimiento del ser al "debería" y a proporcionar una cuidadosa explicación de la transición de los hechos acerca de los acuerdos o convenciones humanas

La tercera es que, incluso para justificar el punto de vista moral mediante el cual reconocemos la cualidad moral de las virtudes naturales, se requiere de cierto artificio (A. Baier, 1991: 177)[2]. Así, mientras que en la parte I del tercer libro del *Treatise*, Hume se había limitado a hablar genéricamente de un sentimiento de aprobación moral, en la parte II, donde ya habla de la justicia, expone la necesidad de un artificio racional para corregir las parcialidades del sentimiento de aprobación moral. De forma que, cuando retome el análisis de las virtudes naturales, en la parte III, podrá dedicarse a analizar los modos de corregir las parcialidades de la simpatía[3].

En efecto, según Hume, el juicio moral por el que aprobamos o reprobamos ciertas acciones no es, en realidad, más que una pasión indirecta, motivada por la observación reflexiva de la virtud o el vicio, con sus efectos de placer o utilidad sobre el agente o terceros[4]. El sentimiento derivado de aquí, aun siendo menos «intenso» que los derivados inmediatamente de la interacción con los demás, es, sin embargo, más universal y constante, y esto, según Hume, es decisivo. En su opinión, la universalidad y constancia de tal sentimiento moral bastaría para equilibrar la parcialidad de nuestros sentimientos.

Para que esta explicación no se vea envuelta en contradicciones –por ejemplo, allí donde el interés del agente y el de los afectados por su acción difiere– es importante tener en cuenta que, según Hume, las acciones son,

---

a las conclusiones acerca de nuestras "obligaciones naturales". Esto es precisamente lo que hace en su explicación de las obligaciones de no hurtar, no robar, quebrar promesas etc» (A. Baier, 1991: 176-177).

[2] «Puedo estar de acuerdo con Mackie en que algún "artificio" es necesario para el reconocimiento de todas las virtudes Humeanas, puesto que algún artificio es esencial para adoptar el punto de vista necesario para "verlas» (A. Baier, 1991: 179).

[3] En efecto: según observa Hume, «por lo general, todos nuestros sentimientos de censura y alabanza son variables y dependientes de nuestra proximidad o lejanía con respecto a la persona censurada o alabada, así como la disposición de nuestro ánimo en ese momento. Sin embargo, en nuestras apreciaciones generales hacemos abstracción de esas variaciones y seguimos aplicando las expresiones que muestran nuestro agrado o desagrado de la misma manera que si permaneciéramos en un punto de vista fijo. La experiencia nos enseña bien pronto cómo corregir nuestros sentimientos o, por lo menos, nuestro lenguaje allí donde los sentimientos son más tenaces e inalterables [...]». Es decir: Hume acepta «la existencia de un cierto grado de egoísmo en los hombres», pero, a la vez, reconoce un papel a la reflexión mediante la cual «corregimos esos sentimientos de censura que surgen con tanta naturalidad en cuanto encontramos la menor oposición a nuestros intereses». (T. 3. 3.1., 582-583).

[4] Para profundizar en la teoría del juicio moral, véase W. Brand (1992); también A. Baier (1991: 152.154).

ante todo, signos de los motivos[5] y que es en estos donde fundamentalmente reside la cualidad propiamente moral[6].

Ahora bien, lo que Hume llama *the proper motive of that action*, es decir, el motivo al que cabe atribuir la cualidad virtuosa de una determinada acción, no es, según él mismo afirma repetidamente, la virtud misma de la acción, porque, de lo contrario, estaríamos abocados a un razonamiento circular. Por eso afirma:

> Ninguna acción puede ser virtuosa, o moralmente buena, a menos que exista en la naturaleza humana algún motivo que la produzca, que sea distinto al sentimiento de la moralidad de la acción (T.3.2.1.7).

1.3.2. Motivos naturales y morales

Con esas palabras, Hume introduce una neta diferencia entre los *motivos naturales* que están en la base de las acciones que espontáneamente despiertan un sentimiento de aprobación o disgusto en el espectador que las contempla, y los *motivos morales* propiamente dichos, es decir, su misma cualidad virtuosa o el sentido del deber.

Lo «moral», para Hume, como para todos los modernos en general, incorpora la idea de un cierto «desinterés», «altruismo» e «imparcialidad», mientras que lo «no moral» alude a una forma u otra de interés o satisfacción. Sin embargo, lo característico de Hume es tratar de reconstruir el motivo altruista o moral a partir de la dotación psicológica y la contextualización social de la acción. En este sentido, la distinción entre motivos naturales y morales resulta crucial en su argumentación.

En efecto, el punto de partida de Hume a la hora de razonar el carácter artificial de la justicia reside en que, a diferencia de lo que ocurre con otras acciones virtuosas, el motivo que inspira las acciones justas no está respaldado por un sentimiento natural, inmediatamente derivado

[5] «Cuando alabamos una acción nos cuidamos solamente de los motivos que la produjeron, y consideramos esa acción como signo o indicación de ciertos principios de la mente y el carácter. La ejecución externa no entraña mérito alguno, sino que tenemos que mirar al interior para encontrar la cualidad moral. Pero como no podemos hacer tal cosa directamente, nos fijamos en las acciones, signos externos de la cualidad» (T.3.2. 1, 477).

[6] «Cuando un objeto es apropiado en todas sus partes para alcanzar un fin agradable, nos produce naturalmente placer y es considerado como bello, aun cuando carezca de algunas circunstancias externas que lo harían absolutamente eficaz [...] Cuando un carácter es apropiado por todos conceptos para resultar provechoso a la sociedad, la imaginación pasa fácilmente de la causa al efecto sin preocuparse de que todavía falten algunas circunstancias necesarias para que la causa sea completa» (T.3.3.1., 584-585).

de nuestra dotación psicológica, activada por la presencia de nuestros semejantes, sino por un sentimiento artificial que, según Hume, motiva solo al hombre en estado civilizado.

En efecto, tal y como apunta Francis Snare:

> La distinción entre virtudes naturales y artificiales es cuestión de cómo la cualidad (virtuosa de una acción, esto es, el motivo que la inspira) llega a ser útil o agradable (al observador). En el caso de las virtudes naturales, la cualidad (que atrae la aprobación de los sentimientos del que juzga) resulta naturalmente útil o agradable a otros o a la persona que actúa [...] En cambio, en el caso de las virtudes artificiales, las cualidades que atraen la aprobación del sentimiento moral del que juzga no son naturalmente útiles o agradables solo por sus efectos naturales, sino que llegan a serlo únicamente después de que se hayan establecido ciertas convenciones (F. Snare, 1991: 178)[7].

Así, frente al que replica que existen motivos específicos para realizar acciones justas y, en prueba de su afirmación apunta al sentido del deber, Hume observa:

> Esta respuesta es justa y convincente para un hombre civilizado, formado según una determinada disciplina y educación. Pero en su condición más ruda y natural (si queréis llamar natural a una condición tal) esta respuesta tendría que ser rechazada por totalmente ininteligible y sofística (T.3.2.1., 479).

Según esto, explicar por qué actuamos justamente o por qué apreciamos las acciones justas es explicar por qué llegamos a desarrollar algo así como un sentido del deber. Antes de examinar derechamente esta cuestión, Hume se entretiene en explicar por qué la justicia no es una virtud natural, descartando uno a uno los sentimientos que, en opinión de algunos, podrían ser candidatos aptos para fundamentar el deber de justicia: el amor propio, el interés público, el amor a la humanidad y el amor al prójimo. Pero aquí no nos vamos a detener en esto, para ir al núcleo de su planteamiento.

---

[7] El hecho de que las virtudes naturales remitan directamente a un sentimiento natural se seguirá otra de sus diferencias más notables con respecto a las artificiales, a saber: las primeras admiten grados, mientras que las segundas, al descansar en convenciones artificiales, no los admiten (T.3.2., 530). En este punto, Hume reproduce la distinción iusnaturalista entre deberes imperfectos y perfectos.

1.3.3. La justicia no tiene motivo natural alguno

¿Cómo dar razón de la obligación de justicia, si no hay sentimiento natural que la respalde? ¿Acaso debería Hume aceptar una solución voluntarista o racionalista? Como ha señalado Haakonssen, es precisamente aquí, cuando el programa naturalista de Hume parecería abocado al fracaso (K. Haakonssen, 1989: 11), cuando el escocés da otra vuelta de tuerca, introduciendo su teoría de las virtudes artificiales:

> El sentido de la justicia y de la injusticia no se deriva de la naturaleza, sino que surge, de un modo artificial aunque necesario, de la educación y de las convenciones humanas (T.3.2.1, 483).

En estas palabras es clave la referencia al surgimiento «necesario», pues supuesto que el propósito de Hume sea reconstruir naturalmente el concepto de obligación y deber, tiene que introducir en algún momento el concepto de «necesidad». En todo caso, para prevenir posibles malentendidos, Hume se apresura a aclarar que la tesis según la cual el sentido de lo justo y lo injusto es fruto de la educación y las convenciones no equivale a mantener que las reglas de la justicia sean arbitrarias. Puede ocurrir que las convenciones en cuestión sean resultado del desarrollo natural de la especie, supuestas determinadas condiciones de tipo psicológico y social. De ahí que el propio Hume no tenga mayor reparo en calificar las convencionales reglas de justicia como «leyes de la naturaleza».

No obstante, el concepto humeano de ley natural se distingue del de los iusnaturalistas modernos por dos motivos cruciales: En primer lugar, porque en las manos de los teóricos modernos de la ley natural, esa noción casi siempre iba asociada a posiciones voluntaristas, con las que se trataba de dar respuesta no tanto a la cuestión del contenido de la ley como a la cuestión de su *forma obligatoria*. También Hume pretende dar razón de esa «forma obligatoria», pero en lugar de apelar al legislador divino, apela a la necesidad de la naturaleza, donde esta representa un ámbito de necesidad, como el descubierto por Newton. Así, en parcial continuidad con la tradición realista, Hume va a ofrecer una teoría naturalista del deber o la obligación, según la cual, esta se origina mediante un artificio que combina de manera peculiar interés y sentimiento.

Pero hay otra razón por la que la noción humeana de la ley natural difiere de la de los iusnaturalistas. Pocock la ha entrevisto cuando, refiriéndose a Hume, anota las siguientes palabras:

> A pesar de su muy citada creencia de que la naturaleza humana es la misma en todos los tiempos y lugares, su argumento de que la razón es dependiente de la pasión y la pasión, a su vez, de la experiencia, podría, unido a la creciente opinión de que el comercio amplía la esfera de la experiencia, el conocimiento y los valores humanos, emplearse para reconstruir una imagen de hombres creando y transformando sus propias «segundas naturalezas» [...] a través de los siglos de su creciente vida económica (J.G.A. Pocock, 2003: 497-498).

En efecto, desde el momento en que la pasión se identifica como el motor crucial de nuestra conducta, toda variación en el mundo capaz de estimular nuestras pasiones, dejará sentir su efecto en el curso de nuestras acciones. Ahora bien: el estímulo de las pasiones viene dado por las incidencias de la vida social. *En este preciso punto se abre espacio conceptual para una teoría de la acción concebida como la intersección entre condiciones psicológicas y sociales.* Y a la inversa: cualquier explicación de la sociedad habrá de considerar que esta no es sino un elemento necesario, natural, de la acción humana, como una *segunda naturaleza surgida* de la interacción entre los hombres, sobre la base de la primera naturaleza, psicológica, que todos ellos tienen en común.

Dentro de este planteamiento radicalmente naturalista de la acción y la sociedad, que no admite más presupuestos que una determinada concepción empirista de la naturaleza humana, afirmar el carácter convencional, pero no arbitrario, de la justicia, equivale a mantener que ésta resulta espontáneamente de la interacción entre los hombres, supuesta su peculiar dotación psicológica, así como determinadas condiciones materiales. Por lo demás, como observa Pocock, la concepción humeana según la cual la justicia tiene un origen artificial, responde bastante bien al contexto socioeconómico que le toca vivir a Hume, en el que el desarrollo de la sociedad comercial, requería de manera particular la introducción de convenciones y normas que permitieran regular las transacciones económicas.

1.4. El origen de la obligación natural de justicia

Así pues, una vez descartados el egoísmo, la benevolencia universal y la benevolencia privada como motivos naturales de justicia, y apuntado el carácter artificial de esta virtud, Hume se dispone a analizar positivamente el origen y la naturaleza del artificio que, a su juicio, está en la base de la obediencia que prestamos a las reglas de justicia y que constituye el núcleo de lo que él designa como «obligación natural de justicia».

Posteriormente, y relacionado con esto, analizará también cuáles son las razones que nos llevan a atribuir peculiar belleza *moral* a la observancia de tales reglas. A esto se refiere cuando habla de la «obligación moral de justicia» (J. Bricke, 1996: 115). Conviene notar que se trata de dos cuestiones distintas: mientras que con la expresión «obligación natural de justicia» hace referencia al origen (natural) de la convención en la que se asienta la justicia, con la expresión «obligación moral de justicia» Hume trata de explicar por qué asociamos la idea de virtud o de vicio a la justicia o la injusticia respectivamente. Aquí me referiré sobre todo a la primera, aunque hacia el final diré algo de la segunda.

1.4.1. La sociedad como remedio a la precariedad natural del hombre

Para justificar la aparición de las reglas de justicia, Hume introduce los rudimentos de una teoría de la civilización, prologada por una serie de observaciones generales acerca de la diferencia entre los animales y el hombre, en las que se recoge el clásico tema de la naturaleza madrastra (T.3.2.2., 485).

Entre todos los animales, el hombre aparece como el más débil y necesitado: con mayores dificultades para conseguir su alimento, con necesidad de buscarse refugio y vestido a fin de protegerse de las inclemencias del tiempo, desprovisto de las habilidades naturales que observamos en otros animales. Como Hume mismo señala, en la base de tal precariedad se encuentra la desproporción entre los deseos y necesidades, por una parte, y los medios naturales con que se cuenta para satisfacerlos. Aunque no lo menciona expresamente en este pasaje –lo veremos después–, Hume está convencido de que el deseo de adquirir es particularmente agudo en el hombre. Por esa razón, podemos suponer, la indigencia humana resulta particularmente dramática.

Sin embargo, a diferencia de Platón, Hume no va a cifrar el remedio a tal precariedad de manera inmediata en la inteligencia y el sentido moral, sin el cual, al decir de Zeus en el *Protágoras* de Platón, la sociedad humana difícilmente podría subsistir, sino que buscará directamente la solución en la misma sociedad, de la cual ofrece un análisis premoral, basado en una racionalidad estratégica, y a la cual propone un destino específicamente moderno: el progreso.

Hume no desconoce que en sociedad el hombre también ve aumentados sus deseos. Sin embargo, considera que la vida en sociedad incrementa todavía más su capacidad de satisfacerlos, y contempla tal perspectiva con optimismo. Es este un punto de vista interesante, que introduce un contraste con el de su contemporáneo Rousseau. Claramente, Hume tiene a la vista las ventajas materiales que su tierra natal estaba recibiendo de la división del trabajo y el desarrollo de la economía.

En efecto, Hume incide en tres aspectos que –según la experiencia de la sociedad escocesa del siglo XVIII– repercutían negativamente en el progreso: el trabajo no organizado, que por esa razón tiene poco rendimiento en términos cuantitativos; la deficiente división del trabajo, que impide alcanzar la perfección en tareas específicas; y, finalmente, la contingencia misma a la que está sujeto el trabajo en tales condiciones, pues cualquier fallo repercute inmediatamente en el resultado final. Pues bien, según Hume, el remedio a estos tres inconvenientes, que representan sendos obstáculos al progreso, viene de la mano de la sociedad.

> La sociedad proporciona remedio a estos tres inconvenientes. Nuestro poder se ve aumentado gracias a la conjunción de fuerzas. Nuestra capacidad se incrementa gracias a la división del trabajo. Y nos vemos menos expuestos al azar y la casualidad gracias al auxilio mutuo. La sociedad se convierte en algo ventajoso mediante esta fuerza, capacidad y seguridad adicionales (T.3. 2.2., 485).

Ahora bien, ¿qué relevancia tienen estas consideraciones para la cuestión que nos ocupa el origen de la justicia? Mucha, ya que según Hume, la justicia –o las normas de justicia– van a aparecer, en primer lugar, para garantizar esa estabilidad social o seguridad, contrapeso del azar, que es condición necesaria del progreso.

Para instituir las normas de justicia, sin embargo, es preciso todavía dar un paso más, en el que no se repara a menudo[8].

1.4.2. El progreso de la conciencia

Y es que Hume insiste en que el proceso civilizador, en el curso del cual aparecen las normas de justicia, no se pone en marcha simplemente porque la sociedad sea *de facto* ventajosa; es preciso, además, que los hombres *sean conscientes* de dichas ventajas. Por eso, con el fin de aislar los elementos que intervienen en la institución de la justicia, Hume ensaya una explicación genética, una historia conjetural, sobre el modo en que los hombres habrían llegado a ser conscientes de tales ventajas, partiendo de su dotación natural.

[8] Una excepción es J. Rawls (2001: 60).

En este sentido, Hume considera que la naturaleza comienza su tarea desde el momento en que es portadora del instinto sexual, al que se debe la primera forma de comunidad humana, la familia, en el seno de la cual los hijos aprenden lo que es la convivencia y van puliendo sus defectos, principalmente el egoísmo, mientras desarrollan los aspectos sociales de su naturaleza. Es este uno de los aspectos en los que mejor se advierte que la visión que tiene Hume de la naturaleza humana es, en general, más equilibrada que la de Hobbes. Pues aunque reconoce que hay en el hombre tendencias egoístas, considera que dichas tendencias se encuentran equilibradas y contrarrestadas de hecho por otras pasiones, que cabría llamar sociales.

La referencia al «equilibrio» nos habla de un ideal ilustrado de indudables resonancias estoicas. Sabemos lo que Hume decía deber a esta tradición del pensamiento moral clásico. Ciertamente, a diferencia de los estoicos, Hume pone menos énfasis en el equilibrio ascético de las pasiones y más en su posible equilibrio social. Al mismo tiempo, es consciente de que ese equilibrio sólo alcanza de manera inmediata a las comunidades primarias, no a sociedades grandes. En efecto, Hume advierte que las mismas tendencias que en el ámbito reducido de familia y amigos resultan positivas, porque contrarrestan las tendencias egoístas, pueden ser fuente de conflicto si se trasladan a un entorno social más amplio: pues entonces, al tratar de favorecer a los próximos fácilmente causamos perjuicio a otros. Se da lo que Hume llama «oposición de pasiones». Según Hartmut Kliemt, Hume advierte aquí uno de los aspectos más centrales de toda teoría social: la lógica social de grupos reducidos no es similar a la que rige en grupos grandes. Con otras palabras: advierte la relevancia de la categoría «cantidad» a la hora de explicar el comportamiento social de los individuos.

Ahora bien: ¿a qué se debe en definitiva ese posible conflicto? En este punto Hume introduce un segundo aspecto, crucial en su consideración de la justicia. Y es que «esta oposición de pasiones acarrearía bien poco peligro si no coincidiera con una peculiaridad de las circunstancias externas que le proporciona la oportunidad de manifestarse» (T.3.2.2., 487). Es decir, junto al factor psicológico, recién mencionado –la oposición de pasiones– se da, inseparablemente, un factor social que viene definido, según veremos a continuación, por la inestabilidad de los bienes externos, que nos podrían ser arrebatados en cualquier momento. Con ello apuntamos uno de los temas más característicos de la aproximación humeana a la justicia: lo que Rawls ha llamado «condiciones de justicia».

Posteriormente volveremos sobre la idea de unas condiciones de justicia. Ahora conviene reparar en un aspecto, capital en la argumentación desarrollada por Hume, y que recoge un punto de vista común en el pensamiento social y político moderno: Las convenciones sobre las que se basa la justicia vienen a remediar la inseguridad en las relaciones humanas, concretada en la inseguridad e incertidumbre que rodea a las posesiones, a causa de la oposición de las pasiones de los hombres.

En efecto, según observa Hume, los inconvenientes que para la convivencia se derivan de la inseguridad y la incertidumbre que rodean a las posesiones no se pueden superar con los recursos de una naturaleza inculta, porque la naturaleza, inculta, es necesariamente parcial. Por tanto, es preciso potenciar esa naturaleza, cultivándola mediante el artificio[9]. Ahora bien, dicho artificio tiene su origen también en la naturaleza, en la medida en que deriva del «juicio y el entendimiento», los cuales, según afirma Hume –y hemos visto anteriormente–, proporcionan un remedio «para lo que resulta irregular e inconveniente en las afecciones» (T.3. 2.2., 489).

Así pues, para Hume, explicar el modo en que la naturaleza remedia los desequilibrios sociales derivados de la parcialidad e irregularidad de los afectos equivale a explicar cómo llegan los hombres a formarse un juicio acerca de las ventajas de la vida social, y cómo llegan a aplicar dicho juicio a sus relaciones. Como veremos, ello supone introducir una decisiva diferenciación entre intereses a corto plazo e intereses a largo plazo, diferenciación a la que se vincula esencialmente la idea de planificación, progreso, y, en definitiva, el proceso civilizatorio. Con ello se verifica ese «progreso de la conciencia» al que aludíamos más arriba, que bien puede identificarse con el «progreso de los sentimientos», al que alude más adelante en la misma sección del *Treatise* (T.3. 2.2., 500).

En síntesis, el proceso es el siguiente: cuando los hombres, tras su primera educación, se han dado cuenta de las ventajas que reporta la sociedad, cobran «una nueva afición por la compañía y la conversación» (T.3.2.2., 499). Por eso, cuando ven que el mayor inconveniente a la vida social procede de la disputa por los bienes exteriores, buscan rápidamente un remedio, una convención que permita mantener en pie la sociedad:

> Y esto no puede hacerse de otra manera que mediante la convención, en la que participan todos los miembros de la sociedad, de conferir estabilidad a la posesión de estos bienes externos, dejando que cada uno disfrute pacíficamente de aquello que pudo conseguir gracias a su laboriosidad o suerte. De esta forma todo el mundo sabe lo que le es posible poseer con seguridad (T.3.2.2., 489).

[9] Así lo afirma Hume: «El remedio no se deriva de la naturaleza, sino del artificio» (T. 3.2. 2., 489).

Ahora bien, ¿con qué recursos cuenta Hume para poner un límite a la fuerte pasión por adquirir, tan arraigada en nuestra naturaleza, en nombre del interés lejano por las ventajas vinculadas a la sociedad? John Bricke se pregunta razonablemente por los medios con los que cuenta Hume para efectuar dicha superación (J. Bricke, 1996: 107)[10]. En el texto que hemos citado, Hume habla de que los hombres, tras su primera educación, en la familia, cobran conciencia de las ventajas que reporta la sociedad, así como un afecto a la compañía y la conversación. Hemos de suponer, por tanto, que esta conciencia actúa como contrapeso de la pasión por adquirir.

Sin embargo, Hume no se cansa de insistir en la violencia de la pasión por adquirir. Si, al propio tiempo, tenemos en cuenta un dato básico de la psicología moral de Hume –los intereses próximos mueven más fácilmente que los intereses remotos–, el interrogante de Bricke se plantea con toda su urgencia: ¿con qué recursos cuenta Hume para poner un límite al interés presente de adquirir, en nombre del interés por las ventajas asociadas a la sociedad?

Sin duda, una respuesta exhaustiva a este interrogante equivaldría a exponer en su totalidad la teoría moral de Hume. En particular, como el propio Bricke observa, se haría necesario describir mecanismos correctores de la simpatía, identificar condiciones de su funcionamiento, y la exposición debe resultar plausible dentro de un marco teórico naturalista (J. Bricke, 1996: 107). Aquí no podemos acometer una explicación tan completa, pero sí cabe dar una respuesta ajustada a nuestros fines, y que vuelve a poner delante de nosotros el juego entre razón y pasión, pues, según Hume, la limitación del particular deseo de adquirir resulta de un cierto razonamiento que no renuncia, sin embargo, a aquel deseo: sencillamente lo encauza institucionalmente.

1.4.3. La regulación institucional de la pasión por adquirir

En efecto, según Hume, el progreso de la conciencia, al que se debe el progreso en los sentimientos, debe llevarnos a introducir las convenciones

[10] «Aunque su imparcialidad ayuda a separar los deseos morales de los demás, también plantea la cuestión de su origen e influencia. Los agentes Humeanos son naturalmente parciales (lo cual no es lo mismo que decir egoístas). ¿Cómo pueden, entonces, llegar a tener preocupaciones imparciales? Teniendo tales preocupaciones, ¿cómo pueden llegar a ser gobernados por ellas en sus acciones? En la visión de Hume, la operación de la simpatía puede expandir el ámbito de las preocupaciones que uno tiene por los demás. Esas operaciones, sin embargo, no bastan para explicar deseos morales, con su contenido imparcial, porque la simpatía, tal y como insiste Hume, es parcial en su funcionamiento» (J. Bricke, 1996: 107).

sociales necesarias para remediar las irregularidades derivadas de una conducta regida simplemente por los afectos. Pero en ningún caso se trata de suprimir lo que, a juicio de Hume, constituye la pasión dominante del hombre –la pasión por adquirir– sino de regularla mediante la razón. Concretamente, como observa Baier, «para que el amor a la ganancia se regule a sí mismo la razón colectiva debe desarrollar un esquema cooperativo aceptable» (A. Baier, 1991: 175-176).

En la base de dicho esquema cooperativo se encuentra la convención mediante la cual dotamos de estabilidad a las posesiones e, inmediatamente a continuación, las convenciones que determinan la propiedad[11], especifican el modo de su transferencia[12], y establecen el cumplimiento de las promesas (T.3. 2. 5.).

En efecto, Hume sostiene que:

> Los hombres inventaron las tres leyes naturales fundamentales al observar la necesidad que tenían de la sociedad para su subsistencia, y al advertir la imposibilidad de mantener relaciones unos con otros sin restringir de algún modo sus apetitos naturales. Por tanto, fue el mismo egoísmo –que tan violentamente enfrenta a los hombres entre sí– el que, tomando una dirección nueva y más adecuada, produjo las reglas de justicia a la vez que constituía el primer motivo de su observancia (T.3.2.8., 543).

Aquí no vamos a entrar en el análisis pormenorizado de cada una de estas instituciones, pero nos interesa comprender su sentido global. Dicho sentido se advierte ya en la primera de las convenciones, la que fija las posesiones determinando lo que es propiedad de cada uno, poniendo coto

[11] «A pesar de que el establecimiento de la regla de estabilidad en la posesión resulte algo no solamente provechoso, sino incluso absolutamente necesario para la sociedad humana, nunca podrá tener eficacia alguna mientras permanezca en términos tan generales. Es necesario exponer algún método, por el que distinguir cuáles son los bienes particulares que hay que asignar a cada persona particular, mientras se excluye al resto de la humanidad de la posesión y disfrute de ellos» (T.3.2.3., 502). Hume habla, por este orden, 1). de que cada uno posea lo que venía poseyendo; 2). posteriormente, la ocupación, 3). la prescripción, 4). la accesión 5). la sucesión.

[12] Como las reglas de adscripción de la propiedad «dependen en mucho del azar, con frecuencia entran en contradicción con las necesidades y deseos de los hombres, de modo que las personas y las posesiones deben estar muy mal acopladas en muchas ocasiones. Este es un gran inconveniente, que exige remedio. Pero aplicar uno directamente, permitiendo que todo el mundo arrebate por la violencia lo que estime oportuno, supondría la destrucción de la sociedad. Y a esto se debe que las reglas de justicia busquen algún término medio entre una rígida estabilidad y una cambiante e incierta distribución de bienes. Pero no existe medio mejor que el siguiente, obvio por lo demás: la posesión y la propiedad serán siempre estables, excepto en el caso de que el propietario consienta en conferirlas a otras personas» (T.3.2.4., 514).

a la «oposición de pasiones» que, según apunta Hume, tantas amenazas entraña para la vida social[13].

Sin duda, adoptar dichas convenciones significa, de primer intento, imponer un límite a nuestras pasiones –en particular, a la dominante pasión de adquirir–. Si en general podemos hacer esto es solo porque, en opinión de Hume, tales convenciones no se oponen de suyo a las pasiones; únicamente son contrarias a su ímpetu sin dirección, pues se limitan a encauzar, refinadamente, el modo de satisfacerlas, evitando los inconvenientes derivados del conflicto:

> Sea cual sea la restricción que puedan imponer a las pasiones de los hombres, (las leyes) son el resultado genuino de esas pasiones y constituyen tan solo una forma más elaborada y refinada de satisfacerlas. (T.3.2.6., 526).

En este sentido, dice Hume, las leyes naturales –y, en particular, la convención social básica por la cual fijamos las posesiones– nos informan sobre el mejor modo de satisfacer nuestro interés (T.3.2.2., 489)[14].

Conviene reparar en la estructura de esta idea: por un lado se nos invita a guiarnos por nuestro interés; pero, por otro, se nos dice que, dada nuestra naturaleza social, nuestro interés está mejor servido siguiendo la convención social básica, de la que depende la consistencia social. Si por lo primero Hume podría ser visto como un individualista encubierto, por lo segundo debería de ser visto exactamente como todo lo contrario: nuestro verdadero interés –el interés bien entendido, tan resaltado luego por Tocqueville– pasa por atenernos a las convenciones sociales que hacen posible el juego cooperativo y la misma sociedad. Según esto, la idea de justicia puede abrirse paso únicamente en un contexto civilizado.

En efecto, escribe David Fate Norton:

> La idea de justicia nunca podría haberse soñado entre los rudos salvajes, pues su conducta estaba regida por la parcialidad natural. El remedio vino cuando incluso el más primitivo de los hombres vio que su interés quedaría mejor servido por una forma de cooperación que condujera al

[13] «Resulta imposible que pueda existir algo así como un derecho o propiedad establecidos mientras las pasiones opuestas de los hombres les empujen en direcciones contrarias y no se vean restringidas por una convención o acuerdo» (T.3.2.2., 491).

[14] «En lugar de abstenernos de la propiedad ajena apartándonos de nuestro propio interés o del de nuestros amigos más íntimos, no hay mejor modo de atender a ambos intereses que mediante una convención tal, porque es de ese modo como se sostiene la sociedad, tan necesaria para la buena marcha y subsistencia de los demás como para la nuestra» (T.3.2.2., 489).

> desarrollo de convenciones que tuvieran el efecto limitar su ilimitada parcialidad natural, y por eso mismo introduciendo una estabilidad benéfica de posesiones en los escasos bienes externos. Con el tiempo, esta intuición se desarrolló hasta el punto de que el interés ilustrado fue capaz de someter bajo control el interés sin límites. De este modo, la justicia, y con ella la sociedad, vio la luz (Fate Norton, 1993: 166).

Ahora bien, para entender todo el alcance del pensamiento de Hume hay que advertir que la utilidad asociada a la justicia es inseparable del cumplimiento estricto y regular de sus normas. Precisamente esto último explica que, en opinión de Hume, las reglas de la justicia deban cumplirse siempre, incluso aunque en un caso concreto no reporten beneficio alguno, ni al individuo ni –esto podría sorprender– al público en general (T. III, 2. 2., 497).

Al afirmar que los actos individuales de justicia pueden, en determinados casos, ir contra el interés no solo privado, sino público, Hume no desacredita su anterior justificación de la «obligación natural de justicia»; pues, como él mismo explica, lo realmente beneficioso para la sociedad es la existencia del *esquema* o *sistema* de justicia.

Con el razonamiento precedente, se nos muestra la ambivalencia implícita en el planteamiento de Hume. Esta se refiere tanto a su modo de entender la sociabilidad como a su modo de entender la naturalidad: lo natural al hombre, para Hume, es entrar en un juego social cooperativo, porque entiende que con ello todos los participantes en dicho juego se benefician individualmente.

Según esto, el hombre es social porque la sociabilidad le compensa individualmente. Ahora bien: ¿qué pasaría si, en un momento dado, perdiéramos de vista la utilidad personal? Es el problema del *free-rider* (el *sensible knave*). Según Hume, todavía entonces tendríamos una razón para someternos a las convenciones de justicia. Pero, según expone en el *Enquiry*, se trata ya de una razón específicamente moral, cuya naturaleza no podemos comprender mientras no atendamos a la génesis de las obligaciones morales –que veremos hacia el final–.

Entre tanto nos quedamos con que para Hume, la forma de sociabilidad cooperativa es natural porque, no obstante instituirse con la mediación de un cierto razonamiento, la reflexión y el cálculo necesario para aceptar dicho esquema cooperativo es tan fácil, obvia, y simple, que casi resulta natural, hasta el punto de que el mismo estado originario debería considerarse social (T.3.2.2., 493).

Afirmando de este modo la sociabilidad natural del hombre, Hume se opone a un modo corriente de pensar el estado de naturaleza, como previo a toda sociabilidad. A juicio de Hume, la hipótesis de un estado de naturaleza sólo tiene sentido como una ficción intelectual (T.3. 2. 2., 493).

1.5. Naturaleza de la convención social básica

¿Qué es lo que disgusta a Hume de estas teorías? Precisamente su voluntarismo, y, en cierta medida, su individualismo, que supone confiar a individuales actos de voluntad el origen y el sentido de las normas de justicia. Frente a esa visión, Hume insistirá reiteradamente en que la convención social básica no tiene la forma de una promesa[15], sino que tiene un origen mucho más natural y espontáneo. En efecto, el tipo de conducta social implícita en la comprensión humeana del origen de la convención social básica se caracteriza por dos notas: por un lado, *su naturalidad;* por otro, el hecho de que esa naturalidad no es impermeable a la razón, sino más bien portadora de una racionalidad traducible en los términos de un modelo cooperativo de comportamiento social.

1.5.1. La naturalidad de la convención social básica

En claro contraste con las interpretaciones voluntaristas y contractualistas del origen de la justicia, los ejemplos que pone Hume para mostrar por qué la convención original no reside, después de todo, en una promesa, sirven al propósito de conferir cierta naturalidad a todo el proceso. Citaremos uno solo (el más famoso):

> Cuando dos hombres impulsan un bote a fuerza de remos lo hacen en virtud de un acuerdo o convención, a pesar de que nunca se hayan prometido nada mutuamente. No menos se deriva de las convenciones humanas la regla de la estabilidad de la posesión, por surgir gradualmente e ir adquiriendo fuerza mediante una lenta progresión, y porque experimentamos repetidamente los inconvenientes que resultan de transgredirla (T.3.2.2., 490) (EPM, Apéndice III., 306).

Se ha discutido –especialmente en el ámbito de la teoría de juegos– si este ejemplo es trasladable al caso de la propiedad –que es lo que persigue fundamentar Hume en estas páginas[16]. Aquí no vamos a discurrir en esa

[15] Pues «la promesa misma surge enteramente de convenciones humanas» (T.3.2. 9., 551).

[16] Otros dos ejemplos mencionados por HUME, de convenciones sociales que no tienen la forma de una promesa son el lenguaje y las convenciones monetarias: «Del mismo modo se van estableciendo gradualmente los lenguajes mediante convenciones humanas y sin

dirección. Lo que nos atañe más directamente es advertir lo que Hume mismo persigue al poner este ejemplo, a saber: subrayar *la naturalidad* con la que emergen las convenciones sociales básicas. Este propósito suyo se relaciona, sin duda, con su empeño más general por naturalizar la noción de obligación, sin lo cual su proyecto de una ciencia de la naturaleza humana quedaría a medio camino. En efecto, su proyecto naturalista requería andar una vía distinta a la emprendida por las teorías voluntaristas de la moral, pero también evitar soluciones contractualistas porque, en ambos casos, la obligación remite a actos de voluntad externos a lo fundado.

Como ha sugerido Haakonssen, frente a los voluntaristas, y al menos en esto más en línea con los pensadores de la tradición aristotélica y tomista, Hume considera que los actos voluntarios solo pueden generar relaciones sociales más allá de los círculos familiares si reciben su contenido de algo distinto de los mismos actos de voluntad.

Ciertamente, Hume estaba lejos de compartir los presupuestos metafísicos de esta tradición, en particular, cualquier referencia a esencias que pudieran otorgar un significado fijo a las instituciones sociales como la propiedad y el contrato. Para él, tales instituciones no son más que prácticas, creaciones humanas, resultado de la interacción entre los hombres. Con todo, a fin de dotar de contenido a los actos dirigidos a acatar las reglas implícitas en tales prácticas, estas últimas han de existir previamente. Por esa razón, Hume no tiene más remedio que complementar su teoría moral con una teoría sobre la génesis de las prácticas sociales que constituyen las instituciones sociales básicas (K. Haakonssen, 1993: 188).

De ahí que Hume recurra con frecuencia a historias conjeturales en las que, como ficción, asume la idea de un progreso de un hipotético estado de naturaleza salvaje a un estado civilizado. Pero, no obstante este esquema histórico, su convicción –compartida con otros escoceses– es que no ha

promesa alguna. De igual manera se convierten el oro y la plata en medidas corrientes de cambio y son considerados como un pago suficiente de lo que vale cien veces más» (T.3.2.2., 490). Ciertamente, como ha visto Kliemt, hay diferencias obvias entre la convención lingüística y las convenciones que dan origen a las reglas de justicia. En efecto: «por lo que respecta a las reglas del lenguaje, quien se aparta de ellas se castiga a sí mismo. En este ámbito, los intereses de todos los individuos apuntan totalmente en una misma dirección. Quien quiera darse a entender, tiene que servirse de las reglas del lenguaje. No puede surgir ninguna ventaja a corto plazo del hecho de expresarse incomprensiblemente, si lo que interesa es justamente expresarse [...] Las reglas del lenguaje llevan consigo sus propias fuerzas policiales. Los lenguajes pertenecen a aquellas instituciones que se autovigilan. Sin embargo, de acuerdo con las propias observaciones de Hume, con respecto a las instituciones de la posesión o de la propiedad, la situación es totalmente distinta. Pues la apropiación unilateral y no acorde con las instituciones de cosas muebles –en caso de que falten auténticas fuerzas de policía– puede justamente responder al interés del individuo en caso de que todos o casi todos respeten la propiedad» (Kliemt, 1986: 78-79).

habido tal estado de naturaleza; que lo natural es el estado social, y que éste puede explicarse a partir de prácticas cooperativas.

1.5.2. Un modelo de comportamiento cooperativo

En el pasaje que vamos a citar a continuación, Hume desgrana el modelo de comportamiento cooperativo que, a su entender, va implícito en la convención social básica:

> Yo me doy cuenta de que redundará en mi provecho el que deje gozar a otra persona de la posesión de sus bienes, dado que esa persona actuará de la misma manera conmigo. También el otro advierte que una regulación similar de su conducta le reportará un interés similar. Una vez que este común sentimiento de interés ha sido mutuamente expresado y nos resulta conocido a ambos, produce la resolución y conducta correspondiente. Y esto es lo que puede ser denominado con bastante propiedad convención o mutuo acuerdo, aun cuando no exista la mediación de una promesa (T.3.2.2., 490).

Sin duda, este modelo de comportamiento cooperativo descansa en la apreciación de que «las acciones de cada uno de nosotros tienen referencia a las del otro y son realizadas en el supuesto de que hay que realizar algo a favor de la otra parte» (T.3.2.2., 490).

Según esto, si en definitiva todos estamos interesados en un comportamiento cooperativo es porque todos, incluso más allá de la sociabilidad fundada inmediatamente en el afecto, somos interdependientes. Esto quiere decir que, en este segundo nivel de sociabilidad, las acciones de cada uno refieren a las del otro, y se llevan a cabo en la hipótesis de que el otro actuará de cierta manera.

Ciertamente, si en general actuamos es solo porque realizamos ciertas asunciones acerca de cómo va a actuar el otro. Esto es algo que hacemos en nuestra vida ordinaria de manera natural, porque ya hemos interiorizado muchas formas de comportamiento institucionalizado. Pero, al profundizar en la naturaleza de la institución social básica, Hume está tratando de desentrañar la racionalidad de la forma más elemental de interacción social, allí donde la benevolencia, o, en general, los sentimientos naturales no constituyen ya la guía de acción.

En esas condiciones, cuando ya no podemos simplemente guiarnos por el afecto o la benevolencia, piensa Hume que todavía es posible una forma de sociabilidad basada en la cooperación, y que esa cooperación es la esencia de la obligación natural de justicia: yo observo que me interesa dejar al otro en posesión de sus bienes, supuesto que él actúe de modo semejante conmigo. A la hora de regular su conducta, él es consciente de un interés similar por su parte. Es decir, cada uno por separado está interesado en que el otro tenga determinados bienes; si el otro, por su parte, tiene un interés análogo. Para que el comportamiento cooperativo, y con él la justicia, llegue a implantarse en una sociedad solo es necesario que nos expresemos mutuamente estas disposiciones.

De acuerdo con lo anterior, la teoría humeana de la justicia puede comprenderse como un modelo teórico construido sobre una doble hipótesis: a) la hipótesis de que el otro tiene tanto interés como yo en adquirir y conservar sus posesiones, y b) la hipótesis de que el otro razona de modo semejante a mí, es decir, pensando que un comportamiento cooperativo, sometido a reglas, le beneficia más que un comportamiento abiertamente individualista.

Sin duda, el modelo de comportamiento cooperativo propuesto por Hume puede ser objeto de muchas críticas. Obviamente, Hume está presuponiendo que todos los seres humanos tenemos la misma naturaleza y que de esa naturaleza se derivan los mismos intereses. A esto lo denomina Rawls «fideísmo de la naturaleza», postura que, a su juicio, va implícita en el psicologismo de Hume (J. Rawls, 2000). No es esta una cuestión que podamos perseguir aquí. Por lo que a nosotros respecta, nos basta con advertir que, según Hume, la identidad de naturaleza e intereses no sería suficiente para establecer la convención social. Además es preciso que nos expresemos recíprocamente esta creencia.

Se puede objetar también que a pesar de estar dando por sentadas demasiadas cosas acerca de la naturaleza humana, Hume está dejando fuera lo impredecible de muchos comportamientos humanos y, en definitiva, la libertad. Pero esta objeción está, hasta cierto punto, fuera de lugar, pues en su intento de elaborar una ciencia de la naturaleza humana, según el modelo de Newton y, por tanto, en su intento de elaborar una ciencia teórica de la naturaleza humana, Hume tiene necesariamente que dejar de lado todo lo impredecible. De hecho, su misma teoría del juicio moral evalúa acciones en atención a los caracteres a los que aquéllas se asocian más comúnmente, precisamente porque estos son los que ofrecen una mayor regularidad (T.3.3.1., 582).

Más atinada sería, en cambio, la objeción según la cual no cabe suponer que dos personas, aun en similares circunstancias, considerarán sus intereses de forma similar. Siempre, en efecto, existe el riesgo del «ventajista» o «gorrón», que prefiere sustraerse al comportamiento cooperativo, estimando que de ese modo obtiene más beneficios. Ahora bien, el beneficio en cuestión lo obtendría solo en la medida en que los demás no se sustraigan al comportamiento cooperativo, para lo cual dicho comportamiento tiene que estar vigente de antemano. Con otras palabras: el comportamiento del gorrón es parasitario; en último término tampoco puede sostenerse si la convención básica no ha llegado a implantarse. Por lo demás, como veremos enseguida, Hume considera que, introducidas determinadas condiciones institucionales, ni siquiera el fresco tendría razones para sustraerse al comportamiento cooperativo: incluso para él sería más ventajoso seguir las normas que no hacerlo.

Según Hume, si en definitiva nos interesa sujetarnos a esa convención básica, que fija la propiedad y, fijándola, limita en primera instancia nuestra pasión por adquirir, es simple y llanamente porque de ese modo contamos con unas reglas que otorgan un carácter predecible a nuestro comportamiento y, con ello, la seguridad necesaria para seguir desplegando libremente nuestra pasión por adquirir. En efecto, a juicio de Hume, es solo la expectativa de cierta regularidad en la conducta por parte de los demás lo que sostiene la práctica de virtudes tales como la moderación y la abstinencia (T.3.2.2., 490) o, podríamos añadir, el ahorro, necesarias en la naciente sociedad comercial. Pues, ¿para qué ahorrar si existe el riesgo de que lo que atesoro me será arrebatado en cualquier momento? Una sociedad comercial necesita un mínimo de seguridad jurídica, que ponga freno al inmoderado deseo de adquirir, que constituye, para Hume, la mayor amenaza para la estabilidad social.

1.6. Una teoría de la justicia para la sociedad comercial

No hay que olvidar que Hume escribe en un momento caracterizado por el desarrollo del comercio en su Escocia natal.

1.6.1. La encrucijada escocesa

La encrucijada peculiar a la que se enfrentaba la conciencia moral moderna es que, frente a toda una tradición moral clásica, que veía en el comercio el primer paso hacia la corrupción de la virtud republicana, la sociedad comercial avanzaba, imparable, transformando todas las relaciones sociales. Y en esa encrucijada, precisamente, se sitúan los pensadores escoceses, y entre ellos David Hume, en la medida en que trata de desarrollar una teoría de la virtud que, sin renunciar a la condición social del hombre, procura incorporar a su análisis, como un motor irrefutable del comportamiento humano, la fuerza de la pasión por adquirir.

Sin duda, observa Pocock:

> Una explicación histórica de la filosofía de Hume –esto es, una que haga referencia a su conciencia histórica– sería una empresa descomunal, si se persiguiera en detalle, y ciertamente encontraría bastantes más fenómenos de los que podría explicar. Pero si lo vemos como a un pensador entre tantos de su época, consciente de que la virtud debe dar paso, para bien y para mal, al comercio y al refinamiento que el comercio genera en el curso de la historia, podemos añadir que el comercio y las letras fueron percibidos por la época como reposando en la imaginación y en las pasiones, y necesitando formas de gobierno diferentes de las que descansaban en la austeridad republicana (J.G.A. Pocock, 1986: 125-142).

El ímpetu de la pasión por adquirir que, como hemos visto, se encuentra en la base de la teoría humeana de la justicia, corre parejo con la creciente movilidad de la propiedad, que acompaña al desarrollo urbano, y contrasta con los modos de vida tradicionales, más vinculados a la tierra. En atención a estas conexiones, sigue diciendo Pocock:

> Una explicación marxista de Hume ciertamente subrayaría que el siglo XVIII discurrió entre una concepción intensamente realista de la racionalidad de la propiedad real y una igualmente intensa conciencia del carácter móvil de la propiedad, que venía a reemplazar la visión anterior... En este sentido hay una relación entre el desliz de la propiedad real a la propiedad móvil y el pensamiento de Hume sobre la conexión entre la razón y las pasiones (J.G.A. Pocock, 1986: 133-134).

En efecto, el siglo XVIII se abre para los escoceses con la *Union Act*, por la que Escocia pierde su Parlamento propio, y se une a la corona de Inglaterra. Pero la pérdida de esa institución política fue acompañada de una extraordinaria vitalidad social, que se manifestó, entre otras cosas, en un periodo de esplendor económico y de crecimiento cultural: es la era del *improvement*. Se puede decir que los escoceses experimentaron de primera mano la vitalidad de la sociedad civil y su relativa independencia con respecto a las instituciones políticas.

Por eso no debe extrañarnos, tampoco, que hasta el momento, en su teoría de la justicia, Hume no haya hecho mención alguna del gobierno en sentido estricto. Pues lo implícito en su teoría es que la justicia resulta de la espontánea confluencia de intereses de todos los participantes en el juego cooperativo del mercado. A su juicio, la institución del gobierno es muy posterior a la institución de la propiedad, cuya fijación y transferencia, al menos en primera instancia, depende en mayor medida de que los hombres sean conscientes de las ventajas derivadas de tales convenciones que de la existencia del gobierno propiamente dicho. Al menos este es el caso mientras las sociedades sean relativamente pequeñas. La cosa cambia cuando la sociedad alcanza mayores dimensiones. Entonces es frecuente que, atraídos por beneficios más inmediatos, los hombres pierdan de vista las ventajas más remotas, derivadas del comportamiento cooperativo. Esa es la razón fundamental por la que Hume considera necesario introducir el gobierno, el cual, en determinadas circunstancias podría, no obstante, ser prescindible (T. III, 2. 8., 539).

El gobierno, para Hume, es la solución institucional para un problema que él no puede dejar de advertir y que amenazaría la eficacia de la convención social básica: los hombres tienden a moverse por beneficios inmediatos más que por intereses remotos. Asumiendo que esa es la naturaleza humana, y por tanto algo difícilmente modificable (al menos con carácter general)[17], Hume señala como único remedio posible el modificar el entorno, «cambiar nuestras circunstancias y situación, haciendo de la observancia de las leyes de justicia nuestro interés más cercano, y de su violación, el más remoto» (T.3.2.7., 537) (Kliemt, 1985: 85). A esto apunta cuando interpreta el gobierno como una institución conformada por individuos a los que, ofreciéndoles estímulos inmediatos en esta dirección, se ha puesto en situación de que no se interesen por otra cosa que no sea el establecimiento de la justicia[18].

Ahora bien –conviene notarlo– el mismo dato psicológico –a saber, nos movemos antes por beneficios próximos que remotos– explica que, en otras situaciones diferentes, no sea necesario el gobierno. En efecto, según Hume, «esta debilidad es menos notable cuando las posesiones y placeres

[17] Insiste sobre esta idea en otros lugares. Hablando de la labor de los políticos y moralistas, dice: «Si el éxito de sus intenciones dependiera de su éxito en corregir la ingratitud y el egoísmo entre los hombres, jamás habrían hecho el menor progreso de no verse asistidos por la omnipotencia, única cosa capaz de remodelar la mente humana y de cambiar su carácter en puntos tan fundamentales. Lo más que esas personas pueden pretender es dar una nueva dirección a esas pasiones naturales, enseñándonos que nos es posible satisfacer mejor nuestros apetitos de un modo oblicuo y artificial que siguiendo sus precipitados e impetuosos movimientos» (T.3.2. 5., 521).

[18] Hume considera que el fomento de ese peculiar interés por la justicia es impracticable con respecto a toda la humanidad, y que «solo podrá tener lugar por lo que respecta a unos pocos, a quienes interesamos inmediatamente de este modo en la ejecución de la justicia. Estas son las personas a quienes llamamos magistrados civiles, reyes, ministros, gobernantes y legisladores, que siendo personas sin intereses específicos en relación con la mayor parte del Estado, tampoco están interesadas –o este interés es mínimo– en cometer acto alguno de injusticia y que, al estar satisfechas de su condición presente y de su puesto en la sociedad, tendrán un interés inmediato en el continuo cumplimiento de la justicia, tan necesario para el mantenimiento de la sociedad. Este es, pues, el origen del gobierno civil y de la sociedad» (T.3.2.7., 537).

son pocos y de escaso valor, como ocurre siempre en los comienzos de la sociedad. Difícilmente siente un indio la tentación de quitar a otro su cabaña o de robarle el arco [...]» (T.3.2.8., 539). Según esto, para calibrar la necesidad del gobierno, el mismo dato psicológico ha de ser puesto en relación con el contexto social –más amplio o más reducido– así como con los bienes materiales disponibles, pues, según vuelve a advertir Hume, la situación cambia cuando se produce un aumento de riqueza material (T.3.2.8, 540). Resumiendo el pensamiento de Hume al respecto, escribe Rachel Cohon:

> Una sociedad pequeña puede mantener una economía de subsistencia sin dominio de unas personas sobre otras, confiando simplemente en el cumplimiento voluntario con las convenciones de propiedad, transferencia de bienes y mantenimiento de promesas. Pero un aumento en la población y/o productividad material, piensa Hume, tiende a estimular un promedio desestabilizador de defección de las normas, creando la necesidad de un gobierno que asegure su cumplimiento. Esta es la razón para la creación de gobiernos (R. Cohon, 2001: 18).

Así pues, el gobierno mismo aparece vinculado a la formación de sociedades más complejas, como un artificio creado con posterioridad a la institución de las reglas de justicia, y con el fin de asegurar las ventajas que dichas reglas venían a favorecer[19]: la satisfacción pacífica del deseo de adquirir, y, con ello, la promoción del bienestar y felicidad social[20].

Es en este contexto, donde encuentran todo su sentido las palabras de Pocock; más adelante en la misma obra que hemos citado:

> Hume no creía en la racionalidad original; veía las formas de gobierno como disciplinando el dinamismo original de la pasión, cuya primacía era tan completa que solo la experiencia y la costumbre, más que la prudencia racional o la sabiduría legislativa, podría instaurar el gobierno y mantenerlo (J. G. A. Pocock, 1985: 135) (Duncan Forbes, 1975).

[19] «Cuando los hombres advirtieron que, aun cuando las reglas de justicia eran suficientes para el mantenimiento de la sociedad, a ellos les resultaba imposible observar esas reglas en una sociedad más numerosa e ilustrada, instauraron entonces el gobierno como nueva invención para alcanzar sus fines y preservar las viejas ventajas, o procurarse otras nuevas mediante una ejecución más estricta de la justicia» (T.3.2. 8., 543).

[20] «Respetar la propiedad no le es más necesario a la sociedad natural que la obediencia a la sociedad civil o gobierno; tampoco es el primer tipo de sociedad más necesario para la existencia de la humanidad de lo que es el segundo para su bienestar y felicidad» (T.3. 2. 8., 545).

Con todo, esa disciplina de la pasión, a la que se refiere Pocock, no comienza con el gobierno, sino con la convención básica de que venimos hablando, ella misma un fruto de modular racionalmente la original pasión por adquirir. De tal modulación cabe esperar refinamiento y civilización, nociones en alza en la sociedad comercial del siglo XVIII, ya que no la clásica y austera virtud republicana (J.G.A. Pocock, 1986: 103-124), según el ya clásico esquema de Pocock. En dicho esquema, Hume ocupa un lugar paradójico, casi tan paradójico como Smith: el último de los humanistas cívicos y el primero de los teóricos de la economía (J. G. A. Pocock, 1986: 123). Pues, como hemos señalado, al tiempo que desarrolla una teoría de las virtudes –enlazando así con la tradición humanista–, se ocupa de subrayar el carácter convencional de la justicia–preparando de este modo el terreno para el desenvolvimiento del mercado como una instancia moralmente neutral.

En todo caso, en opinión de Hume, para dar razón del «orden moral» en el que vivimos inmersos y, en particular, para dar razón de los deberes de justicia, no es preciso apelar a ninguna instancia metafísica, ni tampoco apelar a la bondad o maldad moral de la naturaleza humana. Hace falta, eso sí, un artificio, pero uno guiado en todo momento por la naturaleza, donde «naturaleza» significa, alternativamente, pasión y razón: la pasión que estimula el movimiento dirigido a adquirir y la razón que lo regula mediante una reflexión sencilla, simple, que nos lleva a concluir que el mismo deseo natural de adquirir se satisface mejor si todos nos sometemos a ciertas restricciones de las que depende el mantenimiento de la sociedad, es decir, si aceptamos un esquema de comportamiento cooperativo.

Ahora bien, según hemos adelantado páginas atras, la justicia, como virtud artificial, no se desarrolla en un contexto cualquiera. Por el contrario, se desarrolla a su vez sobre una doble base, en la que van enunciadas condiciones psicológicas y sociales de las que depende, en opinión de Hume, la aparición de la misma sociedad comercial.

1.6.2. Las condiciones de la justicia

Con algunas diferencias de matiz, tanto en el *Treatise* como en el *Enquiry*, Hume expresa el mismo pensamiento respecto a las condiciones psicológicas y sociales en las que puede desarrollarse la justicia inseparable de la sociedad comercial: en el *Treatise* escribe que «el origen de la justicia se encuentra únicamente en el egoísmo y la limitada generosidad de los hombres, junto con la escasa provisión con que la naturaleza ha subvenido a las necesidades de éstos» (T.3. 2.2., 495).

Sin necesidad de suponer un estado original marcado por la cordialidad y la abundancia, en el que no había lugar –porque no tendría sentido– para la diferencia entre lo mío y lo tuyo, Hume advierte que es eso exactamente lo que ocurre en las relaciones amistosas:

> Un afecto cordial hace que entre amigos todo sea común; en especial, las personas unidas en matrimonio pierden mutuamente su propiedad particular y no saben ya de lo mío y lo tuyo, que son cosas, en cambio, tan necesarias en la sociedad humana y que tantos disturbios producen. Ese mismo efecto se origina cuando existe alguna alteración en las circunstancias en que viven los hombres, como cuando existe algo en tal cantidad que satisface a todos sus deseos; en este caso desaparece por completo la distinción de propiedad y cada cosa sigue siendo común. Cabe observar esto con respecto al aire y al agua, a pesar de que constituyan lo más valioso de todos los objetos externos. Y es fácil sacar en consecuencia que si los hombres dispusieran de todas las cosas en la misma abundancia, o todo el mundo sintiera el mismo afecto y amable respeto por todo el mundo que el que siente por sí mismo, también la justicia la injusticia serían desconocidas por los hombres (T.3. 2. 2., 495).

Donde hay amistad, no hace falta la justicia. Si fuera posible extender aquel sentimiento más allá de los confines naturales de los próximos, la justicia sería superflua. Asimismo, donde hay abundancia tampoco es necesaria la justicia, pues la misma distinción de propiedad resulta superflua. Sin embargo, de la concurrencia de ambas circunstancias –moderado egoísmo y relativa escasez de bienes– se deriva un conflicto de pasiones que, de no mediar la institución artificial de la justicia, amenazaría con arruinar la sociedad. De ahí que los hombres implicados en el trato social introduzcan aquellas convenciones. Y, aunque en un principio lo hacen por propio interés, después esas reglas se convierten en un «sistema de conducta y comportamiento que resulta generalmente beneficioso para todos»[21].

En el *Enquiry* se expresa en términos parecidos, incidiendo expresamente en otra circunstancia social que haría superflua la justicia: no ya la extrema abundancia sino la extrema miseria (EPM, 3.1., 186).

[21] Hablando de las leyes de justicia dice: «Su verdadero origen es el egoísmo; y como el egoísmo de una persona se opone naturalmente al de otra, las distintas pasiones que entran en juego se ven obligadas a ajustarse de modo que coincidan en algún sistema de conducta y comportamiento. Por tanto, este sistema es desde luego ventajoso para el conjunto en cuanto que incluye el interés de cada individuo, aunque quienes lo descubrieron no tuvieran esa intención» (T.3.2. 6., 529).

Fuera de esa doble condición, es decir, asumiendo que la naturaleza humana estuviera definida por los impulsos generosos o la avaricia desenfrenada, o que se desplegara en un contexto de completa abundancia o extrema necesidad, no se desarrollaría la justicia. La razón que aporta Hume es que en ninguno de esos casos tendría utilidad alguna.

En la medida en que asumimos que la condición ordinaria de los hombres y la sociedad se mueve en esas coordenadas, estaremos autorizados para concluir que el desarrollo de la justicia es algo igualmente ordinario. Eso es lo que Hume parece asumir, cuando escribe:

> La situación normal de la sociedad es un término medio entre todos estos extremos. De forma natural somos parciales con respecto a nosotros mismos y a nuestros amigos: pero somos capaces de aprender las ventajas que resultan de una conducta más equitativa. La mano abierta y liberal de la naturaleza nos proporciona pocos placeres; pero podemos obtenerlos de ella con profusión mediante la destreza, el trabajo y la aplicación. De aquí deriva la justicia su utilidad para la comunidad. Y solo de ella surge su mérito y su obligatoriedad moral. (EPM, 3.1, 188).

Sin embargo, el hecho mismo de que Hume haya individualizado las condiciones de justicia, a partir de las cuales puede desarrollarse efectivamente el comercio, es una muestra de que no considera tales condiciones como una realidad indefectible y universal. De hecho, no es infrecuente en el siglo XVIII encontrar referencias al deficiente desarrollo de pueblos marcados por la abundancia: todavía Kant suele referirse a Tahití como un pueblo que no ha avanzado en el proceso civilizatorio, porque los hombres no han encontrado resistencia de parte de la naturaleza. En las palabras de Hume cabe reconocer una idea semejante: precisamente en su referencia al arte, el trabajo y la industria, como los medios de los que se sirve el hombre para extraer bienes, y promover el progreso.

En todo caso, la razón de ser de la justicia, para Hume, no parece ser otra que el interés que de su institución se deriva para los individuos y la sociedad, es decir, su utilidad. En un principio se origina por el interés de los participantes en el juego cooperativo, pero luego se convierte en un esquema o sistema de conducta beneficioso para el conjunto. Por lo demás, suele admitirse que la argumentación desarrollada en el *Enquiry* resalta más la conexión entre justicia y utilidad de lo que advertimos en el *Treatise*. Aunque Hume insiste repetidamente en que la utilidad es solo un aspecto –si bien un aspecto esencial– de la justicia, es indudable que en su planteamiento de la justicia se da una tensión entre los elementos utilitarios y los propiamente cooperativos.

En efecto, es patente que, a pesar de orientarle hacia la cooperación, el comportamiento básico del hombre es de tipo estratégico: cooperamos porque nos interesa. Que nos interese naturalmente no significa en última instancia otra cosa más que somos naturalmente interesados. En sí mismo considerado, esto no es reprobable. Hume diría que es un hecho; un hecho, por lo demás, que funda una cierta forma de solidaridad social, que podríamos llamar, introduciendo una terminología contemporánea, «sistema de integración ética de medios».

Así pues, el origen de la justicia no se encuentra, por tanto, en un respeto originario por el interés público, ni en una benevolencia de gran alcance; sino única y exclusivamente en una preocupación por el propio interés, que nos lo muestra vinculado al interés público. Dicha preocupación, observa Hume, no es una idea (algo racional), sino una impresión (algo sensible) suscitada en nosotros por medio de un artificio (T.3.2.2., 496), que nos permite perseguir nuestro interés oblicuamente[22].

Con todo, cabe preguntarse si esta es la última palabra de Hume acerca del comportamiento humano. Cuando la ética contemporánea ha querido perseguir esta cuestión se ha preguntado invariablemente hasta qué punto el hombre es capaz de un comportamiento altruista (D. Gauthier, 1988). Y es que, efectivamente, por mucho que Hume conceda mayor peso a los sentimientos sociales que Hobbes, tal cosa no basta para restituir al hombre una imagen moral de sí mismo, en el sentido más moderno de la expresión: el de comportamiento libre y desinteresado. Al menos no, mientras no demos paso a lo que Hume mismo califica como «obligación moral de justicia», para contrastarla con la «obligación natural de justicia», de la que hemos venido hablando hasta el momento.

1.7. La obligación moral de la justicia

Se podría pensar que, una vez que ha explicado la naturaleza de la convención social básica, a la que debe su origen la sociedad y la justicia, Hume ha concluido su tarea. Sin embargo, él no lo considera así. Como filósofo moral, su objetivo final es otro: explicar la génesis de la obligación moral de justicia, es decir, la génesis del sentimiento de aprobación moral que suscitan los actos de justicia, incluso ahí donde su conexión con la utilidad es más que dudosa.

[22] «Estas reglas son, por consiguiente, artificiales, y persiguen su fin de un modo oblicuo e indirecto: no las ha originado un interés de un tipo tal que pudiera ser seguido por las pasiones naturales y no artificiales de los hombres» (T.3.2. 2., 497).

Hume sostiene que en las formas más primitivas de sociedad no había percepción sentimental-moral de la bondad de la justicia: atenerse a las normas de justicia era simplemente cuestión de inteligencia, cuestión de comprender que con un comportamiento cooperativo, todos salimos beneficiados. A medida que las sociedades se hacen más complejas, se debilitan los vínculos naturales, nacidos del interés (T.3. 2.2., 499). Ahora bien, en esa misma medida, están llamados a cobrar protagonismo los sentimientos morales, nacidos de la simpatía.

1.7.1. La génesis de la obligación moral

Según Hume, el progreso en esta dirección tiene lugar de manera natural y obedece a dos razones principales: primero, porque seguimos percibiendo el daño que recibimos de la injusticia ajena y, segundo, porque nos disgusta la injusticia que vemos sufrir a otros. A partir de esas dos experiencias, por generalización, llegamos a considerar igualmente malas nuestras trasgresiones de las reglas: en todos los casos, nos hemos acostumbrado a simpatizar con el interés público, asociado al cumplimiento de dichas reglas. Y con ello aparece la obligación moral de justicia, así como una imagen moral de nosotros mismos.

Explicando la génesis de la obligación moral en estos términos, Hume culmina su programa naturalista, pues, como señala Kliemt, «bajo la estructura superficial ético-categórica de las instituciones sociales, especialmente morales, se puede descubrir su estructura profunda hipotético-afectiva» (H. Kliemt, 1985: 99). La índole hipotética, en efecto, hace referencia a la obligación natural presupuesta en la génesis de nuestras obligaciones morales; mientras que el componente afectivo viene proporcionado por la simpatía –capacidad natural–, pero asimismo activada y corregida con la experiencia.

Sin duda, el propio Hume reconoce que, en un determinado estadio de evolución social, la vinculación entre obligación natural y moral ya no es perceptible. Pero esta misma relativa independencia de obligación natural y moral puede verse como un resultado de la transformación operada en nuestros sentimientos –una prueba de ese «progreso de los sentimientos»–, destacado por Annette Baier.

De acuerdo con tal progreso, aun en el caso de que la utilidad de un determinado comportamiento fuera dudosa –incluso aunque fuera manifiestamente perjudicial–, el sentimiento moral persistiría, sancionando la conducta conforme a la regla. La persistencia de tal sentimiento moral no es imposible, según Hume, siempre y cuando adoptemos una perspectiva evolutiva de la sociedad, en la que la transición de un tipo de vinculación a otro tiene lugar a lo largo de un proceso gradual: mientras los hombres, movidos por un interés, respetan ciertas reglas, se van acostumbrando a ellas, de tal manera que cuando aquel *interés original* se debilita, persiste sin embargo la *costumbre* de seguir las reglas, la cual, entre tanto, se ha visto reforzada por un *sentimiento* que será el sentimiento moral. Por eso escribe Hume:

> El interés por uno mismo es el motivo originario del establecimiento de la justicia, pero la simpatía por el interés público es la fuente de la aprobación moral que acompaña a esa virtud (T.3.2.2., 499-500). [...] Aunque la justicia sea artificial, el sentimiento de su carácter moral es natural (T.3.3.6., 619-620).

Como es obvio, en la frase anterior la palabra «natural» ya no tiene sin más el sentido de «originario». A mi juicio se ha de entender más bien como opuesta a «metafísico», «milagroso» o, en general, algo caído del cielo[23]. No hay que olvidar que el oponente tácito de Hume en todo momento es el voluntarismo y que, por contraste, la suya es una teoría naturalista de la acción: todo en el comportamiento humano, incluido el sentido moral, puede explicarse mediante el juego de factores psicológicos y sociales, en particular, mediante la oportuna combinación de pasión, razón y costumbre. De ahí las palabras de Hume:

> Es la voluntaria convención y artificio de los hombres la que hace que se presente el primer interés, y, por tanto, esas leyes de justicia tendrán que ser consideradas, hasta ese momento, como artificiales. Una vez que el interés ha sido ya establecido y reconocido, se sigue naturalmente y de suyo un sentimiento de moralidad en la observancia de estas reglas (T.3.2.6., 533).

1.7.2. La moral, símbolo de la normatividad interna del sistema

De acuerdo con la explicación anterior, todo el que obedece una norma jurídica o moral, sin pensar siquiera en si le interesa o no, o incluso en contra de sus intereses manifiestos, lo hace porque, entre tanto, ha adoptado lo que podríamos llamar «el punto de vista interno al sistema»: ya no razona como el *outsider*, que considera si las reglas del sistema le benefician o no, sino que razona como el *insider*, que asume como razones para su acción las normas del sistema. En esa medida, habría adoptado

[23] Precisamente lo natural como lo opuesto a «lo milagroso» había sido uno de los sentidos destacados por Hume en T.3.1.2.7.

un punto de vista moral, donde lo «moral» se constituye en el símbolo de la normatividad interna del sistema.

Dicha normatividad interna difiere de la normatividad instrumental, por la que un individuo usa las normas para perseguir sus fines privados. Frente a esta clase de normatividad, que permanece extrínseca al sistema social, la normatividad moral implícita en el planteamiento humeano representa la absoluta interiorización de las normas del sistema, incluso a costa de los propios intereses: es aquí donde el hombre adquiere una imagen moral de sí mismo.

Es patente que dicho punto de vista moral no puede ser inducido desde fuera. En última instancia, que un individuo adopte o no un punto de vista moral, depende, para Hume, de que haya sido correctamente socializado, lo cual, a su vez, depende de una adecuada interacción de elementos psicológicos y sociales. En todo caso, la adopción del punto de vista moral, para Hume, no es cosa de razones –Hume no es un cognitivista[24]–, sino de procesos psicológicos y sociales.

Ciertamente, que el progreso o transición del estado original al estado civilizado, y, con él, la transición de la obligación natural de justicia a la obligación moral sea natural, y no pueda ser inducido desde fuera, no se opone, en la mente de Hume, a su eventual refuerzo por parte de los políticos y de otras instituciones.

En efecto, aunque una vez asentado el interés en seguir un comportamiento cooperativo, el sentimiento moral vinculado al cumplimiento de las reglas de dicho comportamiento se sigue de modo natural, «es cierto que se ve también aumentado por un nuevo artificio, ya que las enseñanzas publicas de los políticos, y la educación privada de los padres, contribuyen a proporcionarnos un sentido del honor y del deber en la regulación estricta de nuestras acciones por lo que respecta a la propiedad ajena» (T.3.2.6., 533-534).

Y es que, a diferencia de Mandeville, Hume no considera que el sentimiento moral que acompaña al seguimiento de las normas de justicia sean puro artificio: como hemos visto, considera que el sentimiento en cuestión se desarrolla naturalmente una vez que se han asentado tales prácticas y se ha acumulado experiencia del beneficio consiguiente. Por el contrario, Hume mantiene que los políticos, interesados como están en reforzar los vínculos sociales, deben apoyarse en aquel sentimiento natural que les precede. Hume insiste en que sin base en la naturaleza –esto es, en el sentimiento natural, los políticos no tendrían nada que hacer en

[24] En todo caso puede calificarse de «conativista», tal y como hace Bricke.

este sentido. A todo lo más que pueden aspirar los políticos, dice Hume, es a extender los sentimientos naturales más allá de los lazos originales.

En el mismo sentido se pronuncia cuando habla de la educación privada que; los padres dispensan a los hijos: también esta educación puede reforzar o, en su caso, debilitar aquel sentimiento. Y, finalmente, también la fama, la reputación social, ejerce un papel de refuerzo o de debilitación de aquel sentimiento.

En estas observaciones se encuentran sendas claves para comprender el relevante lugar que las instituciones sociales desempeñan en la teoría moral de Hume, o, lo que, dado su naturalismo viene a ser lo mismo: el papel que las instituciones morales desempeñan en su teoría social.

1.8. Reflexiones finales

Es momento de sacar algunas conclusiones. Son muchos los aspectos llamativos y las tensiones implícitas en el análisis humeano de la justicia. Y muchas las implicaciones de sus ideas para la filosofía moral y política. Aquí me limitaré a recoger los aspectos que estimo especialmente relevantes cara a mostrar sus conexiones con la teoría social.

Y es que si algo debe quedar claro, a partir del análisis precedente, es que con su aproximación naturalista a la justicia, Hume ha sentado las bases de una teoría psico-social de la acción. En efecto, al hilo de su tratamiento de la justicia el escocés va desgranando y articulando una serie de elementos psicológicos tales como pasión y razón, interés a corto plazo e interés a largo plazo, cuya interrelación dinámica trata de reflejar en un modelo de comportamiento cooperativo, relativamente independiente de conceptos específicamente morales. A eso efectivamente se refiere cuando habla de la «obligación natural de justicia». Esto le parece suficiente, para introducir un modelo de racionalidad sobre el que, teóricamente, podría organizarse la sociedad comercial, incluso sin dar entrada a conceptos morales.

En este sentido, y si no fuera porque él mismo sostiene que, en sociedades complejas, la obligación natural fundada en el interés tiende a perder fuerza en beneficio de la obligación moral, que he glosado como una interiorización de las reglas, se podría decir que, mediante su teoría de la obligación de justicia, Hume está persiguiendo el ideal de una sociedad que funcione con relativa independencia de la moralidad de sus miembros.

Sin necesidad de entrar en la controvertida cuestión de hasta qué punto Hume favorece o no este tipo de planteamiento, lo que hace interesante su discurso es precisamente la tensión entre el elemento natural-interesado y el propiamente moral así como la posibilidad de transitar de un planteamiento a otro, de modo similar como sucede en la tradición estoica. En todo caso, su exposición de la justicia se presta fácilmente a destacar una serie de condiciones-marco, sin las cuales el modelo de racionalidad cooperativa por él esbozado, tampoco podría ser realmente efectivo.

Entre ellas se cuentan, como ya hemos dicho, las condiciones materiales de justicia –es decir, ni abundancia ni miseria–, así como el tamaño y la complejidad de la sociedad de que se trate en cada caso, pues dependiendo de esto último las ventajas derivadas del comportamiento cooperativo son más o menos perceptibles en el presente, de lo que depende a su vez su mayor o menor capacidad motivadora para el agente y, consiguientemente, la mayor o menor necesidad de dar entrada a instituciones que, a semejanza del gobierno, compensen la deficiente motivación actual, a la hora de secundar las normas de justicia mediante sanciones o premios.

Si se dieran esas condiciones, piensa Hume, se darían las condiciones necesarias para el seguimiento generalizado de las normas de justicia, porque nadie realmente sensato, es decir, conocedor de qué curso de acción le reporta mayores ventajas, tendría motivos racionales para sustraerse a tales normas. Que entre esas ventajas se cuente la satisfacción con la imagen moral de uno mismo, como un elemento irreductible a consideraciones utilitaristas no está claro. En todo caso es una hipótesis que se presta a interpretaciones encontradas, sobre las que Hume no se pronuncia expresamente; pero si el hombre moral, perfectamente socializado, fuera, en determinadas circunstancias, y en atención a esa imagen moral de sí mismo, capaz de trascender su interés inmediato, hasta el extremo de arriesgar su vida, entonces la distinción entre interés a corto plazo e interés a largo plazo, en torno a la cual Hume articula su teoría de la justicia, admitiría una interpretación metafísica, desde la que establecer una comparación con los dos conceptos de amor propio, a los que alude Aristóteles en la Ética a Nicómaco (EN, IX, 8).

CAPÍTULO 2. HUME ACERCA DE LA PROPIEDAD Y SU TRANSFERENCIA

En la primera parte del libro tercero de su *Tratado de la Naturaleza Humana*, dedicado a cuestiones morales, Hume examina genéricamente la naturaleza de la distinción entre vicio y virtud; en la segunda parte trata de la justicia, que Hume cataloga como «virtud artificial»; y en la tercera parte, de las llamadas «virtudes naturales». Como acabamos de ver, el calificativo «artificial», aplicado a la justicia, hace referencia al hecho de que, según Hume, el sentido de la justicia o la injusticia es inseparable del establecimiento previo de una estructura normativa, encaminada a definir los límites de lo mío y lo tuyo, es decir, una estructura encaminada a definir la propiedad.

Sobre esta base, se puede decir, con Salter, que la teoría de la justicia de Hume se compone de tres piezas: la teoría sobre el origen de la justicia –que Hume desarrolla apelando a los principios del interés y la ventaja recíproca–, la explicación de las normas de justicia –que desarrolla apelando a la utilidad social y la imaginación– y, finalmente, la teoría propiamente la justicia como *virtud*, donde se da cuenta del peculiar deber moral de justicia, de cómo el deber de obedecer las reglas de justicia se fundamenta en la simpatía con la utilidad pública (J. Salter, 2012: 302-303).

En este capítulo nos vamos a centrar principalmente en el segundo de estos aspectos, esto es, la explicación de las normas de justicia, que definen los límites de lo mío y lo tuyo. Veremos que, ante todo, Hume persigue determinar las condiciones institucionales necesarias para el desarrollo tranquilo de la vida social, pues él entiende que una de las fuentes principales de inestabilidad social procede de la incertidumbre o la inseguridad que rodea a la posesión de bienes externos: de ahí la necesidad de *fijar* las posesiones, precisando las reglas y criterios particulares que han de servir para determinar la propiedad y el modo de su transferencia.

2.1. El lugar central de la propiedad en la teoría de la justicia de Hume

> A pesar de que el establecimiento de la regla de estabilidad en la posesión resulte algo no solamente provechoso, sino incluso absolutamente necesario para la sociedad humana, nunca podrá tener eficacia alguna mientras permanezca en términos tan generales (T. 3. 2. 3., 502).

El hecho de que la estabilización de las posesiones no solo resulte útil, sino absolutamente necesaria para la subsistencia de la sociedad humana constituye el principio básico de la teoría humeana de la justicia[25]. Pero Hume demuestra, además, un notable sentido práctico al entender que este principio por sí solo no es suficiente para evitar los conflictos sociales. No basta, en efecto, reflexionar sobre los principios, sino que es necesario *determinar* reglas de acción que tomen en consideración las condiciones concretas en las que se desenvuelve la interacción social. En ello podemos apreciar un eco de la distinción presente en las versiones tradicionales de la ley natural, entre «conclusiones» y «determinaciones» de la ley natural (S.Th.I.II, 95, 2). Se trata tan solo de uno de los puntos en los que el pensamiento de Hume muestra su continuidad con esa tradición. Y es que, a pesar de que él presenta su teoría moral en unos términos muy diversos, y a menudo enfrentados a los *Natural Lawyers*[26], de hecho preserva distinciones y estructuras básicas[27].

Precisamente el tema de la propiedad, en el que nos fijaremos aquí, constituye uno de los puntos en los que su enfoque guarda más afinidad con la tradición de la ley natural que, por ejemplo, con el de John Locke. Por lo demás, esto no impide que, para algunos autores, la atención casi exclusiva al tema de la propiedad represente uno de los flancos más débiles de la teoría humeana de la justicia: ¿acaso la virtud de la justicia, en su referencia a otro, no comprende también el respeto de otros bienes, significativamente la integridad física y moral de las personas?

En relación con esto último cabría decir que también para Aristóteles la justicia que él llama particular tiene que ver principalmente con aquellos bienes sobre los que versa el éxito y el fracaso –a saber: propiedad, dinero,

---

[25] «La posesión de todo bien *externo* es variable e insegura: este es uno de los más importantes inconvenientes para el establecimiento de la sociedad, y es la razón por la que, mediante un acuerdo universal, *expreso o tácito*, los hombres se restringen unos a otros por lo que ahora llamamos reglas de justicia y equidad» (T. 3.2. 3., 505).

[26] Esto es especialmente claro en su tratamiento de las promesas. (A. M. González, 2011: 451-492; cf. capítulo 3).

[27] Algo por lo demás señalado desde hace tiempo por economistas de la Escuela Austriaca: (J. A. Schumpeter. 1954: 125).

honor[28]–; a lo cual cabría añadir, con Christopher J. Berry, el hecho de que al menos Hume «no tiene espacio alguno para la noción de propiedad sobre personas, o bien para la propiedad sobre sí mismo» (C. J. Berry, 2009: 65-88). Sin embargo, es verdad que Aristóteles menciona con más claridad que Hume el hecho de que no solo se falta a la justicia faltando a la propiedad; por el contrario, no obstante reconocer tres clases de bienes –bienes interiores, del cuerpo y las posesiones adquiridas por el trabajo o la fortuna–, a la hora de tratar el tema de la justicia, Hume centra toda su atención en los últimos[29], sin referencia alguna a cuestiones de derechos individuales, méritos y justicia distributiva. En el siempre difícil equilibrio entre centralidad de la persona y bien común, Hume se decantaría claramente por el bien común, o, mejor dicho, por el «interés común».

Podemos considerar estas ausencias como graves defectos de su teoría, y especular acerca de las razones por las que omite cuestiones que a nosotros nos parecen tan importantes. Pero, desde luego, el hecho de que haya constituido la fijación de la propiedad por razones de utilidad social en el punto de partida de su reflexión sobre la justicia no se debe a olvidar que los individuos pueden sufrir otras clases de daño –no solo en sus posesiones, sino también en su integridad física y moral–. En efecto, aunque es frecuente que, a la hora de tratar la cuestión de la justicia, se haga referencia a la mayor perspicacia de Smith, quien, llegados a este punto, resalta el papel del resentimiento en la génesis del castigo y la justicia correctiva, introduciendo así un contrapeso al énfasis de Hume en la utilidad, eso no quiere decir que Hume ignorase la relación entre castigo y resentimiento: el énfasis de Hume en el carácter artificial de la justicia no responde a su incapacidad para reconocer el dolor o la ira causados por un daño particular a la integridad corporal o moral de un individuo[30];

28 «Parece que es injusto el transgresor de la ley, y el codicioso, y el que no es equitativo, luego es evidente que será justo el que se conforma a la ley y el equitativo. Por consiguiente, lo justo es lo legal y lo equitativo, y lo injusto lo ilegal y lo no equitativo. Como el injusto es también codicioso, tendrá que ver, en este sentido, con los bienes, no con todos, sino con aquellos a que se refieren el éxito y el fracaso, bienes que, absolutamente hablando, son siempre bienes, pero para un individuo determinado no lo son siempre» (Aristóteles, 1985: V, 1, 1129 a31-1129 b4).

29 D. D. Raphael hace notar que, a diferencia de Smith, Hume no aborda directamente cuestiones de derecho penal, sino solo de derecho civil, y centradas en la propiedad.(D.D. Raphael, 1972-1973: 87-103). Otro autor que ha lamentado la excesiva focalización en la propiedad es J. Harrison (1981).

30 «Pocos criminales existen que no guarden rencor a la persona que les acusa o al juez que les condena, a pesar de ser conscientes de que se lo merecen. De igual modo, nuestro antagonista en un pleito o nuestro rival en cualquier tarea son tenidos comúnmente por enemigos, a pesar de que, si reflexionáramos un instante, tendríamos que reconocer que sus motivos son, en todo tan justificables como los nuestros. Además, puede observarse que cuando alguien nos agravia estamos dispuestos a imaginarle culpable; solo con extrema dificultad llegamos a admitir su injusticia e inocencia. Esta es una clara prueba de que

significa únicamente que, a la hora de reconocer, no ya el *dolor* o la ira causados por ese daño, sino su eventual justicia o injusticia, como lo haría un espectador desinteresado, considera necesario un marco normativo que estructure el juicio moral[31]. Si tenemos esto presente, entenderemos que el orden escogido por Hume, es decir, el hecho de que trate *antes* de las por él llamadas virtudes artificiales, y solo después de las naturales, no es casual. Pues el establecimiento de aquella estructura institucional no solo garantiza la subsistencia de la vida social, sino que es también necesaria para la operación ordinaria del juicio moral (A. M. González, 2012: 231-262, cf. Capítulo 4).

Sin duda, se puede estar en desacuerdo con Hume respecto a la naturaleza y la necesidad misma de dicho marco cuando hablamos de la justicia implícita en los modos de trato entre particulares, que no necesariamente tienen por objeto el intercambio de propiedades[32]; se le puede reprochar una deficiente atención a los derechos individuales, frente a la utilidad social a la que, según él, se refiere principalmente la justicia; pero pienso que no se equivoca cuando distingue el dolor o resentimiento por un daño recibido, de la cuestión de su justicia o injusticia.

---

aparte de que lo tengamos por una injusticia, cualquier agravio o disgusto muestra una tendencia natural a despertar nuestro odio, y que solo posteriormente buscamos razones que justifiquen y fundamenten la pasión. En este caso, no es la idea de justicia la que produce la pasión, sino que surge, por el contrario, de esta última. No es nada extraño que la pasión pueda engendrar la convicción de que ha habido injuria, dado que, si así no fuera, tendría que experimentar una considerable disminución, cosa que todas las pasiones evitan cuanto les es posible. La supresión de la injuria puede hacer que desaparezca la ira, pero ello no prueba que la ira surja exclusivamente de la injuria. Ofensa y justicia son dos objetos contrarios: uno de ellos muestra tendencia a producir odio; el otro, amor» (T. 2.2.3., 351).

[31] «Los juicios morales, para Hume, responden a la necesidad de un espacio más amplio de valores compartidos, en la medida en que apelan a un punto de vista general, diferenciándose así de los juicios más estrechos de los individuos y asociaciones más pequeñas. Los caracteres que nos impresionan por su virtud o su vicio lo hacen no solo desde el punto de vista del individuo particular que juzga desde la perspectiva de rangos particulares o asociaciones, sino desde el punto de vista de la 'simple valoración'. Para distinguir más generalmente entre los sentimientos morales y aquellos de estima y amor, Hume invoca un punto de vista que abstrae de los intereses particulares del individuo mediante la reconstrucción simpatética de los de los otros» (C. J. Finlay, 2007: 135-136).

[32] En general, se le puede reprochar un deficiente discernimiento de los sentidos de justicia, que no abarca tan solo la justicia legal, sino también la especial –ya sea la justicia correctiva, que regula modos de trato, ya la distributiva, que regula distribuciones–, indicando que hay formas de justicia previas a la institución legal; pero no conviene olvidar que el mismo Aristóteles, que introduce estas distinciones, consideraba la justicia natural como *parte* de la justicia política, juntamente con la justicia legal. Según esto, incluso la justicia correctiva y la distributiva, ya sea de forma natural o regulada por la ley positiva, forman parte de la justicia que se vive en la *polis*. Pero si esto es así, entonces el planteamiento de Hume, al menos en lo que se refiere a la propiedad, no se encuentra tan alejado del de Aristóteles, pues lo que Hume considera convención social básica forma parte de lo que Aristóteles llamaría justicia natural.

Igualmente, se puede objetar a Hume la ausencia de una reflexión explícita sobre la naturaleza del mérito y la justicia distributiva –aunque no faltan elementos para reconstruir algo parecido, combinando la utilidad social y los criterios del espectador imparcial. Sin embargo, sostengo que la teoría humeana de la justicia, con sus aciertos y limitaciones, representa un esbozo de lo que cabe llamar, en toda ley, la teoría social de Hume[33], una teoría que él presentó como filosofía moral pero que, en realidad, respondía a su propósito declarado de construir una ciencia empírica de la naturaleza humana, atenta al modo en que se desenvuelven los hombres en sociedad. Tal y como escribe Russell Hardin, se puede considerar a Hume como un «*proto social scientist*»[34], que ante todo desea comprender el mundo empírico, y trata de hacerlo de un modo científico: ciertamente no a la manera de Bacon, ni tampoco a la de Descartes, pero sí conforme a método (R. Hardin, 2007: 3-4)[35]. Comenzando por su justificación de la propiedad, la teoría de la justicia de Hume es un intento de proporcionar una explicación, coherente con su epistemología empirista, de las instituciones de las que depende el desarrollo de la vida moral; y, en este último sentido, representa un modo de dar cuenta de lo que podríamos caracterizar como «la normatividad de los hechos sociales».

En todo caso, y pesar de las fallas que pueden reconocerse en su teoría, coincido con Wennerlind (2011: 43-64) en que una lectura atenta a las implicaciones de la teoría humeana de la propiedad nos permitiría advertir las razones por las que articula desde ella su teoría de la justicia. Por de pronto, el contexto en el que escribe sin duda explica por qué no se limita a reproducir el papel arquitectónico que esta virtud desempeñaba en las teorías clásicas y modernas de la ley natural, sino que, desde el primer momento, le imprime una evidente orientación económica: la estabilidad institucional, el cumplimiento de las reglas de propiedad, es un requisito indispensable para el desarrollo del comercio.

---

[33] Esta aproximación se encuentra implícita en C. J. Berry (1997), y ha sido retomada más recientemente por Christopher J. Finlay (2007).

[34] Hardin es más específico, vinculando directamente la teoría social de Hume con los desarrollos posteriores de la Escuela Austriaca: «En esencia, Hume tiene una teoría Austriaca de las relaciones sociales en general, y no solo de las relaciones económicas. Estas no pueden ser dirigidas ni siquiera supervisadas por un agente o una agencia central [...] El argumento causal de la economía Austriaca es que, típicamente, el bienestar individual y la productividad agregada serán aumentadas por la descentralización de las decisiones que se corresponda con la real descentralización del conocimiento. El argumento causa de una teoría social Austriaca o Humeana es el mismo. La teoría social es welfarista y de la ventaja mutual» (R. Hardin, 2007: 188).

[35] Brian Barry ha discutido los motivos que proporciona Hardin –que enfatiza sobre todo la visión de Hume como teórico de la coordinación social–, aunque está en conformidad con él en lo que se refiere a la reivindicación del papel de teórico-social de Hume. (B. Barry, 2010: 369-392).

Entre tanto, sin embargo, Hume está implicándose en una empresa teórica de gran alcance, que incluye la definición de una esfera de acción específica de la sociedad civil –desde donde aborda cuestiones como la fama y la opinión pública– la determinación de la función propia del gobierno (A. M. González, 2009b: 77-116; 2008b: 161-196, cf. Capítulo 4) –ante todo hacer cumplir las normas de justicia y coordinar las actividades que exceden el alcance de los particulares– y el bosquejo de una teoría de la civilización, que al hilo del progreso económico contempla el refinamiento de las costumbres y el avance de las artes y las ciencias. Para apreciar el alcance del empeño humeano, basta considerar hasta qué punto el debate sobre la propiedad, en los términos en los que Hume lo plantea, ha servido para definir posiciones en teoría social.

2.2. El debate sobre la propiedad, encrucijada de la teoría social

Cualquier observador atento de la vida social puede precisar las condiciones en las que aparece el discurso sobre la propiedad, y, con él, el discurso humeano sobre la justicia: hay una pluralidad de individuos, ni ilimitadamente generosos ni irremediablemente egoístas, pero sí necesitados de ciertos bienes para cubrir sus necesidades, que se ven abocados a interactuar en un contexto que ni es de absoluta escasez ni de ilimitada abundancia. Precisamente por eso, sus relaciones están marcadas, desde el principio, por criterios económicos, más que por criterios de fuerza (G. Postema, 2006: 371-391).

Lo ideal, piensa Hume, sería que cada cual poseyera lo que le conviene para satisfacer sus necesidades. Pero es muy fácil que varios digan que les conviene tener el mismo bien. A causa de la avidez que, según Hume, caracteriza a los seres humanos, una cierta coordinación de intereses se hace necesaria si hemos de evitar el conflicto[36]. A partir de aquí, Hume avanza una idea de la sociedad como sistema cooperativo. Los intérpretes se dividen a la hora de entender los términos de esta cooperación. Coincido con Salter en su crítica a Brian Barry, cuando afirma que Hume no suscribe simplemente una teoría débil de la cooperación –como si la cooperación fuera elegible solamente como una alternativa mejor que el engaño recíproco–; por el contrario, entiendo que Hume mantiene una versión fuerte de la cooperación: la cooperación es mejor que cualquier

[36] Según Hardin, aquí encontramos la aportación más penetrante y estratégica de Hume a la teoría social, por largo tiempo ignorada, hasta que hace pocas décadas Thomas Schelling hizo notar la estructura estratégica de los problemas de coordinación resaltados por Hume. (R. Hardin, 2007: 82).

otro resultado y todos estaríamos dispuestos a cooperar siempre y cuando tuviéramos la seguridad de que los otros lo harán también[37].

La alternativa a esta visión de la sociedad, posteriormente explorada por las teorías del conflicto, sería concebir la sociedad como una permanente lucha de intereses. Para Hume, sin embargo, esta visión de las cosas no se ajusta a la experiencia, pues los hombres se le muestran, sí, como seres ávidos por avanzar sus intereses individuales, pero también como seres capaces de desarrollar un gusto por la vida social (A. M. González, 2011: 308-325, cf. Capítulo 6) y, por ambas razones, interesados en la paz. En este sentido, cabe afirmar que la paz se le presenta como el principio desde el cual pensar los criterios generales de organización social[38].

Podría objetarse que el punto de partida sigue siendo excesivamente individualista: después de todo, Hume sigue enfocando las cosas desde la perspectiva del individuo, interesado en asegurar sus posesiones y aumentarlas, al tiempo que disfruta de las ventajas de la vida social; es decir, sigue pensando la organización social desde la perspectiva de la coordinación de intereses o necesidades individuales, y eso le aboca irremediablemente a una manera concreta de entender la economía, la administración de los bienes, típicamente liberal. Desde la antropología social, que ha estudiado otras formas primitivas de economía, basadas en la circulación comunitaria de los bienes, se le podría plantear una objeción, al menos, a la pretensión universalista de este tipo de organización social.

A esta objeción Hume podría replicar que él propone de hecho una teoría de la civilización según la cual la forma de economía que él describe es solidaria con un estadio avanzado del progreso social, frente al cual otras formas de organización económica y social, menos diferenciadas, recibirían el calificativo de primitivas. En efecto: no obstante criticar las

[37] «El "dilema" al que se enfrentan los cooperadores Humeanos no es el de la inevitabilidad de encontrarse en una posición sub-óptima de defección constante, sino más bien el problema de la confianza –siempre cooperaríamos si tuviéramos buenas rezones para creer que los demás también lo harán: aquí es donde interviene la convención. No es tanto una explicación de cómo intereses en conflicto llegan a reconciliarse como más bien una explicación del modo en que personas que comparten un interés común llegan a darse cuenta de que efectivamente tienen tal interés en común y el modo en que se lo expresan recíprocamente» (J. Salter, 2012: 312).

[38] «No hay duda de que sería mejor que todo el mundo poseyera aquello que le resultase más conveniente y apropiado para su uso. Sin embargo, aparte de que esta relación de conveniencia puede ser común a varias personas a la vez, se encuentra además sometida a tantas controversias que una regla tan débil e insegura sería absolutamente incompatible con la paz de la sociedad humana. Es aquí donde interviene la convención acerca de la estabilidad de posesión, acabando con todas las ocasiones de discordia y polémica. Pero ello no se lograría jamás si aceptáramos aplicar esta regla de un modo diferente en cada caso particular y según la particular utilidad que pudiera discernirse en una tal aplicación» (T. 3. 2. 3., 502).

teorías del contrato social, o el individualismo de Hobbes, su enfoque de la vida económica supone de hecho que el principal agente económico es el individuo, y no la comunidad; sin embargo, no se trata del individuo aislado, sino del individuo que se relaciona con otros, ciertamente guiado por sus intereses, pero de acuerdo con diversos sistemas cooperativos[39]. Este rasgo de su pensamiento se encuentra en sintonía con la aparición de la sociedad civil, como un ámbito de interacción humana diferente del ámbito familiar y del ámbito político, que si bien no excluye otras formas de relación –guiadas por la benevolencia, el don, etc.– se caracteriza específicamente por aquella forma de cooperación basada en la coordinación de intereses. Ahora bien, precisamente esta clase de diferenciación social –familia, sociedad civil, sociedad política– está ausente de las sociedades primitivas, que son objeto de atención por parte de los antropólogos. La economía del don, o la circulación comunitaria de los bienes, sobre las que estos llaman la atención, no tienen por qué estar ausentes de la sociedad civil, pero responden a principios diferentes de los que se están abriendo paso en la sociedad comercial que Hume tiene ante los ojos y cuya peculiar estructura trata de comprender y legitimar.

A este propósito, conviene tener presente que en la argumentación de Hume van de la mano *cuestiones de principio y cuestiones de eficacia*. En el *Enquiry*, Hume da a entender con claridad que la división de propiedad, sirve ante todo a la paz y al interés sociales[40], entendiendo por ello un interés que los propios individuos pueden considerar razonable, pues supone instaurar un orden que, si bien a corto plazo supone una restricción de los deseos individuales, a largo plazo permite satisfacerlos mejor: este será el principio o referente último que legitima la *propiedad* privada, entendida como la posesión de un bien que excluye el uso y disfrute de ese bien por parte de otros.

---

[39] «La teoría científica tal y como ha sido desarrollada por la filosofía social racionalista del siglo XVIII y la economía moderna no recurre a interferencias milagrosas de poderes sobrehumanos. Cada paso por el cual se sustituye la acción individual por la acción concertada resulta en una mejora inmediata y reconocible de sus condiciones. Las ventajas derivadas de la cooperación pacífica y de la división del trabajo son universales [...] Cuando la cooperación social se intensifica por la ampliación del campo en el que hay división del trabajo o cuando la protección legal y la salvaguarda de la paz son fortalecidas, el incentivo es el deseo de todos los implicados de mejorar sus propias condiciones. Al buscar su propio interés –bien entendido- el individuo trabaja por la intensificación de la cooperación social y la interacción pacífica. La sociedad es un producto de la acción humana, es decir, de la tendencia humana a superar en lo posible la intranquilidad [...]» (L. Von Mises, 1998:146).

[40] «Si examinamos las leyes particulares que controlan la justicia y determinan la propiedad, se nos presentará la misma conclusión. El bien de la humanidad es el único objeto de todas estas leyes y regulaciones. Para la paz y el interés de la sociedad no sólo se requiere que las posesiones de los hombres estén separadas, sino también que las reglas que seguimos al hacer la separación sean las mejores que puedan idearse para fomentar los intereses de la sociedad» (EPM, 3. 2.,192).

Pero más allá de este principio, que explicaría la *legitimidad* de la propiedad privada, la introducción de reglas generales que determinen aquella convención social básica relativa a la estabilización de las posesiones, obedece a una cuestión de *eficacia:* la eficacia de dicha convención depende de su concreción en reglas socialmente reconocidas. En el *Treatise*, Hume se propone justificar *metódicamente* esas reglas, es decir, hacer explícita su lógica interna con el fin de mostrar su consistencia:

> Es necesario exponer algún método, por el que distinguir cuáles son los bienes particulares que hay que asignar a cada persona en particular, mientras se excluye al resto de la humanidad de la posesión y disfrute de ellos. Por tanto, nuestra siguiente tarea deberá consistir en el descubrimiento de las razones que modifican esta regla general y la adecuan al uso y práctica comunes en el mundo (T. 3. 2.3., 502).

Como veremos más adelante, su propósito de mostrar metódicamente las razones que intervienen en la modificación de la regla general (según la cual a cada uno le convendría tener como propios los bienes que le convienen) al objeto de «adecuarla al uso y práctica comunes en el mundo» (las convenciones habituales de asignación de la propiedad) le ofrece una oportunidad inmejorable para poner a prueba los conceptos básicos de su epistemología, pues su argumentación pone de manifiesto la importancia de articular el principio de la utilidad con la función de la imaginación y la costumbre. Acometiendo esta argumentación, Hume cree estar ofreciendo una «fundamentación» de aquellas normas presuntamente vacía de tesis metafísicas, atenta únicamente a la observación atenta del dinamismo psicológico y social de los asuntos humanos.

El primer rendimiento de la aplicación del método, en efecto, debería ser el asegurar la consistencia de las normas acostumbradas sobre la asignación de la propiedad. En efecto: dado que evitar el conflicto o la discordia es uno de los fines de estas reglas, uno de los requisitos que han de cumplir es el que sean firmes y no controvertidas. Hume estima que, para ello, las reglas de asignación de propiedad deben ser formales, no dependientes del contenido; es decir, deben asignar la propiedad a quien cumpla determinados requisitos, sin fijarse en si la propiedad en cuestión es o no conveniente a una persona determinada, o si la persona en cuestión es objetable por otras razones. Hume contrasta la particularidad de los argumentos basados en contenidos –este bien conviene a esta persona– a los argumentos de justicia, que, según explica, obedecen a «puntos de vista más amplios»:

> La justicia no tiene nunca en cuenta en sus decisiones la conveniencia o falta de conveniencia de los objetos con las personas particulares, sino que se conduce por *puntos de vista más amplios*. Un hombre es igual de bien recibido por la justicia si es generoso que si es avaro, y obtiene con la misma facilidad un fallo favorable incluso en cosas que no le resultan de utilidad alguna (T. 3.2.3., 502).

De más está notar que el hecho de que las normas de justicia no reparen en las cualidades particulares de las personas, sino que se apliquen por igual a todos, imparcialmente, y de manera inflexible, constituye uno de los rasgos definitorios de la seguridad jurídica; algo que Hume está dispuesto a defender incluso cuando de tal aplicación no se siga, en un caso concreto, ninguna utilidad evidente:

> Se sigue, por tanto, que la regla general de que la posesión debe ser estable no es aplicada mediante juicios particulares, sino por medio de otras reglas generales válidas para toda la sociedad, y tan inflexibles cuando favorecen como cuando perjudican (T. 3.2.3., 502).

Con otras palabras: la regla general que establece la necesidad de fijar la propiedad, en atención al principio de la paz y la seguridad, no debe aplicarse de manera directa, discrecionalmente, según los casos, sino con la *mediación* de otras reglas *generales*, válidas para la totalidad de la sociedad. Estas son las reglas que es preciso determinar atendiendo «al uso y práctica comunes en el mundo». Y, en esta tarea, es muy importante el papel de la imaginación.

En efecto, si bien las reglas que regulan la propiedad se justifican o legitiman en última instancia en atención a su *utilidad* o interés público, para determinar en de qué manera se salva esa utilidad en la práctica se precisa *imaginación*, mediante la que establecemos ciertas analogías (EPM, 3.2., 196;198), con las que evaluar el caso presente y eventualmente dirimir posibles conflictos[41]. La imaginación aparece

[41] HUME argumenta a favor de la imparcialidad de la ley, inicialmente de un modo muy similar a ARISTÓTELES, quien también consideraba mejor «el gobierno de la ley que el gobierno del hombre», porque la ley es «razón sin deseo» (Pol. III, Cap. 16, 1287a 28-32), y se acarrea menos enemistades que los hombres singulares. Asimismo, HUME hace notar cómo, a medida que nos acercamos al caso particular, resulta cada vez más difícil encontrar argumentos contundentes para dirimir controversias: «El empeño constante de todas las naciones civilizadas ha sido el de suprimir toda arbitrariedad y parcialidad en las decisiones referentes a la propiedad, y fijar las sentencias de los jueces de acuerdo con miras y consideraciones generales que puedan ser iguales para todos los miembros de la sociedad. Porque además de que nada podría ser más peligroso que habituar a los tribunales a considerar, incluso en el caso más insignificante, la amistad o la enemistad privada es cierto que los hombres, cuando se imaginan que no hubo otra razón para la

así como una instancia mediadora entre los principios y la realidad concreta[42].

Cabría decir, por tanto, que *principio de utilidad* –el interés social, atento a la coordinación de intereses individuales– y las *reglas generales* válidas para toda la sociedad –que concretan la convención social básica relativa a la estabilización de la propiedad– constituyen los dos elementos que es preciso tomar en consideración para estabilizar la propiedad; la imaginación, por su parte, nos ayuda a la hora de formular esas reglas generales y adaptarlas «al uso y práctica comunes en el mundo».

Para exponer el modo en que la imaginación ayuda en la formulación de reglas generales de asignación de la propiedad puede servir un ejemplo, que pone el propio Hume: ¿se debe considerar que la persona que toca tierra por primera vez en una isla desierta, es propietaria de toda la isla, o solo de la parte con la que entra en contacto más directo? El hecho de que el uso común entre los hombres sugiera que, si la isla es pequeña, cabe asignarla en propiedad al primero que llegó a ella, pero que si es del tamaño de Gran Bretaña, solo sería propietario de una parte, se basa sin duda en la imaginación[43].

---

preferencia de su adversario que el favor personal, son propensos a abrigar el rencor más fuerte contra los jueces y magistrados. Por lo tanto, cuando la razón natural no señala un criterio preciso relativo a la utilidad pública por el que puedan decidirse las controversias sobre la propiedad, a menudo se elaboran leyes positivas para ocupar su lugar y dirigir el procedimiento de todos los tribunales de justicia. Cuando estas leyes fracasan también, como sucede a menudo, se acude a los precedentes; y una decisión anterior, aunque se hubiera dado sin una razón suficiente, se convierte debidamente en una razón suficiente para una decisión nueva. Si faltan leyes o precedentes directos se acude a la ayuda de los indirectos e imperfectos; y se coloca al caso controvertido bajo los mismos mediante razonamientos analógicos y comparaciones, similitudes y correspondencias que, a menudo, son más imaginarias que reales. En general puede afirmarse con seguridad que, a este respecto, la jurisprudencia es diferente de todas las ciencias; y que en muchos de sus asuntos más sutiles no puede decirse con propiedad que haya verdad o falsedad en ninguna de las dos partes. Si uno de los abogados somete el caso a una ley o precedente anterior mediante una comparación o analogía refinada, el abogado de la parte contraria no tendrá dificultad en encontrar una analogía o comparación opuesta; y la sentencia que otorga el juez (308). se basa a menudo más en el gusto y la imaginación que en cualquier argumento sólido. La utilidad pública es el objetivo general de todos los tribunales de justicia, y esta utilidad requiere también una regla estable en todas las controversias. Pero cuando se presentan varias reglas que son casi iguales e indiferentes, es un sesgo muy ligero del pensamiento el que establece la decisión a favor de una parte u otra» (EPM, Apéndice 3., 308-9).

[42] La justificación de esta tesis se encuentra en el libro I, doctrina que resume aquí en una larga nota: «cuando dos objetos aparecen en estrecha relación mutua, la mente es capaz de atribuirles una relación adicional para completar su unión. Y esta propensión es tan intensa que a menudo nos hace caer en errores [...]» (T. 3.2.3., 504).

[43] «Pero no solo con respecto a la *existencia real* de propiedad y posesión pueden surgir disputas de este tipo, sino también con respecto a su *extensión*. Y con frecuencia es imposible dar solución alguna a estas disputas o, a lo sumo, es sólo la imaginación la que puede solucionarlas. La persona que arribe a las costas de una pequeña isla desierta y sin

De todos modos, antes de exponer con más detalle las reglas generales que -producto de la referencia a la utilidad general y la operación de la imaginación- sirven a la definición de la propiedad, parece aconsejable detenerse a examinar su trascendencia, pues, a ellas –a su función estabilizadora– se debería, según Hume, la transformación de la simple posesión en propiedad.

2.3. Diferencia entre posesión y propiedad

Hume no cae en el burdo error de concebir la posesión como el simple tener corpóreo, sino que la entiende más bien como un «poder». *Poseer* una cosa supone «poder utilizarla [...] moverla, alterarla, destruirla [...] de acuerdo con el placer o provecho»[44]. Ahora bien: ¿qué clase de poder es éste? Según Hume, se trata de una relación, asimilable a la relación causa-efecto[45], lo cual, a su juicio, significa una relación basada en la costumbre derivada de observar que eventos de cierta clase se siguen regularmente de eventos de otra clase. Por su parte, la *propiedad* se le presenta como una clase *particular* de posesión, a saber: una posesión *estable*, que recibe su estabilidad, precisamente, de las reglas de justicia[46].

Según esto, la diferencia entre posesión y propiedad parecería residir únicamente en una cuestión fáctica: el ajuste a unas reglas generales, en la medida en que tales reglas garantizan la seguridad del disfrute de la propiedad. En todo caso, como observa Berry:

---

cultivar será considerada desde el primer momento como dueña de la isla. En este caso adquiere propiedad sobre el conjunto porque el objeto se encuentra delimitado y circunscrito en la fantasía, y además guarda proporción con su nuevo poseedor. Si esa misma persona llegara a una isla desierta tan extensa como la Gran Bretaña, su propiedad no se extendería más allá de lo poseído de un modo fácticamente inmediato» (T. 3.2.3.,507).

[44] «Decimos estar en posesión de una cosa no solo cuando la tocamos directamente, sino también cuando nos hallamos en tal situación, con respecto a ella, que está en nuestro poder utilizarla, y nos es posible moverla, alterarla o destruirla de acuerdo con el placer o provecho del momento. Esta relación es, pues, una especie de causa y efecto [...]» (T. 3.2.3., 506).

[45] Como apunta Berry: «Para Hume dos objetos se encuentran relacionados causalmente cuando uno es la causa de la existencia del otro, de la acción o movimientos de otro, y también cuando uno tiene el poder de producir un movimiento o acción en el otro» Es en este último sentido como la propiedad resulta ser una especie de causación: porque «ella (la propiedad) capacita a la persona para producir alteraciones en el objeto y supone que su condición es mejorada y alterada por ello». (C.J. Berry, 2009: 75).

[46] «Y como la propiedad no es sino una posesión estable, derivada de las reglas de justicia o convenciones humanas, tendrá que ser considerada como perteneciente a la misma especie de relación» (T. 3.2.3., 506).

> La propiedad [...] no es «nada real en los objetos» en el mismo sentido general en que la causación no es una relación «real» sino que «pertenece por entero al alma, que considera la unión de dos o más objetos en todos los casos pasados» [...] A esto se debe el que la propiedad sea una relación moral: es una relación entre objetos y «seres inteligentes y racionales» lo cual es glosado por Hume en el sentido de que «la propiedad deberá consistir en alguna relación interna» (C. J. Berry, 2009: 76).

Por el contrario, las reglas de determinación de la propiedad (ocupación, sucesión, etc.), que veremos a continuación, constituyen ejemplos de «relaciones externas», cuya importancia es, no obstante, fundamental, pues ellas «causan» la relación interna en la que la propiedad, en cuanto tal, consiste, porque influyen en la mente de modo que nos abstengamos de esa posesión (C. J. Berry, 2009: 76).

Hume no descarta que, en ausencia de tales reglas, la posesión pueda ser estable, pero, según hace notar, lo sería únicamente de acuerdo con cierta probabilidad[47], sin la certeza requerida para ahuyentar los conflictos. Por eso la simple posesión, no asegurada por reglas de justicia, resulta poco claro a efectos de organización[48].

La búsqueda de límites precisos, que permitan dirimir disputas relativas al límite de ciertas posesiones es lo que justifica la introducción de reglas bien determinadas de asignación de la propiedad. Para resolver cuestiones particulares, en efecto, no basta con remitirse a principios –razón e interés público– ni tampoco basta la consideración atenta del caso, guiados únicamente por nuestro criterio, pues éste requiere representarse el caso concreto con ayuda de la imaginación, y esta facultad puede verse alterada incluso por la confluencia de circunstancias más variadas[49].

[47] «Pero entonces cabe observar que, como el poder de utilizar un objeto resulta más o menos cierto, según que las interrupciones con que podamos encontrarnos sean más o menos probables, como esta probabilidad puede incrementarse por grados imperceptibles, en muchos casos resulta imposible determinar el momento en que la posesión comienza o acaba; tampoco existe ningún criterio de certeza con el que resolver las controversias [...]» (T. 3.2.3., 506).

[48] Lo ilustra con el siguiente ejemplo: «Se considera que el jabalí caído en nuestra trampa nos pertenece cuando le resulta imposible escapar de ella. ¿Pero qué queremos decir por imposible? ¿Cómo separar esta imposibilidad de una improbabilidad? ¿Y cómo distinguir con exactitud entre esta última y una probabilidad? ¿Quién señalará los límites precisos entre una y otra, y mostrará el criterio con el que resolver todas las disputas que puedan surgir, y que, como vemos por experiencia, surgen de hecho tan frecuentemente en este asunto?» (T. 3.2.3., 506).

[49] «Si intentamos que sean la razón y el interés público los que resuelvan estas dificultades nunca encontraremos solución. Y si la buscamos en la imaginación, es evidente que las cualidades operantes en esa facultad se convierten tan insensible y gradualmente unas en otras que es imposibles asignarles ningún límite o determinación precisa. Y las dificultades de este punto deben aumentar cuando advertimos que nuestro juicio se altera en gran medida

Al introducir estas consideraciones, el propósito de Hume no es negar la importancia de la imaginación: todo lo contrario. Como hemos adelantado, su argumentación se dirige a mostrar que la determinación de la propiedad depende de mantener simultáneamente dos cosas: la referencia al principio de utilidad general, y la referencia «al uso y práctica comunes en el mundo». De hecho, en el *Enquiry* desarrolla la misma doctrina desde el ángulo opuesto: para que todas las reglas de propiedad, en cuya formulación –como veremos después– desempeña un papel primordial la imaginación, no parezcan arbitrarias, es preciso mostrar su relación con el interés y la felicidad sociales[50]. Más aún: como hemos visto en el ejemplo de la propiedad sobre una isla desierta –la necesidad de normas que satisfagan los dos requisitos– orientación a la utilidad general, y acomodación al uso y la práctica comunes en el mundo –no se refiere únicamente a dirimir posibles conflictos sobre la existencia de la propiedad–, sino también conflictos relativos a su extensión.

En todo caso, Hume sostiene que para legislar correctamente en asuntos de propiedad, hay que *atenerse a la realidad de la naturaleza humana*, esto es, a la realidad de una naturaleza situada, que no se deja llevar ni por una benevolencia excesiva ni por un egoísmo exacerbado. En su preciso momento histórico, su postura de «sentido común»[51], iba dirigida en contra quienes, por razones religiosas, abogaban bien por asignar la propiedad conforme a criterios de virtud, bien por la imposición de la igualdad social (K. Haakonssen, 2009: 341-380). Hume considera que la asignación de la propiedad según virtud solo funcionaría en una teocracia perfecta[52]; nunca en una comunidad humana en la que los hombres se rigen a sí mismos:

según el tema de que se trate, de modo que un mismo poder o proximidad será considerado como posesión en un caso y, en cambio, no lo será en otros [...]» (T. 3.2.3., 507).

[50] «¿En qué consiste la *propiedad* de un hombre? En cualquier cosa que es lícito que él y solo él utilice. Pero, ¿qué regla tenemos por la que podamos distinguir estos objetos? Aquí tenemos que recurrir a estatutos, costumbres, precedentes, analogías y otras cien circunstancias; algunas de las cuales son constantes e inflexibles, mientras que otras son variables y arbitrarias. Pero el fin último en el que expresamente acaban todas es el interés y la felicidad de la sociedad humana. En donde esto no se tiene en cuenta, nada puede parecer más caprichoso, antinatural e incluso supersticioso que todas o la mayoría de las leyes de la justicia y la propiedad» (EPM, 3.2., 198).

[51] «*Con vistas a establecer leyes que regulen la propiedad, tenemos que estar familiarizados con la naturaleza y situación de los hombres*; debemos rechazar apariencias que, aunque tengan un tono de plausibilidad, pueden ser falsas; y debemos buscar esas normas que resulten, en conjunto, más útiles y beneficiosas. Allí donde los hombres no ceden a una avidez demasiado egoísta o a un entusiasmo excesivo, el sentido común y una ligera experiencia bastan para este propósito» (EPM, 3.2., 195).

[52] «Supongamos que una criatura dotada de razón, pero que desconoce la naturaleza humana, deliberara consigo misma sobre qué reglas de justicia o propiedad promoverían mejor el interés público y establecerían la paz y la seguridad entre los hombres. Su pensamiento más obvio sería el de asignar las posesiones mayores a la mayor virtud, y dar a cada uno el poder de hacer el bien en proporción a su inclinación. En una teocracia

> Los fanáticos pueden suponer que el dominio se funda en la gracia, y que solo los santos heredarán la tierra, pero el magistrado civil pone muy justamente a estos sublimes teóricos al mismo nivel que los ladrones vulgares, y les enseña, mediante el castigo más severo, que una regla que a nivel especulativo puede parecer la más ventajosa para la sociedad, puede resultar en la práctica, sin embargo, completamente perniciosa y destructiva [...](EPM, 3.2.,193).

Si la pretensión de asignar la propiedad según virtud podría considerarse el «error aristocrático», la pretensión contraria de distribuir los bienes de la naturaleza equitativamente entre todos los hombres, procurando artificialmente la igualdad entre ricos y pobres, podría considerarse el «error democrático». Hume se refiere concretamente a los *levellers*, que aspiraban a imponer una mayor igualdad social. Tras ponderar los atractivos de esta propuesta, así como algunos precedentes históricos[53], la despacha como impracticable, e incluso altamente perniciosa, pues:

Los historiadores, e incluso el sentido común, pueden informarnos que, por muy plausibles que puedan parecer estas ideas de una igualdad perfecta, en última instancia son realmente impracticables, y que, aunque no lo fueran, resultarían extremadamente perniciosas para la sociedad humana (EPM, 3.2., 194).

Las palabras que escribe a continuación resumen el principio de todo credo liberal:

perfecta, en donde un ser perfectamente inteligente gobierna mediante voliciones particulares, esta regla tendría ciertamente lugar, y podría servir a los propósitos más sabios. Pero si la humanidad fuera a poner en práctica tal ley, tan grande es la incertidumbre del mérito de los hombres –tanto por su oscuridad natural como por la presunción de cada individuo– que de ello no resultaría jamás ninguna regla determinada de conducta; y la total disolución de la sociedad habría de ser la consecuencia inmediata» (EPM, 3.2.,193).

[53] «De hecho, hay que confesar que la naturaleza se muestra tan generosa con la humanidad, que si todos sus dones se distribuyeran equitativamente entre la especie y se perfeccionaran mediante la habilidad y la laboriosidad, cada individuo disfrutaría de todas las cosas que necesitarse, e incluso de la mayoría de las comodidades de la vida; y jamás estaría sujeto a otros males que los que pudieran surgir accidentalmente de la constitución y estructura enfermiza de su cuerpo. Hay también que confesar que siempre que nos apartamos de esta igualdad, robamos al pobre una satisfacción mayor que la que concedemos al rico, y que la gratificación ligera de una vanidad frívola de un individuo frecuentemente cuesta más que el pan de muchas familias, e incluso de provincias enteras. Puede parecer, además, que la regla de la igualdad, puesto que sería útil en un grado muy alto, no es impracticable del todo; pues ha tenido lugar, al menos en un nivel imperfecto en algunas repúblicas, especialmente en Esparta, donde estuvo acompañada, se dice, de las consecuencias más beneficiosas. Para no mencionar que las leyes agrarias, tan frecuentemente reclamadas en Roma y puestas en práctica en muchas ciudades griegas, procedían todas ellas de una idea general de la utilidad de este principio [...]» (EPM, 3.2., 194).

> *Haced que las posesiones de los hombres sean muy iguales; sus diferentes grados de habilidad, cuidado y aplicación destruirán inmediatamente esa igualdad.* O, si controláis estas virtudes, reduciréis la sociedad a la indigencia más extrema, y, en vez de evitar la pobreza y miseria de unos pocos, las haréis inevitables para toda la comunidad. Para descubrir toda desigualdad en su primera aparición, sería necesaria la investigación más rigurosa, y se necesitaría la autoridad más severa para castigarla y corregirla. Pero, además de que una autoridad tan grande pronto degeneraría en tiranía, y se ejercería de forma muy parcial, ¿quién podría disponer de ella en una situación como la que aquí se ha supuesto? La perfecta igualdad de posesiones, al destruir toda jerarquía, debilita extremadamente la autoridad de los magistrados, y tiene que reducir todo poder casi a un mismo nivel, igual que sucede con la propiedad (EPM, 3.2., 194).

Descartadas con estos argumentos la solución teocrática y la igualitarista, queda expedito el camino para exponer las razones que avalan la práctica común, de asignar la propiedad conforme a actual posesión, ocupación, prescripción, accesión o sucesión. En el *Enquiry*, además, añade el trabajo como posible fuente de propiedad, específica de las sociedades civilizadas. Todas estas determinaciones concretan lo que entendemos habitualmente por propiedad:

> Cuando se requiere una definición de propiedad –escribe en el *Enquiry*–, se encuentra que esa relación se disuelve ella misma en una posesión adquirida mediante ocupación, mediante el trabajo, por prescripción, por herencia, por un contrato, etc. ¿Quién no ve que todas estas instituciones surgen simplemente de las necesidades de la sociedad humana? (EPM, 3.2., 201-2).

2.4. Las reglas generales de asignación de la propiedad

En conformidad con su propósito de justificar metódicamente –esto es, según su propio método– las reglas generales de asignación de propiedad comunes en la práctica del mundo, Hume acomete la tarea de mostrar de qué modo cada una de ellas va abriéndose paso en nuestras mentes, a partir del principio general de estabilizar la propiedad. Ahora bien, en los primeros estadios de la vida social, el primer criterio de asignación de la propiedad, muy en conformidad con el derecho consuetudinario, es reconocer a cada cual como suyo aquello que venía poseyendo hasta entonces.

Actual poseedor. –Hume considera que asignar la propiedad sobre un bien a quien de hecho se encuentra en posesión de dicho bien es algo natural y provechoso; no obstante es un criterio que sirve únicamente en el estadio primero de formación de la sociedad. Hume razona que la asignación de la propiedad al actual poseedor vale únicamente en los estadios primeros de la sociedad; prolongar la vigencia de esta regla de manera indiscriminada podría ser incluso injusto, puesto que la misma restitución quedaría excluida– si yo sustraigo algo a su legítimo poseedor, en efecto, en ese momento yo soy el actual poseedor. Para casos como esos, es preciso identificar alguna circunstancia que avale la restitución de la propiedad a su legítimo dueño[54]. Es entonces cuando aparece como criterio la ocupación:

Ocupación.–La primera posesión u ocupación de un bien es habitualmente reconocido como el primer criterio de asignación de propiedad. Esto se explica, según Hume, por la urgencia con la que los hombres tratan de evitar la miserable condición en la que se hallan con anterioridad a la estabilización de la propiedad[55]. En efecto: «Los hombres no desean suspender la propiedad ni por el más corto instante, ni tampoco dejar ninguna puerta abierta a la violencia y al desorden» (T. 3.2.3., 505). Y, en este contexto, «la posesión primera llama siempre la atención con más fuerza, de modo que si la pasáramos por alto no existiría sombra alguna de razón para asignar la propiedad a una posesión posterior» (T. 3.2.3., 505).

En la argumentación anterior se aprecia fácilmente cómo Hume trata de justificar las distintas normas apelando a las prácticas que suscitan una impresión de mayor seguridad, en el momento en que el sujeto más lo necesita. Sin embargo, él mismo advierte que, con el tiempo, la fuerza de esa primera impresión se desvanece, dejando de constituir un criterio suficiente para discriminar a quién pertenece un determinado bien.

Hume considera la sociedad humana tal como es. Aunque reconoce fuerza al argumento que apela a la posesión primera como título legítimo de propiedad, considera que no es un argumento incontrovertible, pues el paso del tiempo va erosionando ese presunto derecho:

---

[54] «Con todo, cabe observar que, aunque la regla de asignación de propiedad al actual poseedor sea *natural, y, por ello, provechosa*, su provecho no se extiende más allá del estadio primero de formación de la sociedad; no existiría tampoco nada más pernicioso que la observancia constante de esta regla, ya que en su nombre sería excluida la restitución y autorizada y premiada la injusticia. Debemos buscar, por consiguiente, alguna otra circunstancia que pueda dar origen a la propiedad, una vez establecida la sociedad» (T. 3.2.3., 505).

[55] «Lo miserable de la condición anterior a esta restricción es la causa de que nos sometamos a ese remedio tan rápidamente como nos es posible, y ello nos proporciona una fácil razón para explicar por qué unimos la idea de propiedad con la posesión primera u ocupación» (T. 3.2.3., 505).

> La naturaleza de la sociedad humana impide que exista certeza alguna que pueda considerarse bien establecida a este respecto; y tampoco nos es siempre posible remontarnos al origen primero de las cosas con el fin de determinar su condición presente. Cualquier período considerable de tiempo aleja de tal modo los objetos que éstos parecen perder en cierto modo su realidad, haciendo que tengan tan poca influencia sobre la mente como si nunca hubieran existido. El derecho de una persona a poseer una cosa, que es claro y distinto en este momento, parecerá oscuro y dudoso dentro de cincuenta años, aun cuando los hechos en que esté basado tal derecho estuvieran probados con la mayor evidencia y certeza. Los mismos hechos no tienen la misma influencia después de tan largo espacio de tiempo (T. 3.2.3., 508).

Precisamente para suplir este inconveniente aparece el siguiente criterio de propiedad.

Prescripción.–En efecto: cuando se desvanece la fuerza de la primera impresión, que avalaba la asignación de la propiedad al primer ocupante, otro criterio toma el relevo, a saber, la posesión prolongada, o prescripción, «que confiere a la persona suficiente título de propiedad sobre cualquier cosa que posea» (T. 3.2.3., 508).

Ahora bien: ¿no hay algo sorprendente en el hecho de que el paso del tiempo pueda generar derechos de propiedad? Hume toma nota de esta extrañeza –«aunque todo se produzca en el tiempo, es cierto que el tiempo mismo no produce nada real» (T. 3.2.3., 508)–, pero ella misma le sirve para introducir la idea de que «la propiedad no es ninguna cosa real existente en los objetos, sino algo que ha sido originado por los sentimientos, que es lo único sobre lo que sabemos tiene influencia el tiempo» (T. 3.2.3., 508-509).

Hume se fija en un hecho de experiencia: la posesión prolongada de un objeto incide en nuestros sentimientos por ese objeto. Partiendo de ese dato de experiencia Hume sugiere que la propiedad misma se origina en los sentimientos. Su argumentación discurre por una vía análoga a la que ensayara a propósito de la causalidad: la conexión causa-efecto, para él, se basa en la costumbre de que un evento siga a otro. No en vano él mismo compara la propiedad a una especie de causalidad[56]. El hecho de que la posesión prolongada genere un fuerte sentimiento de apego a un determinado bien podría llegar a justificar que la posesión actual suplante a la posesión primera, modificando así un cambio en la propiedad[57].

---

[56] En realidad, como ha observado Finlay, lo que más nos debería llamar la atención es el hecho de que, a la hora de escoger ejemplos de causalidad, Hume no recurre tanto a eventos físicos como relaciones sociales. (C. Finlay, 2007: 1).

[57] En nota explica: «La posesión presente es evidentemente una relación entre una persona y un objeto, que no tiene en cambio fuerza suficiente para contrarrestar la relación

Accesión.–Sobre la base de la propiedad de ciertos bienes, podemos adquirir la de otros, inferiores a ellos[58], siempre y cuando se encuentren conectados entre sí por medio de una relación causa efecto. Es el caso de la propiedad sobre «los frutos de nuestro jardín, las crías de nuestro ganado, el trabajo de nuestros esclavos [...]». Hume atribuye esta fuente de propiedad a la operación de la imaginación, a la que compete establecer relaciones[59].

Ahora bien: ¿hasta dónde hemos de extender el derecho de propiedad basado en la propensión de la mente a establecer relaciones? En efecto, «a partir de un objeto relacionado con nosotros, adquirimos también relación con todo otro objeto relacionado con el primero, y así sucesivamente, hasta que el pensamiento pierde de vista el total de la cadena de relaciones, en virtud de los numerosos miembros de ésta» (T. 3.2.3., 509). En este contexto, la relación de propiedad puede sin duda debilitarse, aunque, según observa Hume, no tiene por qué quedar necesariamente destruida.

En el *Enquiry* detalla un poco más:

> La adquisición de la propiedad por accesión solo puede explicarse recurriendo a las relaciones y conexiones de la imaginación. La propiedad de los ríos, según las leyes de la mayoría de las naciones y el sesgo natural de nuestro pensamiento, se atribuye a los propietarios de sus riberas, exceptuando ríos tan inmensos como el Rhin o el Danubio, que parecen demasiado grandes para que se sigan como una accesión a la propiedad de los campos vecinos. Sin embargo, incluso a estos ríos se les considera como propiedad de la nación a través de cuyos dominios corren; pues la idea de una nación tiene el tamaño adecuado para guardar proporción con los mismos y mantener con ellos una tal relación de fantasía; las accesiones hechas a las tierras que constituyen las orillas de los ríos pertenecen a estas, dicen los civilistas, a condición de que se

de la posesión primera, a menos que lleve establecida ya mucho tiempo y de una forma ininterrumpida. En este caso, la relación se incrementa del lado de la posesión en virtud de la extensión de tiempo, mientras que disminuye del lado de la posesión primera en virtud de la distancia pasada. Y este cambio en la relación produce consecuentemente un cambio en la propiedad» (T. 3.2.3., 509).

[58] Los objetos pequeños pueden considerarse propiedad de los grandes por derecho de accesión, pero no a la inversa, y por eso el mar no puede ser propiedad de una nación, como defendió Grocio, (2005: 510).

[59] «Esta fuente de propiedad no puede ser explicada en ningún caso sino partiendo de la imaginación [...] se ha dicho antes que la mente tiene una natural propensión a unir relaciones, especialmente cuando encuentra que estas son semejantes y advierte una especie de adecuación y uniformidad en tal unión. Es de esta propensión de donde se derivan estas *leyes naturales:* que una vez realizada la formación primera de la sociedad, la propiedad sigue siempre a la posesión presente, y que, posteriormente, la propiedad se deriva de la posesión primera o de la ejercida durante largo tiempo [...]» (T.3.2.3., 509).

> realicen mediante lo que se denomina aluvión. Esto es, de modo insensible e imperceptible; circunstancias estas que ayudan a la imaginación en la conjunción. Cuando una porción considerable se desgaja de una vez de una orilla y se añade a la otra, no es convierte en propiedad de aquél en cuya tierra cae hasta que une con la misma, y hasta que los árboles y las plantas hayan extendido sus raíces por ambas. Antes de esto, el pensamiento no los une lo suficiente (EPM, Apéndice 3., 310, nota).

Sucesión.–La asignación de propiedad basada en la sucesión es considerado por Hume algo «perfectamente natural», no solo por el «supuesto consentimiento del padre o pariente cercano», sino también «por el interés general de la humanidad, que exige que las posesiones de los hombres pasen a quienes les son más queridos, para hacerlos así más laboriosos y frugales» (T. 3.2.3., 510-511).

Hume no descarta que, al igual que en los casos anteriores, también el derecho de sucesión se base en la imaginación[60]. Sin embargo, lo considera perfectamente natural no solo porque –al igual que en los casos anteriores- la determinación de la propiedad, por cualesquiera criterios, responde a la utilidad general, sino también porque esa misma utilidad viene avalada en este caso por una razón ulterior: los hijos sienten la responsabilidad de cuidar y hacer rendir la herencia de sus padres, mediante su trabajo. Con ello apunta uno de los temas centrales de cualquier teoría social moderna: la relación entre trabajo, propiedad, y progreso; un tema que aborda de manera más explícita en el *Enquiry*:

El trabajo como origen de propiedad:

> ¿Quién no ve, por ejemplo, que cualquier cosa que la habilidad o la aplicación de un hombre produce o perfecciona debería siempre respetarse como suya; y ello con vistas a estimular esos útiles hábitos y talentos? ¿No se ve, igualmente, que la propiedad debería pasar a los hijos y familiares, con el fin de servir al mismo propósito útil; y que ha de poderse traspasar por consentimiento, con vistas a producir esas relaciones y ese comercio que son tan beneficiosos para la sociedad humana; y que todos los contratos y promesas deberían cumplirse escrupulosamente, a

[60] «Es posible que estas causas se vean ayudadas por la influencia de la relación o asociación de ideas, por la cual nos inclinamos naturalmente a llevar nuestra atención al hijo, después del fallecimiento del padre, y también a asignarle derecho sobre las posesiones paternas. Esos bienes deben convertirse en propiedad de alguien, pero la cuestión es, de quién. En este punto, es manifiesto que es la persona de los hijos la que se presenta de modo natural ante la mente, y como ya estaban relacionados con esas posesiones por medio de su padre, ahora fallecido, nos inclinamos a consolidar aún más la conexión mediante la relación de propiedad. Existen muchos ejemplos análogos a éste» (T.3.2.3., 512-513).

> fin de mantener esa seguridad y confianza mutuas que tanto promueven el interés general de la humanidad? (EPM, 3.2., 195).

Como podemos apreciar en este pasaje, Hume considera que el trabajo que una persona emplea en producir o perfeccionar una cosa genera *ciertos* derechos de propiedad; sin embargo, la razón que aporta, para avalar esa consideración, es diversa de la de Locke; el argumento de Locke era profundamente individualista[61]; en cambio, la última instancia a la que apela Hume es, nuevamente, la utilidad social: reconociendo los derechos de propiedad derivados del trabajo, se estimula el desarrollo de hábitos y talentos, lo cual contribuye al progreso social. En el *Enquiry*, Hume desarrolla esta línea de argumentación con más claridad que en el *Treatise*[62]:

> Cuando un hombre pone laboriosidad y trabajo en cualquier objeto que antes no pertenecía a nadie, como cuando tala y talla un árbol, cuando cultiva un campo, etc., las alteraciones que produce provocan una relación entre él y el objeto, y de forma natural nos conducen a unirlo a él mediante la nueva relación de propiedad. *Esta causa concurre aquí con la utilidad pública, que consiste en el estímulo que proporciona a la laboriosidad y al trabajo* [...] (EPM, Apéndice III, 309, nota) .

La relación que se establece entre el hombre y los objetos de su trabajo constituyen el punto de partida de un nuevo argumento para asignar propiedad, una nueva conexión imaginativa que refrenda el argumento principal, derivado de la utilidad social, y que apela al potencial estímulo de la laboriosidad. Pero Hume añade todavía un motivo ulterior, el sentimiento privado de humanidad:

> Quizás, también, el sentimiento privado de humanidad hacia el poseedor concurra en este caso con los otros motivos y nos lleve a dejar con él lo que ha adquirido con su sudor y su trabajo, y sobre lo que se ha hecho la ilusión de un goce permanente (EPM, Apéndice III, 309, nota).

---

[61] Como indica BERRY, para HUME la relación de propiedad es una relación interna; en cambio, los criterios de asignación de propiedad –ocupación, accesión, sucesión, trabajo– designan relaciones externas. Eso significa que el trabajo en cuanto tal no constituye propiedad. La propiedad, para Hume, solo puede basarse en una convención previa, ordenada a la estabilización de posesiones; una convención, por tanto, en la que se da por supuesta la pluralidad de seres humanos: «Para Hume (como también para PUFENDORF). la relación de propiedad depende de la existencia de otros seres racionales, que han instituido convenciones para generar estabilidad. En contraste, la teoría lockeana es individualista *par excellence* porque en ella no figura ningún otro agente humano de manera directa; en este sentido, de acuerdo con las premisas humeanas, se seguiría que Locke ha proporcionado simplemente una definición de posesión y no de propiedad» (C. J. BERRY, 2009: 77).

[62] Por lo demás, el texto del *Enquiry* repite más o menos los mismos argumentos que el *Treatise*.

Conviene notar, sin embargo, que, a juicio de Hume, el sentimiento privado de humanidad, por sí solo, en modo alguno constituiría un argumento para legitimar la propiedad privada; para él, este sentimiento constituye un refuerzo del argumento basado en la utilidad social, nunca un motivo original de asignación de la propiedad, y entra en juego únicamente cuando ya se ha formado la regla general de asignación de bienes:

> Pero aunque el sentimiento privado de humanidad no pueda ser de ninguna manera el origen de la justicia, puesto que esta virtud contradice muchas veces la anterior, sin embargo, una vez que se ha formado la regla de una posesión separada y permanente gracias a las necesidades indispensables de la sociedad, el sentimiento privado de la humanidad, y una aversión a causar perjuicios a otros, pueden dar lugar en un caso particular a una regla de propiedad concreta [...] (EPM, Apéndice III, 309, nota).

Solo cuando se ha satisfecho la ley general estamos en condiciones de atender a los sentimientos privados. El mismo argumento de la utilidad general, que lleva a legitimar la propiedad basada en el trabajo, por su función estimuladora de la laboriosidad, es lo que lleva a relacionar los bienes adquiridos mediante el trabajo con el derecho de sucesión, pues «la laboriosidad se estimula más mediante la transferencia de posesión a los hijos o a los parientes cercanos» (EPM, Apéndice III, 309, nota).

Sin embargo, en este punto Hume añade un matiz importante, pues, a su juicio, «esta consideración sólo tendrá lugar en una sociedad cultivada; mientras que el derecho de sucesión es tenido en cuenta incluso entre los bárbaros» (EPM, Apéndice III, 310, nota). En efecto: Hume advierte que el derecho de propiedad basado en la sucesión se da en todas las sociedades; en cambio el derecho de propiedad basado en el trabajo se da únicamente en sociedades cultivadas.

2.5. La propiedad como derecho natural

Revisados los argumentos con los que Hume cree haber mostrado la consistencia interna de la práctica habitual de asignación de la propiedad, tiene importancia recordar que, en su planteamiento, todavía nos estamos moviendo en el terreno del derecho natural, o de lo que él mismo designa como «leyes naturales». De hecho, en el *Enquiry*, Hume hace notar la coincidencia de su argumentación con la de los *Natural Lawyers*, cuando insiste en las razones de utilidad social que avalan la institución de la propiedad privada[63].

En efecto: aunque, como venimos diciendo, la determinación de la propiedad se realice mediante ciertas convenciones, tales convenciones se explican en razón de su general utilidad social, que precede a la introducción de cualquier gobierno concreto, así como en la operación de la imaginación, que naturalmente tiende a establecer analogías significativas, basada en la costumbre[64]. Esa es la razón de que Hume no tenga inconveniente en referirse a estas convenciones –concreciones de la convención social básica, relativa a la fijación de la propiedad– con el nombre de «leyes naturales».

Según esto, Hume mantiene el derecho natural a la propiedad privada, si no en los mismos términos que Locke (D. D. Raphael, 1972 –1973: 87-103), sí en los mismos términos que los teóricos de la ley natural. Ahora bien, como hemos visto, en el enfoque de Hume, esas leyes naturales, basadas en la utilidad social, deberían concretarse aún en reglas determinadas con ayuda de la imaginación, que establece analogías significativas; y, en último término incluso con ayuda del sentimiento privado de humanidad: imaginación y sentimiento nos ayudarían a transitar de la afirmación de una general necesidad de la propiedad privada a la adscripción de propiedades particulares a personas particulares.

Es claro, por otra parte, que a medida que avanzamos en esta dirección, nos vamos topando con asuntos más continentes, de modo que la necesidad de esas determinaciones puede ir perdiendo fuerza:

---

[63] «Examinad a los autores que han escrito sobre las leyes de la naturaleza; siempre encontrareis que, cualesquiera que sean los principios de los que parten, es seguro que al final acaban aquí; y que asignan como razón última de toda regla que establecen la conveniencia y las necesidades de la humanidad» (EPM, 3.2.,195).

[64] "«Algunas veces puede que los intereses de la sociedad requieran que haya una regla de justicia para un caso particular, pero que no puedan escoger una regla determinada entre varias que son igualmente beneficiosas. En este caso, se echa mano de las analogías más leves; y ello con vistas a prevenir esa indiferencia y ambigüedad que serían (EPM, 196) la fuente de desacuerdos continuos. Así, se supone que la sola posesión y la posesión primera confieren propiedad allí donde nadie más tiene alguna demanda o pretensión anteriores. Muchos de los razonamientos de los juristas son de esta naturaleza analógica y dependen de conexiones muy débiles de la imaginación. ¿Siente alguien escrúpulos en casos extraordinarios en violar toda consideración hacia la propiedad privada de los individuos y sacrificar por el interés público una distinción que se había establecido por motivo del mismo? La seguridad del pueblo es la ley suprema. Todas las demás leyes particulares le están subordinadas y dependen de ella. Y si se las sigue y gozan de consideración en el curso normal de las cosas es sólo porque la seguridad y el interés público normalmente exigen una administración tan equitativa e imparcial» (EPM, 3.2., 196).

> Brevemente, tenemos que distinguir siempre entre la necesidad de una separación y una permanencia en las posesiones de los hombres y de las reglas que asignan objetos particulares a personas particulares. La primera necesidad es evidente, fuerte e invencible; la segunda puede depender de una utilidad pública más ligera y frívola, del sentimiento privado de la humanidad, y de la aversión hacia los infortunios privados, de las leyes positivas, de precedentes, de analogías y de conexiones y sesgos de la imaginación muy sutiles (EPM, Apéndice III, 310, nota).

Hay veces que incluso estas normas generales basadas en la utilidad social o la analogía, fracasan en la aplicación a un determinado caso particular, en cuyo caso hay que acudir a determinaciones menos «naturales» –basadas en conexiones imaginativas– y dejarse guiar por el artificio civil:

> Algunas veces tanto la utilidad como la analogía fracasan, y dejan las leyes de la justicia en una incertidumbre total. Por eso, es muy necesario que la prescripción o posesión prolongada confiera propiedad; pero es imposible que la sola razón determine qué número de días, meses o años deberían bastar para este fin. *Las leyes civiles ocupan aquí el lugar del código natural,* y asignan diferentes períodos de tiempo para la prescripción de acuerdo con las diferentes utilidades que se propone el legislador. Según las leyes de la mayoría de los países, las letras de cambio y los pagarés prescriben más pronto que los bonos, las hipotecas y los contratos de una naturaleza más formal (EPM, 3.2., 196).

De este modo, Hume se hace eco en sus propios términos de la distinción a la que aludíamos arriba (Cf. página 58), entre «conclusiones» y «determinaciones» de la ley natural; la diferencia, esto es, entre preceptos cuya normatividad deriva directamente de la ley natural, y las determinaciones que concretan y hacen eficaces tales preceptos en un momento y unas circunstancias determinadas:

> En general podemos observar que todos los asuntos relacionados con la propiedad dependen de la autoridad de las leyes civiles: las cuales extienden, moderan, modifican y alteran las reglas de la justicia natural de acuerdo con la conveniencia particular de cada comunidad. Las leyes tienen, o deberían tener, una referencia continua a la forma en que el gobierno está organizado, a las costumbres, al clima, a la religión, al comercio y a la situación de cada sociedad (EPM, 3.2., 196).

La adaptación de la ley a las circunstancias históricas, geográficas, sociales, etc. era un tema que ya había tratado Montesquieu. Sin embargo, la argumentación de Hume acentúa en mayor medida el papel del sentimiento[65], así como en la función legitimadora de la utilidad social:

> En donde una ley civil es tan perversa como para ir en contra de todos los intereses de la sociedad, pierde toda su autoridad y los hombres juzgan de acuerdo con los intereses de la justicia natural, que está de acuerdo con esos intereses [...] (EPM, 3.2., 197, nota).

En este punto, Hume repara en el hecho de que, en ocasiones, «las leyes civiles requieren para finalidades útiles que se realice alguna ceremonia o formalidad para que un acuerdo sea válido». De tal manera que, donde se quebranta alguna de esas formalidades, el magistrado no tiene con frecuencia otro remedio que dictar sentencia en contra del sentido común de justicia. Sin embargo –observa– «a quien se aprovecha de estas sutilezas no se le considera por lo común hombre honesto» (EPM, 3.2., 197 nota).

En efecto: si bien el magistrado no puede extender la fuerza coactiva de la ley allí donde ha dejado de cumplirse una de estas sutilezas formales, eso no nos impide reconocer la inmoralidad del comportamiento que se aprovecha de tales cosas. Hume distingue oportunamente entre lo obligatorio en el foro humano y lo obligatorio en el foro de la conciencia[66]. Así pues, las reglas que determinan la propiedad tienen, una base natural: la utilidad de la sociedad aunque –como acabamos de ver– su concreción se deba a la imaginación y la costumbre:

> La conveniencia o, más bien, la necesidad que conduce a la justicia es tan universal y sugiere tanto en todas partes las mismas reglas, que el hábito toma asiento en todas las sociedades; y no es sin un cierto examen que somos capaces de descubrir su verdadero origen. Sin embargo, la cuestión no es tan oscura, pues, incluso en la vida cotidiana, recurrimos a cada instante al principio de la utilidad pública y preguntamos: ¿en qué se convertiría el mundo si prevalecieran tales prácticas? ¿Cómo podría subsistir la sociedad bajo tales desórdenes? Si la distinción o la separación de posesiones fuera completamente inútil, ¿puede alguien

---

[65] Hume se refiere a Montesquieu. (EPM, 3.2.,197).

[66] «De esta forma, los intereses de la sociedad requieren que los contratos se cumplan, y no hay un artículo más importante de la justicia civil o natural. Aunque a menudo el omitir una condición de poca monta invalidará por ley un contrato, no en *foro conscientiae*, pero sí en foro humano, según se expresan los teólogos. En estos casos no se supone que el magistrado haya alterado el derecho, sino solo que ha retirado su poder de hacerlo respetar. En donde su intención se extiende al derecho, y está de acuerdo con los intereses de la sociedad, nunca deja de modificar el derecho: una prueba evidente del origen que se asignó arriba a la justicia y a la propiedad» (EPM, 3.2.,197).

> concebir que hubiera llegado alguna vez a prevalecer en la sociedad? (EPM, 3.2., 203).

De este modo, Hume se hace eco del pensamiento clásico: nada contrario a la naturaleza puede resultar eterno.

2.6. Necesidad de criterios de movilidad de la propiedad

Hume es consciente de que la primera asignación de propiedad –según los criterios señalados más arriba– resulta indispensable y provechosa. Sin embargo, «se ve también acompañada de muy considerables inconvenientes», pues «dependen mucho del azar» y, en consecuencia, frecuentemente «entran en contradicción con las necesidades y deseos de los hombres, de modo que las personas y las posesiones deben estar muy mal acoplada en muchas ocasiones. Este es un gran inconveniente que exige remedio» (T.3.2.4., 514).

El remedio que él reconoce es la transferencia por consentimiento. De este modo, piensa Hume, pueden llegar a ajustarse bienes y necesidades, superando los inconvenientes derivados de la aplicación generalizada de los anteriores criterios de propiedad. Aquí podría reconocerse, tal vez, el esbozo de una teoría de la evolución social, desde estadios más primitivos a estadios más civilizados, que serían aquellos en los que la movilidad de la propiedad, o el comercio, vienen facilitadas por esta institución. Con mayor motivo si tenemos en cuenta que Hume no está pensando solo en el ajuste de bienes y necesidades, sino también de personas y puestos, tal y como se requiere en una sociedad marcada por procesos de diferenciación y especialización social:

> Las diferentes partes de la tierra producen bienes diferentes. Y no solamente esto: también diferentes tipos de hombres resultan naturalmente apropiados para ocupar puestos diferentes y alcanzar una mayor perfección cuando se dedican exclusivamente a una tarea. Todo ello requiere un cambio y comercio mutuos: por esta razón, la transferencia de propiedad por consentimiento se halla basada en una ley natural, igual que ocurría con la estabilidad sin consentimiento (T. 3.2.3., 514).

Cabría reconocer en esas palabras un anticipo de la teoría de Ricardo. En todo caso, el hecho de que el proceso de diferenciación social, propiciado o facilitado por esta institución –la transferencia de la propiedad mediante consentimiento– venga avalado por una «ley natural» constituye una muestra de que 1) la ley natural, tal y como Hume la entiende, no excluye la introducción de instituciones útiles para la vida social; 2) la vigencia de dicha ley natural no puede en modo alguno limitarse a un presunto estado social no-civilizado, pues está en la base del progreso. Al igual que la estabilización de las posesiones mediante las reglas generales de asignación de la propiedad servía al interés social, así también el ajuste de necesidades y bienes, posible mediante la transferencia de la propiedad por consentimiento, sirve a ese mismo interés; como ambas cosas son necesarias para la estabilidad y paz social, ambas resultan leyes naturales:

Hasta aquí, todo se encuentra determinado por un evidente interés y utilidad (T. 3.2.3., 515).

Lo que en todo caso queda claro es que Hume se sitúa en las antípodas de una visión centralizada de la economía, que encomiende al gobierno la tarea de adjudicar propiedades en función de necesidades. La función del gobierno no es otra que la de proteger normas de justicia que le preceden, y coordinar las actividades necesarias para llevar a cabo obras que superan las posibilidades de agentes privados (A. M. González, 2008b: 161-196, cf. Capítulo 4). Él no contempla otro ajuste de bienes y necesidades que el que emana de la libre transferencia de la propiedad entre los distintos agentes sociales.

Ahora bien, la transferencia de la propiedad, tal y como se realiza de hecho en la sociedad, exige además la entrega o *traspaso sensible* del objeto cuya propiedad se transfiere. Hume considera que esto se debe a que la propiedad, como tal, designa una cualidad invisible e inconcebible, y como, por otra parte, la transferencia de la propiedad es un acto lleno de consecuencias, nuestra mente exige un símbolo sensible para satisfacerse.

Que la transferencia de la propiedad está llena de consecuencias es algo obvio. En el libro II Hume había llegado a decir que «la relación que se tiene por más íntima, y que por encima de todas las demás produce comúnmente la pasión del orgullo, es la de propiedad» (T.2.1.10., 310). Es como una extensión del yo. Por otra parte, la exigencia de un signo sensible que simbolice la transferencia no tiene más fin que ayudar a la mente a concebir algo inteligible como la propiedad:

> Así, con el fin de ayudar a la imaginación a concebir la transferencia de la propiedad, tomamos el objeto sensible y transferimos realmente su posesión a la persona a quien deseamos conferir la propiedad. La supuesta semejanza de las acciones y la presencia de esta entrega sensible engañan a la mente, haciéndola creer que concibe la misteriosa transmisión de propiedad. Y nuestra explicación del asunto es correcta, como se manifiesta en el hecho de que los hombres hayan inventado una *entrega simbólica* para satisfacer a la fantasía, en los casos en que la entrega real

es impracticable. Así, la entrega de las llaves de un granero significa la entrega del grano en él contenido (T. 3.2.3., 515).

En el caso concreto de una compra nos valemos también de un signo peculiar, a saber, el dinero, del cual dice Hume que «es como una especie de representación de tales objetos, pues proporciona el poder de obtenerlos, y que por esta razón puede juzgarse todavía adecuado para transmitir imágenes agradables que puedan dar lugar a la pasión» (T.2.2.5, 359).

En el *Enquiry* insiste todavía con más fuerza en la importancia de los signos, vinculando su argumentación sobre la propiedad a la argumentación sobre las promesas. En ese contexto hace notar que «la voluntad o el consentimiento por sí solos nunca transfieren una propiedad, ni provocan la obligación de una promesa –porque el mismo razonamiento se aplica a ambos casos- sino que la voluntad tiene que expresarse mediante palabras o signos para que vincule a un hombre» (EPM, 3.2., 200, nota). Ahora bien:

> Una vez introducida la expresión como algo subordinado a la voluntad, pronto se convierte en la parte principal de la promesa; y un hombre no estará menos atado por su palabra aunque secretamente dé una dirección diferente a su intención o no conceda el asentimiento del espíritu (EPM, 3.2., 200 nota).

Hume concede un peso importante a las convenciones de las que nos servimos para formalizar contratos: el hecho de que imprima una intención diversa a sus palabras no suprime la obligación que se genera en el foro civil. Obviamente, cuando se pronuncia en estos términos tiene presente la polémica en torno a la *reservatio mentalis*, y las sutilezas de los casuistas, que, aplicadas a los contratos, tendrían consecuencias muy perniciosas para la sociedad humana. «Todo hombre de buen sentido dijo: si la dirección secreta de intención pudiera invalidar un contrato, ¿dónde está nuestra seguridad?» (EPM, 3.2., 200, nota)

Para Hume, uno queda vinculado por las palabras que pronuncia, siempre y cuando tales palabras constituyen una «expresión perfecta de su voluntad, sin ningún signo contrario»; naturalmente, si el que pronuncia las palabras no sabe lo que dice, o lo dice en broma, no queda vinculado por ellas. Sin embargo, si, a través de ciertos signos, conjeturamos que alguien tiene intención de engañarnos, no por ello queda invalidada su palabra, una vez que la aceptamos; él mismo se ha vinculado por ella. Y el criterio que nos guía a la hora de hacer esas diferencias no es otro que la «utilidad social»:

Estas reflexiones están lejos de debilitar las obligaciones que impone la justicia, o de disminuir en nada el respeto más sagrado a la propiedad. Por el contrario, estos sentimientos tienen que adquirir nueva fuerza con el razonamiento presente. Porque, ¿qué fundamento más sólido puede desearse o concebirse para cualquier deber que el observar que *la sociedad humana, o incluso la naturaleza humana, no podrían subsistir sin su establecimiento;* y que cuanto más inviolable sea el respeto que se preste a ese deber mayores serán siempre los grados de felicidad y perfección a los que llegarán aquéllas? (EPM, 3.2., 200-201)

2.7. El doble daño derivado de la violación de la propiedad

Tras este recorrido por la teoría de la propiedad de Hume se impone una conclusión: violar la propiedad no solo conlleva un daño a la persona privada cuya propiedad resulta violada; sino que, además, comporta un daño a la sociedad en cuanto tal, pues introduce desconfianza e inseguridad en las relaciones entre ciudadanos, de las que depende el comercio y el progreso social. En realidad, Hume pone esta última consideración por delante:

> *Después* de que consideraciones de utilidad general han fijado las leyes de justicia, se tienen muy en cuenta el perjuicio, el infortunio y el daño que resultan a un individuo de la violación de las mismas, y constituyen una fuente muy importante de esa censura universal que acompaña a todo mal o iniquidad. Este abrigo, este caballo, son míos de acuerdo con las leyes de la sociedad, y *deben* permanecer siempre en mi posesión. Cuento con el disfrute seguro de los mismos; al privarme de ellos se ven defraudadas mis expectativas (EPM, Apéndice 3., 310).

Si no fuera por la utilidad social, no se habría introducido la institución de la propiedad privada. Una vez introducida, sin embargo, su violación cuenta no solo como un daño a la sociedad en general, sino al individuo particular cuya propiedad no es respetada. Hume argumenta no solo desde la perspectiva del directamente afectado –cuyas expectativas, respecto a tales bienes y el uso que podría darles, así como las expectativas que podría abrigar respecto al trato con los demás, se ven defraudadas–; sino que argumenta desde la perspectiva de «cualquier espectador»:

> Me enojáis a mí y ofendéis a cualquier espectador *por dos razones*. En tanto que se violan las leyes de la equidad se trata de un mal público; en tanto que se perjudica a un individuo, se trata de un daño privado. Y *aunque la segunda consideración no pueda tener lugar si no se ha estable-*

> *cido previamente la primera porque, de otro modo, la distinción de mío y tuyo sería desconocida en la sociedad, no hay duda, sin embargo, de que la consideración por el bien general se ve muy reforzada por el respeto al particular.* Lo que perjudica a la comunidad, sin dañar a ningún individuo, a menudo se toma más a la ligera. Pero cuando el mal público más grande va unido también con un mal privado considerable, no es extraño que la desaprobación más grande acompañe a una conducta tan perversa (EPM, Apéndice 3., 310-311).

En este párrafo se pone de manifiesto en qué sentido Hume considera el daño privado –consistente en violar la propiedad de un individuo particular– una *derivación* del daño público –consistente en violar las normas que, en atención a la utilidad general, sirvieron para definir los límites de lo mío y lo tuyo–: porque es solo mediante estas últimas como ha llegado a tener realidad la misma diferenciación de propiedades privadas.

Por lo demás, una vez que la diferencia de propiedades ha sido introducida, respetarla ya no es simplemente una obligación natural de justicia –basada en el interés– sino una obligación moral –sancionada por el sentimiento moral–, y que además recaba para sí la protección de la ley civil.

CAPÍTULO 3. HUME Y LOS TEÓRICOS DE LA LEY NATURAL SOBRE LAS PROMESAS: UN CONTRASTE FECUNDO

3.1. Introducción: contexto e interés del tema

Como ha argumentado John Robertson, el estoicismo, el epicureísmo y la filosofía moral neo-agustiniana influyeron poderosamente en la filosofía moral del siglo XVIII, Hume incluido (J. Robertson, 2005:32-33). Aunque la deuda de Hume con el escepticismo de Bayle (y Mandeville) está bien documentada (R. Popkin, 1992: 236-245)[67], apuntar a la influencia del estoicismo sobre la teoría moral de Hume podría resultar más sorprendente. Con todo, no solo viene sugerida por la admiración que Hume profesaba a Cicerón, sino que, entre otros muchos temas, está singularmente presente en el modo en que trata de superar la explicación voluntarista que los teóricos protestantes de la ley natural daban de los deberes de obligación perfecta.

En efecto, la teoría humeana de las virtudes artificiales debe leerse a la luz de estas teorías iusnaturalistas (K. Haakonssen, 1996), y, desde esta perspectiva, puede verse en continuidad con la raíz estoica de la teoría de la ley natural. Esta raíz es fácilmente reconocible en el recurso de Grocio a la auto-conservación del animal social como una fuente de normatividad[68]. Además, si, como argumenta Haakonssen, la teoría protestante de la ley natural estaba marcada por el intento de desarrollar una teoría moral depurada de metafísica (K. Haakonssen, 2008), Hume puede verse claramente en continuidad con ella, en la medida en que, para Hume, la moral constituye una creación humana en un sentido todavía más radical.

[67] Ver también ROBERTSON (2005).

[68] En lugar de fundar el derecho y la justicia en un principio moral -haz el bien y evita el mal- GROCIO trata de fundarlo en un principio natural -auto-conservación-, argumentando que, para los seres humanos, la auto-conservación implica preservar la sociedad, simplemente porque somos sociales. La justicia llega a ser entendida entonces como una función de la preservación de la sociedad. De este modo queda subordinada a la paz social.

Uno de los lugares en los que esta «secularización» de la moral resulta más evidente es la teoría humeana de las virtudes artificiales, que representa también su modo peculiar de dar cuenta de un tema típicamente estoico, el tema de los deberes. Y, dentro del tratamiento humeano de las virtudes artificiales, el lugar más claro donde cabe reconocer esa doble influencia de la teoría moderna de la ley natural es precisamente su explicación de las promesas, lugar donde su confrontación con la precedente teoría de la ley natural resulta más aguda.

En efecto: en claro contraste con los teóricos racionalistas de la ley natural[69], Hume trataba de subrayar que las promesas no son actos naturales de la mente, sino expresiones convencionales que simbolizan nuestro interés recíproco en preservar un marco de confianza que crea espacio para transacciones sociales (J. Robertson, 2005: 299). Esto sugiere que el carácter obligatorio de las promesas consistiría en el hecho de que se realizan en el contexto de una práctica socialmente útil. En este sentido, la teoría de Hume, sin identificarse con ella, anticipa una explicación consecuencialista de las promesas[70]. Claramente en línea con el crecimiento y consolidación del mercado, las aproximaciones consecuencialistas tienden a localizar la fuente de la obligación en la seguridad derivada de satisfacer las expectativas creadas por las promesas, en lugar de localizarla en la fidelidad a la palabra dada, como una cuestión de principio[71].

Ahora bien, si las promesas son únicamente convenciones sociales para fomentar la seguridad, ¿qué sentido tiene constituirlas en el fundamento de la obligación de los contratos? Mientras que los teóricos de la ley natural se inclinaban a basar la obligación de los contratos en la derivada de las promesas, Hume no podía aceptar esa solución, al menos no de una manera tan sencilla. En este punto, Hume sugiere una respuesta original, basada en su propia distinción entre obligación natural y obligación moral[72] –una distinción que, a mi juicio–, anticipa puntos fundamentales de la teoría social moderna.

[69] La referencia a los teóricos de la ley natural debe interpretarse aquí en sentido amplio, de modo que abarque tanto a los modernos de una orientación racionalista o realista (Grocio)., como voluntarista o contractualista (Pufendorf). Con todo, en el caso particular de las promesas, abarca también, con algunas cualificaciones, a teóricos pre-modernos de la ley natural, como Tomás de Aquino y algunos de sus comentadores modernos, como De Soto o Suárez.

[70] Lo cual contrasta no solo con los teóricos de la ley natural, sino también con la aproximación de Kant al problema. De hecho, la crítica de Hume a la idea de «auto-obligación», anticipa un rechazo de la referencia kantiana al *homo-noumenon*.

[71] Como veremos después, el énfasis en las expectativas se advierte ya en Pufendorf, quien no obstante considera las promesas como obligaciones basadas en la ley natural.

[72] Pufendorf tal vez ocupó un lugar intermedio entre los teóricos de la ley natural y Hume, a causa de su insistencia en que no solo en los contratos sino también en las prome-

En efecto: aunque en tiempos recientes ha habido unos cuantos estudios sobre las promesas en Hume (R. Cohon, 2006: 25-45; 2008) (D. Owens, 2006: 51-77) (N. Kolodny y J. Wallace 2003: 119-154) (C. M. Korsgaard, 2009), mi propósito aquí es sugerir el modo en que ciertos elementos conceptuales, derivados de la confrontación entre la filosofía moral de Hume y teoría de la ley natural sobre la cuestión de las promesas, han sido incorporados en la teoría social posterior.

3.2. Los teóricos de la ley natural sobre las promesas

La teoría de Hume sobre las promesas se elabora en contraste con lo que él llama «la visión tradicional». Según Hume, el núcleo de esta visión tradicional viene definido por el modo en que explica cómo la obligación se vincula a las promesas: como algo que se sigue naturalmente de nuestra voluntad de ser obligado y constituye, a su vez, la base del carácter obligatorio de los contratos.

Aunque el objeto inmediato de la crítica de Hume es la explicación de las promesas ofrecida en las teorías modernas de la ley natural, es conveniente atender primero al modo en que esta cuestión se planteaba en la teoría pre-moderna de la ley natural, siquiera porque la postura de Hume guarda parecido con ella en algunos puntos cruciales.

3.2.1. Tomás de Aquino, Domingo de Soto y Francisco Suárez sobre las promesas

Santo Tomás de Aquino no habla mucho de las promesas. Lo que dice, sin embargo, es muy relevante a la hora de valorar las semejanzas y diferencias en el tratamiento de este tema por parte de posteriores teóricos de la ley natural.

Según Santo Tomás, las promesas no son ni resoluciones ni actos de la voluntad, sino actos de la razón (práctica) (S.Th. II.II. 88. 1 sol.). A primera vista, esta aproximación apenas dejaría espacio para el modo en que Hume plantea el problema. En efecto: la clara división de tareas de Hume –que por un lado analiza la inteligibilidad de las promesas, y por otro su fuerza obligatoria– parece dejar fuera desde el principio la idea de que las promesas mismas son razones para actuar, esto es, que las

sas el consentimiento tiene que ser recíproco; esto es, que tanto el que realiza la promesa como el que la recibe deben estar de acuerdo. (S. Pufendorf, 2003: 116).

promesas sean razones prácticas que incorporan algún tipo de obligación en su misma estructura.

Domingo de Soto, en el contexto de una discusión sobre la naturaleza de los votos –definidos como una promesa hecha a Dios– se esfuerza por distinguir entre intención, resolución y promesa. Tal y como él lo expresa, ni las intenciones ni las resoluciones entrañan obligación. La obligación –dice De Soto– es algo naturalmente anejo a las promesas: «la obligación es un efecto natural de la promesa» (D. De Soto, 1968: 617).

Santo Tomás había dicho algo muy similar. A través de las promesas, un ser humano se obliga a sí mismo para con otro, porque una promesa es un acto de la razón, y por eso un acto mediante el cual un ser humano *ordena* la realización de algo a favor de otro ser humano, del mismo modo que a través de un mandato o una petición ordena a otra persona realizar algo[73]. Ciertamente, la palabra «ordenar» tiene aquí el doble sentido de «introducir orden» y «mandar»[74]: por eso podemos decir que, a través de la promesa un ser humano se impera o manda a sí mismo la realización de una cierta acción a favor de otra persona.

Ahora bien, según Santo Tomás, las promesas a otros seres humanos *necesariamente* implican palabras o signos externos, mientras que las promesas hechas a Dios no[75]. Al mismo tiempo es importante subrayar la relevancia del acto interno de la razón (también en el caso de las promesas a otros seres humanos), porque, por importantes que sean para los seres humanos, las simples palabras o signos exteriores no son suficientes para realizar una verdadera promesa. *Entre seres humanos, las palabras son necesarias pero no suficientes, a la hora de prometer.* Esta convicción marcará las controversias modernas acerca de la validez de las promesas.

Sin entrar en esas controversias, Domingo de Soto sugiere indirectamente la importancia de respetar los signos convencionales de las promesas para preservar la consistencia de la sociedad, cuando hace notar que –incluso aunque no representen una verdadera promesa– podrían resultar accidentalmente obligatorias en el *foro externo*[76], esto es, ante la sociedad.

[73] «Obligat autem homo se homini ad aliquid per modum promissionis, quae est rationis actus, ad quam pertinet ordinare, sicut enim homo imperando vel deprecando ordinat quodammodo quid sibi ab aliis fiat, ita promittendo ordinat quid ipse pro alio facere debeat» (S.Th.II.II.88.1).

[74] Para Santo Tomás, el *imperium* es un acto de la razón práctica –que presupone un acto de voluntad. Véase S.Th.I.II.17. (T. Enríquez, 2011).

[75] «Sed promissio quae ab homine fit homini, non potest fieri nisi per verba vel quaecumque exteriora signa. Deo autem potest fieri promissio per solam interiorem cogitationem [...]» (S.Th.II.II.88.1).

[76] «Alia est promissio per contrarium extremum, scilicet dum quis neque intendit facere quod promittit, neque vero promittere quod dicit, sed nugari aut seducere. Quam ob rem neque de hoc casu ulla est dubitatio, sed certum est talem promissionem apud Deum non

Podemos comparar este caso con la obediencia a una ley injusta: si bien ninguna ley injusta tiene el poder de obligarnos en el *foro interno*, puede llegar a ser accidentalmente obligatoria a causa de las peores consecuencias derivadas de la desobediencia[77].

Sin apartarse necesariamente de esta visión, Francisco Suárez introducirá una distinción significativa, que prepara el terreno para los teóricos modernos de la ley natural. Suárez dice que mientras que el acto de prometer constituye el *fundamentum* de la obligación, la obligación misma deriva del *ius*, esto es, del derecho –natural o divino–[78]. De este modo, minimiza la analogía tomista entre el imperio y la promesa: –también las promesas reciben su fuerza obligatoria directamente de la ley– en última instancia de la ley natural.

3.2.2. Las promesas en Grocio: De Iure Belli ac Pacis

De la discusión de Grocio en el capítulo XI de De *Iure Belli ac Pacis*[79] podemos inferir que él considera las promesas como la base del carácter obligatorio de los contratos. Esto es, en efecto, lo que se sigue de su crítica a la postura Franciscus Connanus, el cual, aparentemente, mantenía que «aquellos acuerdos que no incluyen contrato no son vinculantes, ni por la ley de la naturaleza o de las naciones; y, sin embargo, él mismo man-

obligare, co quod promissio signum est propositi et intentionis, qua dum caret, vana est. Sed tamen foro exterioritam Ecclesiastico quam civili, sive Deo promissio fiat sive homini, compellitur sic vovens aut promittens servare fidem. Quia Ecclesia de interioribus non iudicat. Alias sinusquilibete allegans non habuisse propositum obligandi se audiendus esset, protinus republica perditum iret. Unusquisque enim contenderet non ese monachum, neque matrimonium contraxisse. Requiritur ergo quod quicunque hoc cogitaverit ante iudicis tribunal, legitime id probet» (D. De Soto, 1968: VII, 1. 617).

[77] Esta «obligación accidental» tiene, sin embargo, algunos límites. (S.Th. I.II, 96, 4).

[78] «Deinde probatur eisdem exemplis quae in contrarium aferabantur, scilicet voto, promissione aut quocumque pacto; nam ex his omnibus non oritur obligation nisi ex virtute legis. In illis enim omnibus distinguere oportet fundamentum seu proximam materiam obligationis a propria ratione et causa eius, nam fundamentum consistit in aliqua actione humana; illa vero supposita ius est quod obligate; sic in voto (et idem est cum proportione de reliquis). proximum fundamentum obligationis est voluntaria promissio: quod autem proprie obligate ad illam implendam, est ius illud naturale ac divinum: si quid vovisti Domino, ne moreris reddere (eccl, 5,3). Et ita etiam iuristae dicunt omnem obligationem quae ex contractibus oritur esse naturalem vel civilem, quia ex iure naturalis seu gentium aut civili oritur, ut sumitur ex textu cum Glossa in lege cum amplius» (Suárez,1974: I, xiv, 12-13).

[79] Esta obra se publicó en 1625 por primera vez. En su introducción a la edición de Barbeirac de la obra de Grocio, fechada en 1724, Richard Tuck nos recuerda el extraordinario impacto de la obra: a finales del XVII, hubo 26 ediciones del texto latino y había sido traducida al holandés y francés. En el XVIII había veinte ediciones Latinas, seis francesas, cinco alemanas, dos holandesas, dos inglesas y una italiana. (Grocio, 2005).

tiene que tales acuerdo pueden ser cumplidos laudablemente, si la cosa prometida es tal que, de no haber hecho la promesa, podría realizarse honestamente y conforme a las reglas de la virtud».

No es fácil advertir el sentido de esas palabras a menos que asumamos que, bajo la palabra «contrato», Connanus está hablando de «contrato formal», y bajo la palabra «acuerdo» se está refiriendo a promesas informales. Según esto, Connanus habría defendido una postura doble. En primer lugar, no todos los acuerdos son contratos, y aquellos que no son contratos no implican obligación. En segundo lugar, el cumplimiento de esos acuerdos, esto es, el cumplimiento de promesas, aunque no es obligatorio, es sin embargo laudable –supuesto que versan sobre una materia honesta–[80].

Por contraste, tras haber señalado la diferencia entre una simple aserción y una promesa, Grocio argumenta que toda promesa implica alguna forma de *obligación natural*. Aunque hace una diferencia entre promesas perfectas e imperfectas –a su juicio, mientras que las primeras generan un derecho en la persona que las recibe, las segundas no lo hacen–, el punto clave aquí es que nuestra obligación de realizar lo que hemos prometido no se basa únicamente en la ley civil, sino también en la ley natural[81].

En el curso de su discusión de la postura de Connanus, Grocio deja claro también que él interpreta las promesas –al menos las promesas perfectas– en términos de «transferencia de derechos». Desde esta perspectiva, él puede reforzar su argumento precedente en favor del carácter obligatorio de las promesas esbozando una analogía entre la transferencia de la *propiedad de una cosa* –que puede hacerse simplemente mediante un acto de voluntad– y la transferencia de *un derecho a exigir* de nosotros

[80] Las razones de CONNANUS para defender esa postura son muchas, y de naturaleza empírica. Observa que mucha gente hace promesas de manera precipitada y sin razón –promesas vanas–; otros prometen por ostentación, y si fueran obligados a realizar lo prometido, sería realmente peligroso para sus fortunas. También observa que es razonable dejar algunas cosas al honor de cada hombre, y no obligarlo a realizar lo dicho de manera necesaria (GROCIO, 2005: II, 11, 2). , y cita el testimonio de CICERÓN, que dijo que no deben realizarse esas promesas que no son ventajosas para los que la reciben, o que son más perjudiciales para nosotros que beneficiosas para ellos.

[81] De lo contrario –dice– «se seguiría que los acuerdos hechos entre reyes y gentes de distintas naciones, mientras no hubiera nada realizado por alguna de las partes, no tendrían fuerza, especialmente en aquellos lugares donde no hay formas convenidas de tratado o contrato». Además, si las promesas no fueran naturalmente obligatorias, no podríamos dar razón de «por qué las leyes, que son, por así decirlo, el pacto y la promesa común de la gente [...] deberían dar tal fuerza obligatoria a los acuerdos; y, con todo, que la propia voluntad de un hombre, tratando por todos los medios posibles de obligarse a sí mismo, no pueda hacer la misma cosa, especialmente en un caso en el que la ley civil no pone obstáculos» (GROCIO, 2005: II, 11, 3). Con otras palabras, ¿cómo podría ser que la promesa de un pueblo pueda causar la mutua obligación de los acuerdos, pero una promesa individual no pueda causar una obligación individual, supuesto que no haya obstáculo por parte de la ley civil?

en un futuro la propiedad de una cosa un servicio–, transferencia que se realiza mediante una promesa[82]. Esta analogía le permite aplicar el mismo razonamiento empleado en la discusión de la propiedad[83]: si la transferencia de la propiedad puede tener lugar simplemente a través de un acto de voluntad, suficientemente declarado, la transferencia de un *derecho a exigir* tal propiedad –que Grocio considera menos que la *actual* adquisición del derecho–, puede también tener lugar simplemente por medio de *un acto de voluntad suficientemente declarado.*

En contraste con la propiedad, entendida como la actual *adquisición* del derecho, las promesas entrañarían la transferencia de un derecho *a exigir* alguna propiedad o servicio en el futuro. Según Grocio, esta clase de transferencia tiene lugar mediante «un acto de voluntad suficientemente declarado». Si tomamos esto como una explicación de lo que es una promesa, entonces debemos advertir la diferencia entre Grocio, por un lado, y Tomás de Aquino y De Soto por otro, pues estos últimos autores insistían en la distinción entre intenciones, resoluciones y promesas.

En efecto: aunque estos tres actos son modos de referirse a cosas *futuras*, difieren significativamente entre sí. El propio Grocio trata de retener esta visión tradicional cuando distingue tres modos «de hablar acerca de cosas futuras, que están realmente en nuestro poder, o que al menos son consideradas en nuestro poder».

En primer lugar, observa que una simple aserción –significar lo que intentamos– no genera obligación. En esto, Grocio mantiene la distinción clásica entre intentar, por un lado, y resolver y prometer, por otro.

En segundo lugar, advierte que un acto distinto sobreviene «cuando la voluntad se *determina a sí misma* para el futuro dando un signo positivo, que declara suficientemente la necesidad de su perseverancia». Auto-determinación, *expresada mediante un signo suficientemente claro,* constituye la esencia de este segundo acto, que Grocio caracteriza como una «promesa imperfecta». Me parece, sin embargo, que este acto de la voluntad se encuentra más próximo a la «resolución» que a la «promesa» en el sentido de Santo Tomás o de De Soto. Tal vez esto podría dar cuenta de la «imperfección» de la promesa –que es como Grocio caracteriza el acto.

---

[82] «Dado que la propiedad de una cosa puede ser transferida por la mera voluntad, suficientemente declarada (como dijimos antes). , ¿por qué no podemos del mismo modo transferir el derecho de uno a otro, ya sea de exigirnos transferir a otro la propiedad de una cosa (que es menos que la adquisición actual del derecho de la propiedad misma). o de requerirnos a hacer algo en su favor, dado que tenemos tanto poder sobre nuestras acciones como sobre nuestros bienes?» (Grocio, 2005: II, 11, I. 3).

[83] Kant tratará también las promesas como un caso de transferencia de derechos de propiedad. (C.M. Korsgaard, 2008).

Con todo, la razón que da Grocio para distinguir entre promesas imperfectas y perfectas es que, si bien las dos obligan, *solo las últimas dan lugar a un derecho en la otra persona:*

> Porque sucede muchas veces que podemos situarnos a nosotros mismos bajo una obligación, y al mismo tiempo no dar un derecho a los demás sobre nosotros, como se advierte en los deberes de caridad y gratitud; y de esta clase es el deber del que estamos hablando, de mantener religiosamente nuestra palabra. Y por tanto, ningún hombre puede por la ley de la naturaleza, a partir de tal promesa, exigir o detener lo que pertenece a la persona que así promete. Ni puede ser obligado por dicha ley a realizar lo que ha prometido (Grocio, 2005, II, 11, III).

En esas palabras, sin embargo, Grocio deja algo sin explicar. A saber, ¿cómo llegamos a dar a alguien un derecho sobre nosotros? Su referencia a los deberes de caridad y gratitud parece apuntar una solución realista a este problema: ciertos deberes, por su propia naturaleza, son deberes morales, no deberes jurídicos –ni civiles ni naturales–. A primera vista, el argumento podría recordarnos la distinción tomista entre *debitum morale* y *debitum legale* (S.Th.II.II.80) Sin embargo, a diferencia de Santo Tomás, Grocio no habla en términos de deberes sino en términos de derechos y, además, va a decir que la transferencia del derecho –característica de las promesas perfectas– no depende tanto de la naturaleza del acto de prometer, como de la *determinación, por parte del agente*, de transferir ese derecho. En ello puede adivinarse un elemento voluntarista.

En efecto, según Grocio, esta transferencia del derecho –que representa el tercer grado en el modo de hablar de cosas futuras– tiene lugar «cuando a esta determinación añadimos una suficiente declaración de nuestra voluntad de conferir a otro un derecho real de requerir el cumplimiento de nuestra promesa. Y esto es una promesa completa, que tiene el mismo efecto que la alienación de la propiedad de un hombre. Porque o bien introduce la enajenación de una cosa, o bien la enajenación de una parte de nuestra libertad. A la clase anterior pertenecen las promesas de dar algo, a la última, las promesas de hacer algo» (Grocio, 2005, II, 11, IV).

Dos comentarios son relevantes aquí. En primer lugar, las promesas perfectas resultan de añadir a la anterior determinación una *declaración suficiente* de nuestra voluntad de conferir un derecho real. Advirtamos que esta explicación hace difícil entender cómo una promesa tácita –como la que supuestamente está implicada en la sujeción de un pueblo a la autoridad civil– podría ser una promesa perfecta, fundamento de la transferencia de derechos.

En segundo lugar, las promesas perfectas pueden explicarse en términos de enajenación de algo que nos pertenece –o una cosa, o nuestra libertad–. Esto prepara el camino para uno de los temas del momento: ¿hay un derecho a la esclavitud voluntaria? Dadas las fuertes connotaciones estoicas de la teoría grociana de la ley natural, que le llevan a ver la naturaleza en función de la auto-conservación, es de predecir su respuesta: mientras la esclavitud sea escogida en función de la preservación, permanece dentro de las leyes de la naturaleza (Grocio, 2005, II, V, XXVII).

Según Grocio, por tanto, una promesa es un acto por medio del cual un individuo se compromete a dar a alguien un derecho a requerir una cosa o un servicio de él en el futuro, siempre y cuando su voluntad de hacerlo quede suficientemente declarada. Ciertamente, para que esto ocurra, debe prestarse atención a los signos de esa voluntad deliberada[84]. Grocio deja claro que, además de las estipulaciones requeridas por la ley civil, hay «signos naturales» que expresan nuestra voluntad[85]. Aunque el acto externo necesario para expresar consentimiento generalmente son palabras, puede consistir también en un simple gesto (Grocio, 2005, II, 11, XI).

Por supuesto, todos los signos –formales y «naturales»– necesitan interpretación, y por eso no es extraño que Grocio afronte el problema de la interpretación en el capítulo 16 de la misma obra, titulado «De la interpretación, o del modo de explicar el sentido de una promesa o convención». Su punto de partida, esta vez, es el dicho de Cicerón: «Cuando prometes, debemos considerar más lo que quieres decir que lo que dices». Ahora bien, la cuestión obvia es esta: ¿cómo sé yo lo que quieres decir? Y aquí entra la interpretación.

En la medida en que implican signos, las promesas son convenciones. No hay modo de negar esto. Así, Grocio afirma que los signos son los «vehículos» de la obligación[86]. El rasgo distintivo de la explicación Grociana

[84] Ahora, en la medida en que esos signos naturales deben ser signos de una voluntad deliberada, las condiciones de una promesa perfecta son también las condiciones generales de una acción deliberada, asumiendo siempre que la cosa prometida esté en el poder del que promete, y que el que recibe la promesa acepta la cosa prometida. (Grocio, 2005, II, XIV).

[85] En este contexto, «signos naturales» está en contraste con fórmulas estipuladas de hacer promesas solemnes. «Puede haber naturalmente otros signos de una voluntad deliberada, además de esta estipulación, o algo como ella, que la ley civil requiera para crear una acción» (Grocio, 2005, II, XI, IV, 3).

[86] «Una promesa puede ser revocada también a la muerte de la persona, que fue empleada para significar la intención del que promete, *porque la obligación residía en sus palabras*. Pero es distinto si la persona enviada con este encargo fuera un mensajero común que no es instrumento de la obligación misma, sino solo el portador del hecho que contenía la obligación. Y, por tanto, la carta, o la escritura que declara tal consentimiento puede ser llevada por alguien diferente. Debemos distinguir también entre el que es delegado para

de las promesas no reside en esto sino en su afirmación de que la fuerza obligatoria de las promesas deriva del acto interior de la voluntad. Por ello dice que estamos obligados a cumplir nuestras promesas *no solo por nuestra reputación sino a causa de una suerte de necesidad moral*[87].

Resumiendo: Grocio sostiene que una promesa es un acto mediante el cual un individuo transfiere a algún otro un derecho a requerir de él alguna propiedad o servicio en el futuro. Según Grocio, esta clase de transferencia tiene lugar «a través de un acto de voluntad suficientemente declarado». Para cerciorarse de que dicho acto ha tenido lugar, debe prestarse atención a los signos de la voluntad deliberada. Pero Grocio deja claro que, además de las estipulaciones exigidas por la ley civil hay «signos naturales» de expresión de nuestra voluntad. Aunque el acto externo necesario para expresar consentimiento consiste por lo general en palabras, puede ser también un simple gesto (Grocio, 2005, II, 11, XI). Grocio llega a afirmar que los signos son los portadores o vehículos de la obligación. Por supuesto: todos los signos –formales y naturales– han de ser interpretados. Según esto, cualquier teoría de las promesas tiene que examinar el problema de la interpretación de los signos.

3.2.3. Las promesas en el Leviatán de Hobbes

La influencia del *De Iure* de Grocio, publicado por primera vez en 1651, sobre el *Leviatán* de Hobbes, que vio la luz en 1677 es notoria en muchos aspectos especialmente en el tema de las promesas y los contratos. A fin de evaluar esta influencia, basta examinar el capítulo 14 del *Leviatán*, que lleva por título «De la primera y la segunda leyes naturales, y de los contratos», en donde Hobbes explica la noción de «transferir un derecho», y el modo de realizar dicha transferencia:

> El modo en que un hombre simplemente renuncia o transfiere su derecho es una declaración o significación, mediante un signo voluntario y suficiente, de que efectivamente renuncia o transfiere, o de que ha renunciado o transferido ese derecho a otro que lo ha aceptado. Y estos signos pueden ser, o palabras solamente, o solo actos, o, como suele ocurrir con mayor frecuencia, palabras y actos. Y estos son los lazos que

significar la promesa que hacemos y el que es autorizado por nosotros para hacer por sí mismo la promesa» (Grocio, 2005, II, 11, XVII).

[87] «Y, de hecho, respecto a aquello que se ha hecho sin deliberación, no permitimos que tenga poder de obligarnos en absoluto, y aquello que es hecho deliberadamente, pero sin intención de transferir un derecho a otro [...] aunque reconozcamos que debemos, no solo por nuestra reputación, sino por cierta necesidad moral, realizar lo que ha sido así prometido» (Grocio, 2005, II, 11, IV. n. 3).

> ligan y obligan a los hombres; lazos que no poseen una fuerza derivada de su naturaleza –pues nada puede romperse más fácilmente que la palabra de un hombre–, sino del miedo a que su ruptura dé lugar a alguna mala consecuencia (L. I. 14).

Como vemos, el modo de transferir un derecho reproduce la explicación grociana de las promesas perfectas –que Grocio definía precisamente en términos de transferencias de derechos–. Como Grocio, Hobbes subraya la necesidad de un *signo suficiente de la propia voluntad de transferir un derecho*. A diferencia de Grocio, sin embargo, Hobbes pone un mayor énfasis en el temor a las consecuencias de romper el vínculo significado por las palabras o las acciones. De hecho, tras advertir que «los mismos son los lazos por los que los hombres obligan y son obligados», observa que los lazos significados por las palabras reciben su fuerza no de las palabras mismas, sino más bien de algo extrínseco al acto mismo de contratar, a saber, del miedo a romper el contrato.

Hobbes define un contrato como «la mutua transferencia de derecho» a una cosa o servicio-transferencia que puede ir o no acompañada de la transferencia de la cosa[88]. Ahora bien, esta definición abre una doble posibilidad:

> O uno de los contratantes puede entregar la cosa cumpliendo con su parte del contrato, y dejar que el otro cumpla con la suya en un momento posterior determinado, fiándose de él mientras tanto, y entonces el contrato por parte de este es llamado pacto o convenio; o puede también suceder que ambas partes convengan en cumplir después con lo pactado. En casos así, se dice que el que cumple en un tiempo futuro cuando se ha confiado en él, ha guardado su promesa; y si hay una voluntaria de cumplimiento, se dice que ha incurrido en una violación de confianza (Hobbes, L. I, 14, p. 113).

La primera vez que Hobbes usa la palabra «promesa» en este capítulo es para identificar un tipo particular de contrato, a saber, aquel en el que las partes contratantes no pueden realizar su parte al mismo tiempo, sino que una de ellas debe realizarla en el futuro. Es en este caso cuando la parte contratante se supone que hace una promesa, mientras que la otra

[88] «La transferencia mutua de un derecho es lo que los hombres llaman contrato. Hay diferencia entre transferir el derecho que se tiene sobre una cosa, y la transferencia o intercambio que consiste en entregar la cosa misma. Una cosa puede ser entregada junto con el derecho a disponer de ella, como sucede en la compra-venta que se efectúa con dinero en metálico, o con intercambio de bienes o tierras; y también puede ser entregada algún tiempo después» (Hobbes, L. I, 14, 113).

parte debe confiar en ella. En esta situación, por tanto, cumplir el contrato implica mantener la promesa o la confianza.

En esos casos en los que no hay transferencia mutua de derechos –y no podemos hablar de contratos propiamente–, Hobbes habla de regalos o gracia:

> Cuando la transferencia de derecho no es mutua, sino que una de las partes transfiere con la esperanza de ganar por ello la amistad o el servicio de otro o de sus amigos, o con la esperanza de ganar una reputación de caridad o magnanimidad, o para liberar su mente del dolor suscitado por la compasión, o con la esperanza de obtener recompensa del cielo, entonces no hay contrato sino regalo, favor, gracia, palabras que significan una y la misma cosa (L. I, 14, p. 113).

A la luz de esta distinción, es tentador decir que, en la medida en que las promesas implican transferencias unidireccionales de derechos, pueden contar como ejemplos de regalos, favores, gracias. Aunque no podemos excluir por completo esta posibilidad, es significativo que Hobbes nunca diga nada semejante. Al contrario, siempre que habla de promesas lo hace en el contexto de contratos. Esto puede deberse al hecho de que no podemos decir que hemos recibido un regalo hasta que nos ha sido transferido el derecho, y, según Hobbes, las palabras solas nunca pueden asegurar tal transferencia: a su juicio, las palabras deben estar sancionadas por el temor a las consecuencias de la trasgresión (incluso si estas son consecuencias psicológicas). Sin embargo, si incluimos este requisito, ya no nos movemos más bajo la categoría del regalo, sino bajo la categoría de deberes exigibles.

La cercana conexión entre promesas y contratos en Hobbes se refleja en el hecho de que ofrece su definición de promesa en el contexto de la clarificación de los signos de un contrato:

> Los signos contractuales pueden ser explícitos o inferidos. Los signos explícitos son palabras que se pronuncian con entendimiento de lo que significan; y esas palabras se refieren al presente o al pasado, como cuando decimos doy, concede, he dado, he concedido, quiero que esto sea tuyo; o se refieren al futuro, como cuando decimos daré, concederé. Estas palabras que hacen referencia al futuro se llaman promesas. Los signos inferidos son a veces la consecuencia de las palabras, a veces la consecuencia del silencio, a veces la consecuencia de acciones, y a veces la consecuencia de abstenerse de actuar. Y, en general, un signo inferido, en cualquier contrato, es todo aquello que da a entender suficientemente la voluntad del contratante (L. I, 14, p. 113).

Según Hobbes, las promesas son «palabras de futuro»[89]. Estas palabras tienen que distinguirse claramente de las palabras de presente o de pasado. Mientras que las últimas hacen un contrato, esto es, una transferencia actual y efectiva de derechos, las simples palabras de futuro no lo hacen –a menos que, como vimos arriba, sean reforzadas por temor de las consecuencias–. Esto podría explicar por qué Hobbes caracteriza las simples palabras de futuro en términos de «meras promesas»:

> Las palabras solas, si se refieren a un tiempo por venir y contienen únicamente una promesa desnuda, son un signo insuficiente de que quiere otorgarse un favor, y, por tanto, no obligan a quienes las pronuncia. Porque si se refieren a un momento futuro, como cuando digo mañana daré, esas palabras significan que yo no he dado nada todavía, y que, por consiguiente, mi derecho no ha sido transferido, sino que permanece en mi poder hasta que yo lo transfiera mediante algún otro acto. Pero si mis palabras se refieren a un tiempo presente o pasado, como cuando digo he dado, o doy ahora algo que será entregado mañana, estoy entregando hoy mi derecho de mañana; y ello es así por virtud de las palabras que digo, aunque no haya ningún otro argumento que ponga de manifiesto mi voluntad [...] (L. I, 14, p. 113).

Diciendo que las simples palabras de futuro o «meras promesas» son signos insuficientes de regalo, Hobbes significa que no son suficientes para efectuar una transferencia actual de derechos. De ahí que no fundamenten una obligación –aunque, como veremos después–, en el caso de que sean cumplidas merecen gratitud de parte del beneficiario.

Advirtamos que, en este punto, el lenguaje de Hobbes introduce un cambio significativo respecto a Grocio. En efecto, como podemos recordar, Grocio había distinguido entre una «mera voluntad» y una «promesa imperfecta», diciendo que, mientras que la segunda implica obligación, la primera no lo hace. Hobbes, en cambio, dice que una «mera promesa» –en la medida en que está hecha simplemente de «palabras de futuro» no implica obligación alguna. Para Hobbes, las simples palabras son insuficientes para fundamentar obligación. A fin de obtener obligación, uno necesita temor de las consecuencias derivadas del no mantener la propia palabra. En el estado de naturaleza este temor puede ser simplemente el temor de ser matado; en el estado civil, el temor de ser castigado.

[89] La referencia a «palabras de futuro» *–verba de futuro–* es un tema frecuente en los siglos XVI y XVII.

Es característico de la explicación de Hobbes el que el temor no invalida una promesa[90]. De hecho, el temor constituye para él el motivo ordinario para mantener la propia palabra, pues, a su juicio, otros posibles motivos[91] –el honor o la gloria– requieren un carácter demasiado generoso, para fundar realmente un deber de mantener la propia palabra[92]. Así, aunque el temor de los poderes invisibles[93] constituye para él la base de los juramentos[94], válidos incluso en el estado de naturaleza, piensa que, dada la igualdad de los seres humanos, el poder civil es necesario a fin de garantizar el cumplimiento de las palabras entre los hombres.

En la medida en que Hobbes refuerza la obligación mediante el temor, diferentes fuentes de temor constituirán otras tantas fuentes de obligación. En el estado de naturaleza hay un temor fundado en la religión, y también un temor a perder la propia vida. Mientras que aquel está en la base de la

---

[90] De hecho, HOBBES, frente a la consideración tradicional de los actos mixtos, piensa que en la condición de mera naturaleza, los pactos y las promesas que hemos realizado bajo miedo, deben ser considerados como válidos y obligatorios. (L. I, 14). «Pues lo que no ha sido un obstáculo para que un hombre prometa algo, no debe serlo tampoco para que cumpla su promesa» (L. I, 14, p. 116). La única excepción es la de aquellos pactos que contradicen el propio derecho a la vida, porque estos están vacíos. Así, «un convenio que me obligue a no defenderme usando la fuerza cuando la fuerza es ejercida sobre mí, siempre será nulo» (L. I, 14, p. 118). «Un pacto que implique acusarse a sí mismo sin garantía de perdón, es igualmente inválido» (L. I, 14, p. 118).

[91] «Como la fuerza de las palabras, según he hecho notar antes, es demasiado débil para obligar a los hombres a cumplir con sus convenios, hay en la naturaleza humana dos ayudas imaginables que pueden servir de refuerzo. Estas son el miedo a las consecuencias de faltar a la palabra, o una gloria u orgullo de mostrar a los demás que no se tiene necesidad de faltar a lo prometido» (L. I, 14, p. 119).

[92] «Este segundo tipo de ayuda es una generosidad que muy rara vez puede encontrarse o presumirse en aquellos que persiguen alcanzar riquezas, mando o placer sensual, que son la mayoría de los hombres» (L. I, 14, p. 119). Me parece que este tipo de gloria es el motivo prevalente en la explicación nietzscheana de las promesas.

[93] «La pasión que debe tenerse más en cuenta es el miedo, el cual puede estar provocado por dos objetos generales: uno, el poder de espíritus invisibles; otro, el poder de aquellos hombres a quienes se teme ofender. De estos dos objetos de temor, aunque el primero es el que tiene más poder, es el segundo el que, por lo común, inspira mayor miedo. El temor al primero es lo que en cada hombre constituye su propia religión, la cual tiene su función en la naturaleza humana antes de que aparezca la sociedad civil. El temor al segundo no consigue tener esa función, o, por lo menos, no tiene influencia suficiente para que los hombres cumplan sus promesas» (L. I, 14, p. 119).

[94] «El juramento es una forma de lenguaje que se añade a una promesa, mediante la cual el que promete da a entender que, a menos que cumpla con lo prometido, renunciará a la misericordia de su Dios, o estará provocándolo para que deje caer su venganza sobre él. La antigua formula de juramento era: si no, que me mate Júpiter como yo mato a esta bestia. La formula nuestra es: haré esto y esto, Dios me valga. Y esta fórmula es acompañada por los ritos y ceremonias que cada uno usa en su propia religión, para que el miedo a quebrantar ese acto de fe sea aun más grande. De esto parece deducirse que un juramento que se toma siguiendo una forma o rito diferentes de los propios, es un juramento en vano; y que no puede jurarse por ninguna cosa que no sea considerada como Dios» (L. I, 14, pp. 119-120).

fuerza obligatoria de los juramentos, este tiene un carácter ambivalente: pues el temor a perder la propia vida puede, a su vez, tener orígenes diferentes. Así, algunas veces el temor de la muerte a manos de otros hombres puede fundar el carácter obligatorio de los pactos y promesas dirigidos a promover la paz y remover las fuentes del temor; pero otras veces pueden también conducir al no-cumplimiento de esos mismos pactos y promesas, mientras no haya seguridad de que la otra parte hará lo que le corresponde.

Me parece que esta es la razón por la cual dice Hobbes que en el estado de naturaleza algunas promesas y pactos son obligatorios simplemente en el *foro interno*, pero no obligan en el *foro externo*, a menos que haya una cierta seguridad, esto es, a menos que haya un Estado[95]:

> Porque el que es hombre modesto, tratable y cumple con todo lo que promete en un tiempo y lugar en que nadie hace lo mismo, solo logrará convertirse en presa fácil para los demás, procurando así su propia destrucción, lo cual es contrario al fundamento de todas las leyes de la naturaleza, las cuales tienden a la preservación de la naturaleza. A su vez, aquel que, teniendo suficientes garantías de que los otros van a observar esas leyes para con él, no está a su vez dispuesto a observarlas para con ellos, estará de hecho buscando la guerra, y no la paz, y, consecuentemente, estará buscando la destrucción de su naturaleza por la violencia (L. I, 15).

Como veíamos arriba, Santo Tomás había mencionado la posibilidad de que «promesas» que no obligan en *foro interno* pudieran accidentalmente obligar en *foro externo –pro bono pacis*. Hobbes ahora da la vuelta a este pensamiento: hay dictados de la razón que, *pro bono pacis*, obligan en *foro interno*, pero no en *foro externo*– porque nadie puede ser obligado a hacer algo en contra de su conservación, lo cual, para Hobbes, constituye la ley más básica de la naturaleza.

En todo caso, Hobbes no acepta que las promesas, o las palabras de futuro, son obligatorias por sí mismas, a menos que haya temor de las

---

95 «Como los convenios de mutua confianza, cuando existe temor de que alguna de las partes no cumpla, son, según ha quedado dicho, inválidos, aunque el origen de la justicia está el establecimiento de los convenios, no puede haber de hecho injusticia hasta que la causa de ese temor sea eliminada. Y esto último no puede hacerse mientras los hombres continúen en su natural condición de guerra. Por lo tanto, antes de que los nombres de justo e injusto puedan tener cabida, tiene que haber un poder coercitivo que obligue a todos los hombres por igual al cumplimiento de sus convenios, por terror a algún castigo que sea mayor que los beneficios que esperarían obtener del infringimiento de su acuerdo, y, para hacer efectiva esa propiedad que los hombres adquieren en sus contratos mutuos, como recompense por el derecho universal al que han renunciado. Un poder coercitivo así no lo hay con anterioridad a la erección del Estado» (L. I, 15, pp. 121-2).

consecuencias -tanto si este temor se funda en causas espirituales, naturales o civiles-. Sin embargo, se vuelven obligatorias en la medida en que son parte de contratos, y mientras la parte que hace la promesa haya recibido su beneficio[96]. La idea de Hobbes es esta: los contratos entrañan mutua transferencia de derechos. Dos partes cierran un contrato si y solo si ambos salen beneficiados. Según esto, si uno acepta el beneficio derivado de adquirir un nuevo derecho a algo, se entiende que ha transferido ya su derecho a la otra parte, no importa si ha usado palabras de futuro: «porque si no hubiese estado conforme con que sus palabras fuesen entendidas de esa manera, el otro no habría cumplido con su parte primero» (L. I, 14, p. 115).

Unas pocas líneas más abajo, Hobbes expresa este pensamiento en términos de mérito:

> El que cumple primero en un caso de contrato se dice que merece aquello que va a recibir cuando el otro cumpla con su parte; y cuando lo recibe, lo tiene como algo que le es debido. (L.I.14, p.115)

Según esto, las palabras de futuro deben aceptarse si son parte de un contrato. Todos asumimos que, exceptuando los casos de regalo, nadie renuncia a su derecho a menos que reciba algún beneficio a cambio. Esta es la estructura del contrato. Hobbes asume que esta estructura no puede ser violada simplemente por razones empíricas, como la distancia temporal que media entre formular la promesa y realizar la cosa prometida.

Sin embargo, como sabemos, la posibilidad de los contratos -específicamente de aquellos que requieren una realización futura- exige que las partes confíen las unas en las otras, y, en el estado hobbesiano de naturaleza no hay lugar para la confianza: todos miran por sí mismos y no hay razón para creer que los otros cumplirán su parte, si tal cosa implica la menor contradicción con sus intereses particulares. Esta es la razón de que piense que realizar la propia parte de un contrato equivale a violar la ley más básica de la naturaleza, que prescribe la auto-conservación[97]. Por

[96] «En los contratos, el derecho pasa de uno a otro no solo cuando las palabras se refieren a un tiempo presente o pasado, sino también cuando se refieren al futuro. Porque todo contrato es una transferencia mutua, o intercambio de derechos; y, por tanto, aquel que promete solamente porque ya ha recibido el beneficio por el que formuló su promesa, debe ser entendido como si su intención fuese la de transferir su derecho; porque si no hubiese estado conforme con que sus palabras fuesen entendidas de esa manera, el otro no habría cumplido con su parte primero. Y en lo que se refiere a la compra, a la venta y a otros actos contractuales, una promesa equivale a un convenio, y por tanto conlleva una obligación» (L. I, 14, p. 115).

[97] «Porque el que cumple primero no tiene garantías de que el otro cumplirá después, ya que los compromisos que se hacen con palabras son demasiado débiles como para

eso, para Hobbes, un contrato realizado en tales circunstancias estaría *vacío.* La situación podría cambiar solo si entráramos en un estado civil, marcado por la existencia de un poder coercitivo que nos proporcionara un marco seguro para nuestros intercambios. En este nuevo contexto, no tendríamos razón para temer que nuestra confianza fuera violada, pues habría un poder superior a cargo de garantizar el cumplimiento de los pactos. Así ocurre cuando en un estado civil un contrato nos obliga a realizar nuestra parte primero, confiando que la otra parte hará lo prometido.

Por supuesto, el problema sería cómo llegamos a ese primer contrato, esto es, cómo llegamos a superar la desconfianza original, renunciando a nuestro derecho a todo en favor de un soberano común: esta es una de las cuestiones controvertidas que rodean a la teoría hobbesiana del estado, y no podemos entrar en ella ahora[98]. Nos basta advertir que la situación antes y después de la institución de un poder coercitivo es completamente diferente.

Así, los pactos y promesas realizados en el estado de naturaleza, incluso aunque hayan sido realizados por miedo, son obligatorios en el *foro interno,* y son la base de las hobbesianas «leyes de la naturaleza»[99], a saber:

refrenar la ambición, la avaricia, la ira y otras pasiones de los hombres, si estos no tienen miedo a alguna fuerza superior con poder coercitivo, cosa que en el estado natural, donde todos los hombres son iguales y son los jueces que deciden cuándo sus propios temores tienen justificación, no puede concebirse. Por tanto, quien cumple primero no hace otra cosa que entregarse en manos de su enemigo, lo cual es contrario a su derecho inalienable de defender su vida y sus medios de subsistencia» (L.I.14, p. 116).

[98] Como señala Tuck, no hay una respuesta fácil a esta cuestión, que pueda extraerse del texto de Hobbes. «El hecho de que Hobbes intentó varios modos ligeramente distintos de transmitir su idea acerca de la construcción de una república sugiere que encontró dificultades aquí también. Lo que cabría decir es que las observaciones de Hobbes relativas a la imposibilidad de hacer convenios o mantener promesas en estado de naturaleza son una explicación muy general del mantenimiento de las promesas. Claramente, para la mayor parte de las promesas será cierto que uno se está entregando en las manos del enemigo si cumple su parte de un pacto antes de que lo haga el otro: pero esto no es tan claro de la promesa de considerar el juicio del soberano como si fuera propio» (R. Tuck, 2002: 79).

[99] Hobbes piensa que su designación, «leyes de la naturaleza» es impropia; les llama más bien «dictados de la razón», «porque los dictados de la razón solo son conclusiones o teoremas que se refieren a todo aquello que conduce a la conservación y defensa de uno mismo, mientras que la ley, propiamente hablando, es la palabra de quien, por derecho, tienen mando sobre los demás». (L. I. 15, p. 133). Con todo, admite que «si consideramos esos mismos teoremas como algo que nos ha sido dado en la palabra de Dios, el cual tiene, por derecho, mando sobre todas las cosas, entonces sí podemos darles propiamente el nombre de leyes» (Hobbes, 1990: 133). La distinción entre dictados de la razón y su fuerza obligatoria es muy importante: equivale a distinguir entre el contenido y la forma de la ley. Mientras que la primera puede ser descubierta mediante el razonamiento acerca de los mejores modos de preservar la paz, la segunda requiere la palabra del soberano.

justicia y gratitud[100]. Pero esos mismos pactos y promesas solo llegan a ser obligatorios en el *foro externo* tras la institución del poder civil.

Más allá de entender la obligación como algo estrictamente conectado con la coerción, hay comportamientos marcados por la gracia. Los regalos, como recordaremos, tienen lugar cuando una persona transfiere voluntariamente su derecho sobre una cosa a otra persona, sin esperar un derecho a cambio. Estos regalos pueden ser presentes, o pueden ir precedidos de lo que Hobbes llama una «mera promesa», esto es, una promesa no respaldada por temor. Si la respuesta adecuada a la realización por una persona de su parte de un pacto es cuestión de justicia, entonces la respuesta adecuada a la realización por una persona de su «mera promesa» es cuestión de gratitud. Esta distinción va a desempeñar también un papel en la explicación y división de las promesas que ofrece Pufendorf.

3.2.4. Las promesas en Pufendorf.

Pufendorf expresa claramente la idea de que la fuerza obligatoria de las promesas deriva en última instancia de la ley de la naturaleza: «es una obligación de la ley de la naturaleza que todo hombre mantenga su palabra o cumpla sus promesas y haga buenos sus contratos» (Pufendorf, 2003: 109). Las razones que ofrece para explicar la fuerza obligatoria de esta ley son de tipo pragmático:

> Pues sin esto, se perdería una gran parte de las ventajas que sobrevienen a la humanidad a causa de la mutua comunicación de favores y cosas útiles. Y si no fuera absolutamente necesaria la observancia exacta de una promesa, ningún hombre podría tener certeza alguna en cualquier propósito para el que debiera depender de la asistencia de otros. Además, la quiebra de confianza es apta para proporcionar las ocasiones más justas de conflictos y guerras. Pues si, conforme a mi acuerdo, yo hago mi parte y el otro falsifica su palabra, sea lo que fuere lo que haya hecho o esperado de la realización de su parte, se pierde. Incluso aunque no haya hecho nada todavía, sería un inconveniente para mí, a causa de esta decepción, el haber confundido mis asuntos y propósitos, de los

[100] «Lo mismo que la justicia depende de un pacto o convenio que ha tenido lugar previamente, así también la gratitud depende de una gracia que se ha concedido con anterioridad, es decir, de un don gratuito otorgado antes. Y esta es la cuarta ley de naturaleza, que puede concebirse de esta forma: que un hombre que recibe gratuitamente un beneficio de otro, debe hacer lo posible para que quien le ha otorgado esa gracia no tenga motivo razonable para arrepentirse de su buena voluntad [...] El infringimiento de esta ley se llama ingratitud, y tiene con los actos de gracia la misma relación que tiene la injusticia con la obligación que se desprende del establecimiento de un convenio» (L. I. 15, p. 127).

> cuales podría haber cuidado de otro modo, si este hombre no se hubiera ofrecido a sí mismo. Y no hay razón por la cual yo deba parecer ridículo, solo por haber confiando en quien pensaba que era un hombre bueno y honesto. (Pufendorf, 2003: 109-110)

En contraste con Hobbes, Pufendorf subraya el elemento social implícito en las promesas. Así, se refiere a las ventajas que la humanidad deriva de «una mutua comunicación de favores y cosas útiles». Asimismo, subraya la «expectativa» que la palabra de una persona genera en quien recibe la promesa, y el desengaño o decepción resultante de la ruptura de la confianza. Finalmente, incluso cuando se refiere al daño individual consiguiente a la ruptura de las promesas habla de «quedar en ridículo sólo por haber confiado en alguien». Este lenguaje, sin dejar de revestir un evidente tono pragmático, revela también una mayor conciencia de la naturaleza social del hombre, de lo que encontramos en Hobbes.

Cabe advertir otra diferencia: en contraste con Grocio y Hobbes, que entendían las promesas en términos de «transferencia de derechos», lo cual implica una aproximación a las promesas basada en el acto del que promete, Pufendorf parece situar más énfasis en el receptor de la promesa. Así, es desde la perspectiva del *receptor* de la promesa como Pufendorf introduce una distinción significativa entre esas cosas debidas simplemente en razón de cortesía, y que no entrañan una obligación exigible, y aquellas cosas que me son debidas y por eso mismo exigibles:

> Debe observarse que las cosas que se me deben solo por cortesía difieren de esas que puedo reclamar basándome en un contrato o promesa, principalmente en lo siguiente: que, ciertamente, puedo justamente desear el honrado cumplimiento de las primeras, pero si el otro descuida mi petición, solo puedo culparle de rudeza, crueldad o trato difícil; no puedo obligarle a darme razón ni por mi propio poder ni por el de una autoridad superior. Lo que en cambio puedo hacer en el último caso, si no se cumple lo que debería tener lugar conforme a una promesa o pacto absoluto. (Pufendorf, 2003: 110)

Pufendorf localiza la cortesía en un lado, y los pactos y promesas absolutos en otro. Su referencia a la «promesa absoluta» como aquella que puede ser exigida ya por mi propio poder o por el de una autoridad superior, nos permite interpretar las «cosas debidas solo en razón de cortesía» como casos de «promesas imperfectas», en el sentido de Grocio, a saber: aquellas que no implican realmente la transferencia de un derecho y que, por ello, no son exigibles; o también como casos de «meras promesas» en el sentido de Hobbes:

> Las promesas pueden dividirse en imperfectas y perfectas. La anterior tiene lugar cuando tenemos intención de ser obligados a hacer buena nuestra palabra a aquel a quien hemos prometido algo, pero sin tener intención de darle un poder para requerirlo o hacer uso de la fuera para obligarnos a ello. Como si digo que tengo verdadera intención de hacer esto o aquello por ti, y deseo que tú me creas. Aquí parezco estar más obligado por las reglas de la veracidad que las de la justicia; y parecerá más bien que he hecho el servicio prometido por una cuestión de constancia y discreción que de derecho (Pufendorf, 2003: 110-111).

Por contraste, para Santo Tomás todas las promesas fundaban deberes de justicia, aunque solo algunas de ellas eran exigibles en el *foro civilis*. En la misma línea, Domingo de Soto distinguía entre veracidad y justicia conmutativa diciendo que las promesas fundan deberes de justicia (conmutativa) y no sólo de veracidad. Con otras palabras: para Tomás de Aquino y De Soto, la esfera de la justicia es más amplia que la de los comportamientos exigibles. Así, aunque todas las promesas entrañan deberes de justicia, no todas son exigibles en el *foro civilis*. Puedo estar agradecida a alguien que, en ausencia de coerción, ha realizado algo que me había prometido, pero mi gratitud en este caso no significa que su acto no fuera un acto de justicia, una vez que había dado su palabra.

Pufendorf, sin embargo, considera que las promesas imperfectas consisten en deberes de veracidad o cortesía, más que en deberes de justicia, precisamente porque asimila el comportamiento justo al exigible. Así, entre los ejemplos de promesas imperfectas, cuenta los siguientes:

> Las aseveraciones de los grandes hombres de que están a favor, por las que ellos, seriamente, pero no como cuestión de honor, prometen su recomendación o intercesión, su preferencia por un hombre, o el darle su voto, asuntos que sin embargo no pretenden sean exigidos de ellos como cuestiones de derecho, sino que desean sean atribuidos por entero a su cortesía y veracidad; que el servicio que ellos realicen sea tanto más aceptable cuanto menos fuera capaz de compulsión (Pufendorf, 2003: 110-111).

Por otra parte, «esto se llama una promesa perfecta», dice Pufendorf, «cuando no solo me obligo a mí mismo por mi palabra, sino que doy a la otra parte autoridad para requerir de mis manos la realización de lo que estipulé, como si fuera una deuda». (Pufendorf, 2003:111)

Este texto nos permite clarificar los términos de la explicación que da Pufendorf de las promesas. Aunque parece situar más énfasis en las expectativas del que recibe la promesa que en el acto del que promete, retiene la aproximación básicamente grociana a las promesas: las promesas implican auto-obligación. Aunque Grocio explica esta auto-obligación en términos de transferencia del propio derecho, Pufendorf habla de dar a la otra parte autoridad sobre uno mismo, con el fin de exigir la realización de la cosa prometida.

En relación con esto, un aspecto original de la teoría de Pufendorf es su insistencia el que «no solo en los contratos, sino también en las promesas, el consentimiento tiene que ser recíproco; esto es, que tanto el que promete como el que recibe la promesa deben estar de acuerdo en la cosa. Porque si el último no consiente, o rechaza aceptar lo que se le ofrece, la cosa prometida permanece todavía en el poder del que efectuó la promesa». (Pufendorf, 2003: 116)

Esta insistencia, que sintoniza bastante bien con su mayor sensibilidad a la sociabilidad humana, aproxima las promesas a los pactos y contratos: a menos que aceptes mi promesa, no hay transferencia de derecho, no hay cesión de autoridad. Con otras palabras, no hay auto-obligación o promesa. Pero si esto es así, ¿cuál es la diferencia entre un pacto y una promesa? Preguntando esto, preparamos el terreno para el argumento de Hume sobre el carácter convencional de las promesas.

3.3. Hume sobre las promesas

Hume no discute la existencia de promesas ni su fuerza obligatoria pero, contrariamente a los teóricos de la ley natural y a los pensadores contractualistas, insiste en que las promesas no son simples actos voluntarios por medio de los cuales uno se obliga a hacer algo por otra persona. Hume argumenta que las promesas son convenciones introducidas para asegurar un marco de confianza, que facilita y fomenta la cooperación entre individuos auto-interesados. A continuación, y en línea con los teóricos del sentido moral, Hume considera la obligación moral de cumplir promesas como una clase peculiar de sentimiento, que sanciona el uso correcto de aquella convención.

3.3.1. Las promesas no son naturalmente inteligibles

En efecto: en contra de los iusnaturalistas, cuya posición, como hemos podido ver, era en realidad más refinada de lo que sugiere la crítica de Hume, el escocés insiste en que una promesa no es naturalmente inteligible. Diciendo esto su intención no es negar la relevancia y necesidad de las promesas. De hecho, él va a argumentar que la fidelidad a las promesas, ni más ni menos que la justicia, es absolutamente necesaria para la vida social, de modo que si es esta necesidad lo que queremos significar bajo el término «natural», tanto la justicia como la fidelidad a las promesas serían virtudes naturales.

En efecto, cuando Hume dice que las promesas no son naturalmente inteligibles, no se refiere a que no sean necesarias, sino más bien a que no hay un acto natural de la mente que pudiera fundar la obligación moral, sino que la obligación que asociamos a las promesas no puede tener lugar en ausencia de convenciones previas[101]:

> Sostengo, en primer lugar, que una promesa no es ni naturalmente inteligible ni anterior a las convenciones humanas, y que un hombre que no conozca la vida en sociedad no podría concertar jamás compromisos con otra persona, aun cuando ambos pudieran conocer intuitivamente los pensamientos del otro (T.3.2.5., 516).

Para los iusnaturalistas, la esencia de una promesa era el acto interior de la mente por el cual nos obligamos a nosotros mismos. Esta era también la teoría dominante que Hume quería criticar. Para ello, comienza por aclarar qué quiere decir cuando afirma que las promesas no son un acto natural de la mente:

> Si las promesas consisten en algo natural e inteligible, algún acto mental deberá acompañar las palabras *yo prometo*, y la obligatoriedad deberá depender de este acto mental (T.3.2.5., 516).

Ahora bien, dice Hume, es obvio que una promesa no puede ser identificada con una resolución, pues uno puede resolver hacer algo sin estar obligado a hacerlo; ni puede ser identificada con un deseo de hacer algo –porque una promesa puede obligarnos a hacer algo que no deseamos–; ni puede ser identificada con la voluntad de una acción, porque una promesa se refiere a un tiempo futuro, mientras que la voluntad de una acción se refiere al presente[102]. ¿Podría tal vez ser un acto diferente, consistente en

[101] «La humanidad es una especie inventiva; y cuando una invención es obvia y absolutamente necesaria puede decirse con propiedad que es natural, igual que lo es cualquier cosa procedente directamente de principios originarios, sin intervención de pensamiento o reflexión". (T.3.2.1., 484).

[102] Hume resume aquí una serie de actos que de un modo u otro eran considerados por los teóricos de la ley natural cuando hablaban de las promesas. Así, De Soto distinguía entre intención, resolución y promesa, subrayando que ni la intención ni la resolución comportan obligación. Igualmente, Grocio distinguía entre simples aserciones, promesas imperfectas y promesas perfectas, observando que solo las últimas implican la transferen-

«el querer una obligación»? Para Hume, incluso esta última solución –la solución de los iusnaturalistas– es absurda.

¿Por qué absurda? La primera respuesta de Hume se sigue de sus propias premisas: para él, todas las distinciones morales se derivan del sentimiento. Así, «cuando una acción o una cualidad de la mente nos agrada de cierta manera decimos que es virtuosa, y cuando su olvido o su omisión nos desagrada de manera análoga decimos que tenemos la obligación de realizarla». Según esto, «un cambio en la obligación presupone la aparición de un nuevo sentimiento» (T.3.2.5., 517). Ahora bien: ¿cómo podemos crear un nuevo sentimiento –una nueva obligación– simplemente porque lo queremos?

Desde una perspectiva trascendental y fenomenológica, Reinach ha podido argumentar que Hume confundía el significado de la obligación y el sentimiento derivado de tal obligación, por el cual llegamos a conocer la primera (A. Reinach, 1953: 69-70). Pero este es exactamente el aspecto que Hume quiere resaltar. A diferencia de Kant, Hume no piensa que el sentimiento derive de la obligación, sino que más bien identifica la obligación moral con el hecho de estar movido por motivos que apelan a ese sentimiento –resultante de corregir las parcialidades de nuestras simpatías a través del punto de vista del observador imparcial–[103]. Desde esta perspectiva, Hume rechaza la opinión común –sostenida por los iusnaturalistas– de que podemos crear obligaciones, simplemente a través de nuestra voluntad de ser obligados:

cia de un derecho. HUME parece seguir el mismo esquema, pero al final excluye el aspecto que los teóricos de la ley natural consideraban esencial a la promesa: el querer obligarse. "El acto mental expresado por una promesa no consiste en la resolución de realizar una cosa, pues, por sí solo, ello no nos impone en ningún caso obligación alguna. Tampoco es un deseo de realizar tal cosa, pues podemos contraer una obligación sin que medie ningún deseo y hasta existiendo una aversión manifiesta y declarada. Tampoco consiste en la volición de la acción que prometemos realizar, pues una promesa se refiere siempre a un tiempo futuro y la voluntad tiene influencia únicamente sobre acciones presentes. Por tanto, se sigue que si el acto mental interviniente en una promesa y engendrador de su carácter obligatorio no es ni la resolución, ni el deseo, ni la volición de realizar algo determinado, tendrá que consistir, necesariamente, en la volición de la obligatoriedad misma que se manifiesta en la promesa".(T.3.2.5., 516-7).

[103] Como ha señalado RAWLS, al leer a HUME tenemos que distinguir la tesis epistemológica, según la cual las distinciones morales son asunto del sentimiento –no de todo sentimiento, sino de la simpatía corregida por el punto de vista del espectador imparcial, y la tesis de la motivación moral, «cómo explicar mejor el hecho de que nuestro conocimiento moral y nuestras creencias influyen en lo que hacemos». (J. RAWLS, 2001: 97). Como él mismo observa, HUME menciona al menos tres modos de corregir nuestros deseos: el artificio de los políticos, la educación y el deseo de un carácter o de reputación y ser estimado.

> Sería absurdo, por consiguiente, querer una nueva obligación, es decir, un nuevo sentimiento de dolor o placer, y además es imposible que los hombres puedan caer en absurdo tan manifiesto (T. 3. 2.5., 517).

Para Hume, la obligación moral está vinculada al sentimiento de aprobación o desaprobación de los motivos de ciertas acciones. Ahora bien, esta clase de sentimiento no cambia a voluntad: requiere un objeto –esto es, una acción, juntamente con su motivo. Así, concluye:

> Una promesa es algo absolutamente ininteligible y sin posible acto mental alguno que le corresponda (T. 3. 2.5. 4.,517).

Dándose cuenta, tal vez, de que la fuerza de su argumento se basa en sus propias premisas epistemológicas, Hume se esfuerza en argumentar que la conclusión se seguiría también si la obligación moral derivara no del sentimiento sino de la razón:

> Si la moralidad pudiera descubrirse mediante la razón y no mediante el sentimiento, todavía sería más evidente que las promesas no producirían modificación alguna en ella. Se supone que la moralidad consiste en una relación. Por tanto, toda nueva imposición moral tendrá que surgir de alguna nueva relación entre objetos; por consiguiente, la voluntad no podría producir inmediatamente un cambio en lo moral; solo podría tener efecto produciendo un cambio en los objetos. Pero como la obligación moral de una promesa es mero efecto de la voluntad, sin que se produzca el menor cambio en ningún punto del universo, se sigue que las promesas no tienen ninguna obligación *natural* (T. 3.2.5., 517, nota).

Para entender este argumento, debemos tener presentes dos tesis:

1) Para Hume, la obligación moral depende de un sentimiento de aprobación moral y esto, a su vez, afecta a los motivos de ciertas acciones. Ahora bien, este motivo –como argumentaba en su teoría general de las virtudes artificiales– no puede consistir en la mera voluntad de obligarse. Esta voluntad no puede generar por sí misma ningún sentimiento.
2) Si rechazamos que la obligación moral depende del sentimiento, nos quedamos con la razón. ¿Pero cómo podría la razón ser fuente de obligación moral? Según Hume, la razón no se refiere a nada sino a relaciones entre ideas, y la moral así fundada no puede significar nada sino que debe referirse solo a relaciones entre ideas.

Por supuesto, la explicación de Hume acerca de los límites de la razón es controvertida, por cuanto niega cualquier concepción fuerte de la razón práctica (al negar a la razón cualquier referencia a fines). Pero dada su concepción, está en lo cierto al señalar que la voluntad como tal no puede introducir una modificación en la relación entre ideas, a menos que modifique los objetos cuyas relaciones esas ideas supuestamente reflejan. Con todo, la peculiaridad de las promesas consiste precisamente en que, tal y como son formuladas, no efectúan ningún cambio en el mundo empírico. Si prometo que te devolveré el depósito, esta promesa no introduce ningún cambio en el mundo de los objetos empíricos. Esto significa que la obligación vinculada a las promesas no puede ser referida a un acto de la voluntad que efectúa cambios en el mundo, cambios posteriormente reflejados en la razón. La conclusión es clara: incluso si las distinciones morales tuvieran que extraerse de relaciones entre ideas descubiertas por la razón, de ningún modo podríamos dar cuenta de la peculiar obligación moral asociada a las promesas, porque, al prometer, la voluntad no introduce ningún cambio observable en el mundo, del que la razón pudiera hacerse eco.

¿Pero qué pasaría si la nueva relación introducida en el mundo fuera definida por el mismo acto de la voluntad? Con otras palabras: ¿qué pasaría si la novedad consistiera en el mismo hecho de que quiero devolverte un depósito? Para Hume, esta posibilidad encierra un sofisma[104]. Su argumento dice así:

> Querer una nueva obligación supone querer una nueva relación de objetos; por tanto, si esta nueva relación de objetos estuviera formada por la volición misma tendríamos de hecho la volición de la volición, lo que es manifiestamente absurdo e imposible (T. 3. 2.5., 517-518, nota).

¿Dónde reside el absurdo? ¿Cuál es el problema de explicar la nueva obligación, i.e., sentimiento, como un resultado de mi voluntad de una relación entre objetos determinada por mi propia voluntad? El sofisma, según Hume, es que estamos hablando de la voluntad como fuente de obligaciones, olvidando que *la voluntad debe tener un objeto distinto de sí misma*, pues, de otro modo, entraríamos en un proceso al infinito; «la voluntad no tendría, en este caso, objeto hacia el que tender, sino que debería retornar sobre sí misma *in infinitum*». Y él explica la naturaleza de este proceso:

> Una nueva obligación depende de nuevas relaciones. Las nuevas relaciones dependen de una nueva volición. La nueva volición tiene por

[104] «Si se dijera que, al ser de hecho este acto de la voluntad un nuevo objeto, produce por ello nuevas relaciones y nuevos deberes, replicaría diciendo que eso es un puro sofisma, detectable fácilmente a poco cuidado y exactitud con que se examine» (T. 3. 2. 5., 517).

> objeto una nueva obligación y, en consecuencia, nuevas relaciones y, en consecuencia, una nueva volición, y esta última volición engendra a su vez una nueva obligación, relación y volición, sin que exista un término en esta serie. Por tanto, es imposible que en ningún caso podamos querer una nueva obligación, y, en consecuencia, es imposible que la voluntad pueda acompañar nunca a una promesa o producir una nueva obligación moral (T. 3.2.5., 517-518, nota)[105].

De aquí podemos concluir que, según Hume, la pura reflexión de la voluntad sobre sí misma no puede ser la base de la obligación[106]. De este modo, el argumento de Hume frente a la razón como fuente de la obligatoriedad de las promesas queda completo: 1) la razón solo puede generar una obligación en la medida en que descubre nuevas relaciones entre objetos, que pueden afectar al sentimiento; 2) pero el mismo acto de prometer algo no introduce una nueva relación de objetos en el mundo; 3) dado que no podemos tomar el mismo acto de querer una nueva relación de objetos como un «objeto» separado, que define una nueva relación de objetos, a cargo de generar un sentimiento moral, entonces tenemos que concluir que la razón no es fuente de obligaciones morales.

Resumiendo, Hume mantiene que las promesas no pueden consistir simplemente en el acto de querer una obligación, porque es imposible generar una obligación –que él identifica con el sentimiento de la obligación– si previamente no tenemos una acción con su motivo, pues es sólo el motivo lo que merece aprobación moral y el sentimiento de obligación.

3.3.2. Incluso si las promesas fueran naturalmente inteligibles, no podríamos dar cuenta de su obligación moral

Sin embargo, Hume tiene más que decir sobre el tema. Así, dice que si, por un imposible, una promesa consistiera en el querer una obligación, no podríamos asociar ninguna obligación moral a dicho acto, como se desprende del hecho de que, con mucha frecuencia, tenemos un acto así y nadie considera que haya emergido una nueva obligación. Los mismos iusnaturalistas, tanto pre-modernos como modernos, acostumbraban a

[105] Harrison compara este proceso infinito con el proceso de decidir en general, que ha de terminar en un objeto: «Por ejemplo, uno podría elegir un helado de crema, o decidirse a elegir un helado de crema, o decidirse a decidirse a elegir un helado de crema, pero esta serie obviamente debe concluir en algún punto en el acto de decirse a hacer algo distinto de decidirse –en este caso, en el acto de elegir un helado de crema» (J. Harrison, 1981:123).

[106] Esta es la objeción que tiene Anscombe en mente cuando recurre a la observación de Aristóteles según la cual «un sentido de necesario es el de aquello sin lo cual un bien no sería alcanzado o un mal evitado». (G.E.M. Anscombe, 1981: 130-155).

mencionar casos en los que una promesa no genera obligación de ningún tipo: por ejemplo, si la promesa lo es de un acto inmoral[107], o si colisionaba con obligaciones antecedentes, o si la expresión de la promesa era defectuosa, etc. Más aún: otras veces no hay un acto interno de la mente que quiera esa obligación y, a pesar de ello un acto determinado es considerado obligatorio –al menos en *foro externo*– (S.Th. I.II, 96, 4) (De Soto, 2005, VII, 1, 617)[108].

Hume piensa que esta clase de casos prueban que la obligación moral de cumplir las promesas no depende de un acto natural de la mente. Pero, además, ofrece un argumento para explicar por qué es así. La razón es que, para él, la obligación moral solo puede aparecer si hay un motivo antecedente, distinto del mismo sentido del deber, que pueda provocar un sentimiento de aprobación en el observador. El hecho de que no podamos encontrar un motivo específico, distinto del mismo sentido del deber, a causa del cual debiéramos cumplir una promesa, es prueba de que nos encontramos en presencia de una virtud artificial, que no es apoyada por un sentimiento natural, porque los sentimientos y virtudes naturales son específicos, mientras que las promesas pueden versar virtualmente acerca de cualquier materia[109].

Como hemos hecho notar, la peculiaridad de las virtudes artificiales es que no hay una inclinación natural anterior al sentimiento moral de deber

[107] Esto quedaba bien expresado en la distinción de Suárez entre el fundamento de una promesa y su carácter obligatorio. Porque Suárez dice que, mientras que el acto de prometer constituye el fundamento de la obligación, la obligación misma deriva del derecho, de la ley –ya sea la ley natural o divina. (Suárez,1974, I, 14, 12-13).

[108] Por otra parte, hemos visto cómo Hobbes decía que en el estado de naturaleza ciertas promesas y pactos son obligatorias meramente en *foro interno*, pero que no obligan en *foro externo*, a menos que haya cierta seguridad, esto es, a menos que haya Estado.

[109] «Un padre sabe que su deber es cuidar de sus hijos, pero siente también una inclinación natural hacia ello. Y si ninguna criatura humana tuviera esa inclinación, nadie podría estar sujeto a tal obligación. Pero como en nuestro caso no existe inclinación natural alguna hacia el cumplimiento de las promesas que sea distinta del sentimiento de su obligatoriedad, se sigue que la fidelidad no es una virtud natural y que las promesas no tienen fuerza con anterioridad a las convenciones humanas» (T. 3.2.5., 518-19). Este pasaje tiene muchas implicaciones. Por ejemplo, es interesante notar que la obligación moral de realizar actos de virtud natural es dependiente de nuestro deseo de «tener los sentimientos naturales de la humanidad». La implicación, en este caso es que tomamos la naturaleza humana, con sus sentimientos e inclinaciones, como fuente de valor. Esto es lo que ha conducido a Christine Korsgaard a expresar la normatividad implícita en la filosofía moral de Hume en términos de «adhesión reflexiva a la naturaleza humana». (C.M. Korsgaard, 1996). Con otras palabras, Hume asume que la inclinación natural a ciertos actos es prueba de la existencia de una obligación moral a esos actos –en el caso, de que la inclinación falle. De hecho, según Hume, actuar conforme al deber en asuntos de virtud natural, debería considerarse un defecto más que un mérito, porque es un signo de que carecemos de los sentimientos naturales requeridos en ese caso particular.

que asociamos a ellas. Por eso persiste la cuestión: ¿de dónde procede este sentimiento moral –de *obligación* moral–? Al final del texto, Hume señala que ciertas convenciones humanas, cuya utilidad social llegamos a descubrir por reflexión, constituyen el antecedente de la obligación moral generalmente asociada a la justicia, esto es, el objeto con el que llegamos a simpatizar. Así, si se nos pregunta por qué debemos devolver un depósito, podemos responder: «Es mi deber». La obligación anterior, en este caso, no remite a un sentimiento natural, sino más bien la institucionalización previa de una cierta práctica.

3.3.3. Las promesas son invenciones humanas, basadas en las necesidades e intereses de la sociedad

Así, habiendo descartado la existencia de un motivo natural que apoye el deber moral de las promesas, Hume puede afirmar que las promesas tienen su origen en una convención humana, introducida por primera vez para crear un marco de confianza y seguridad que, a su vez, facilita la cooperación social. Como han señalado muchos autores, esto equivale a decir: no hay una explicación naturalista de las acciones de justicia, tales como cumplir una promesa, pagar un préstamo, sino que tales acciones dependen de la institución previa de una determinada práctica (G.E.M. Anscombe, 1981: 10-21; 22-25; 1981b: pp. 97-103).

Según esto, el acto de prometer no puede reducirse a una simple resolución, ni a un acto interior de la voluntad, sino que tiene que consistir en la «expresión de una resolución», por la que llegamos a aceptar o asumir el significado original de esa institución:

> Si no existiera más que la resolución, las promesas declararían solo nuestros antiguos motivos, pero no crearían ningún nuevo motivo ni obligación. Son las convenciones de los hombres las que crean un nuevo motivo, una vez que la experiencia nos ha enseñado que los quehaceres humanos irían mucho mejor y redundarían en provecho mutuo si se instituyeran ciertos símbolos o signos con los que darnos unos a otros la seguridad de nuestra conducta en cualquier asunto determinado. Una vez que se instituyeron esos signos, quienquiera que los utilice queda inmediatamente ligado, por su propio interés, a cumplir con sus compromisos, y no deberá esperar que se vuelva a confiar jamás en él si se niega a cumplir lo que prometió (T. 3.2.5., 522).

Hume piensa específicamente en la seguridad que necesitamos para transferir la propiedad de objetos generales y distantes, tan importantes para fortalecer el juego cooperativo del mercado[110]. Las promesas serían símbolos que empleamos para satisfacer nuestra imaginación, la cual requiere que expresemos nuestra resolución de efectuar una cierta transferencia de propiedad.

Haciendo esto, las promesas crean un marco institucional para la confianza, que sirve para fomentar el comercio humano entre gente no vinculada por lazos de amistad. Esta clase de comercio, basado en promesas, constituye un modo de reforzar artificialmente la capacidad humana de prestar servicios más allá del sentimiento natural de benevolencia, sin que importe el hecho de que tal instrumento artificial descansa últimamente en el motivo del interés propio[111]. En efecto, la promesa que recibimos nos da la seguridad de que nuestro favor presente será retribuido en algún momento futuro, porque, de lo contrario, el trasgresor correría el riesgo de ser excluido de juegos sucesivos, lo cual va en

[110] «La invención de la ley natural concerniente a la estabilidad de la posesión ha hecho ya que los hombres se toleren unos a otros; la de la transferencia de propiedad y posesión por consentimiento ha comenzado a hacer mutuamente provechosa la vida en común. Pero todavía estas leyes naturales, aun cumplidas rigurosamente, son insuficientes para que cada uno resulte tan beneficioso para el otro como están los hombres naturalmente destinados a serlo» (T.3.2.5., 520). ¿Por qué son insuficientes esas dos leyes? En especial, ¿por qué deberíamos complementar la ley de la naturaleza que regula la transferencia de la propiedad con una nueva ley de la naturaleza? HUME contesta que mientras que la segunda ley de la naturaleza ha ayudado a hacer la vida social más ventajosa, la eficacia de esa convención es bastante limitada porque la transferencia de propiedad por consentimiento «solo puede tener lugar por lo que respecta a objetos presentes e individuales, pero no con los ausentes o generales». (T. 3.2.5.,520).

[111] La ilustración que ofrece HUME de este punto se ha hecho famosa: «Tu trigo está maduro hoy; el mío lo estará mañana. A ambos nos resulta ventajoso que yo trabaje contigo hoy y que tú me ayudes mañana. No siento afecto por ti y sé que tampoco tú lo sientes por mí. Por tanto, yo no quiero ahorrarme fatigas porque me preocupe tu bienestar, y si trabajara contigo por mi interés esperando que se me devolviera el favor, sé que me engañaría y que esperaría en vano tu gratitud. Así pues, dejo que trabajes tú solo y tú me tratas de la misma forma. El resultado es que se pasa la época de la cosecha y ambos la perdemos por falta de confianza y seguridad mutuas» (T. 3.2.5., 520-21). Según Hume, esto es todo lo que cabe esperar de los seres humanos si actúan solo basándose en principio naturales inherentes, porque las virtudes naturales operan en ámbitos reducidos. Las cosas son distintas cuando introducimos algún artificio o convención, similar a la que él reconoce en la base de la sociedad: algún razonamiento dirigido a mostrar que «nos es posible satisfacer mejor nuestros apetitos de un modo oblicuo y artificial que siguiendo sus precipitados e impetuosos movimientos». Y concluye: «Aprender de esta forma a prestar servicios a otra persona sin sentir por ella ningún afecto real, porque preveo que esta me devolverá el favor esperando que yo realice otro de la misma clase, a fin de mantener la misma correspondencia de buenos oficios conmigo o con otros. Y de acuerdo con esto, después de haberle prestado yo algún servicio, una vez que el otro se encuentra en posesión del provecho resultante de mi acción, se ve inducido a cumplir con su parte porque prevé lo que ocurriría si rehusara» (T.3.2.5., 521).

contra de su propio interés[112]. Esto es lo que Hume llama «obligación *natural*» de cumplir las promesas.

3.3.4. *Obligación moral de cumplir las promesas*

Ahora bien, a fin de hablar de la obligación *moral* de cumplir las promesas, tenemos que dar un paso más y explicar cómo hemos llegado a asociar un sentimiento de aprobación moral con esta práctica del prometer. Hablando en general, para Hume todo acto de virtud artificial adquiere su carácter de moralmente obligatorio a través de un proceso de internalización de la utilidad social vinculada a la institución, lo cual implica una explicación del modo en que hemos llegado a simpatizar con aquellos afectados por una posible trasgresión de esa institución[113]. De este modo, la obligación moral de las promesas sería semejante a la de otras virtudes artificiales. Sin embargo, hay un aspecto distintivo, que reclama una explicación diferente.

Lo distintivo de la obligación moral de las promesas es que, a pesar de rechazar su identificación con un acto interno de la mente, por el cual nos obligamos a nosotros mismos, no podemos evitar pensarlas en esos términos. Esto es; no podemos evitar pensar en la existencia de un acto interno de la mente. Según Hume, fingimos la existencia de un acto natural que nos impulsa a cumplir nuestras promesas.

Con otras palabras, la clase de aprobación moral que dispensamos al cumplir las promesas, se presenta como una cualidad relativamente independiente, una vez que hemos aprendido a simpatizar con la utilidad pública derivada de las promesas. Sin embargo, como el sentimiento de auto-obligación vinculado a cada promesa particular necesita explicación, simulamos un acto peculiar de la mente, «querer una obligación»,

---

[112] Deberíamos advertir la semejanza y la diferencia entre Hobbes y Hume en este punto. Hobbes distingue entre meras promesas y promesas dentro de un contrato; solo las últimas implican transferencia de derechos porque solo ellas están sancionadas por el temor. Como Grocio, Hobbes piensa en los contratos y los promesas en términos de transferencia de derechos. A diferencia de Grocio, sin embargo, Hobbes sitúa un énfasis especial en el temor de las consecuencias derivadas de romper el lazo significado por las palabras o las acciones. En efecto, tras notar que «los mismos son los lazos por los que los hombres se vinculan y obligan», observa que los vínculos significados por las palabras reciben su fuerza no de las palabras mismas sino de algo externo al acto de contratar, a saber, el miedo a las consecuencias derivadas de incumplir el contrato. En esto advertimos un énfasis creciente en la sanción externa de las promesas. Esta es también la postura de Hume, sólo que en el caso de Hume la sanción externa no es un simple castigo sino la exclusión social.

[113] «El interés por uno mismo es el motivo originario del establecimiento de la justicia, pero la simpatía por el interés público es la fuente de la aprobación moral que acompaña a esta virtud» (T. 3. 2. 2., 499-500).

y lo tomamos como si fuera la base natural de las promesas. Pero, lejos de ser un acto natural de la mente, dice Hume, es una ficción de nuestra imaginación.

Ahora bien, ¿por qué íbamos a fingir tal cosa? ¿Es un simple hecho natural, que nos lleva a confundir la naturaleza de la actividad de prometer? ¿Desempeña esta ficción algún papel en nuestra explicación de las promesas? Este es uno de los puntos más controvertidos entre los intérpretes de Hume –porque, si bien es verdad que la ficción nos ayuda a explicar la visión común de las promesas– la que reflejan los iusnaturalistas –parece inconsistente con el argumento previo de Hume acerca de la imposibilidad de un acto semejante–. Lo que Hume dice a este respecto parece insuficiente:

> No es usual suponer que la expresión de una resolución confiera ya obligatoriedad, ni podemos concebir fácilmente cómo es posible que la utilización de una cierta fórmula verbal cambie en algo las cosas. Por tanto, nos imaginamos que existe un nuevo acto mental, al que denominamos volición de una obligación, y nos figuramos que la moralidad depende de ello (T.3.2.5., 523).

En relación con esto considero persuasivo el argumento de Rachel Cohon. Ella considera esta ficción como un instrumento útil para contrarrestar, a nuestros propios ojos, la parcialidad del sentimiento que, en algunos casos, nos podría conducir a favorecer a la familia y a los amigos antes que a los extraños –dado que implícito en el planteamiento de Hume es que las promesas se dirigen a extraños (R. Cohon, 2006: 30).

Según esto, la función de esta ficción sería fortalecer nuestra psicología de modo que podamos ampliar el ámbito de la vida social pacífica sin preocuparnos acerca de las contradicciones que esto implica con las parcialidades basadas en el sentimiento natural. En efecto, a través de esta invención de nuestra imaginación, que vendría a proporcionar el motivo definidor de un rasgo específico del carácter, llegamos a interpretar la obligación de guardar nuestra palabra, la fidelidad a las promesas, como si fuera otra virtud natural más.

Pero ¿por qué habríamos de sentir tal necesidad? La respuesta implícita en la explicación de Hume es que, a fin de hacer posible la vida social, más allá de los pequeños círculos de familia y amigos, tenemos que contrarrestar las parcialidades derivadas del sentimiento, y esto no puede hacerse simplemente mediante razones auto-interesadas: necesitamos una razón moral cuya estructura de algún modo recuerde la motivación detrás de las virtudes naturales. El argumento puramente teleológico, que apela de manera directa a la utilidad pública, no puede cumplir esta misión. La experiencia moral ordinaria exige que pensemos las obligaciones para con los extraños en términos comparables a las obligaciones para con familia y amigos.

Por supuesto, admitir esta clase de explicación implica un ulterior pronunciamiento del psicologismo de Hume, esto es, su explicación de exigencias normativas en términos de hechos psicológicos. Porque lo que a los ojos del científico moral parece una ficción útil, ha de permanecer escondido a la conciencia del hombre corriente, para preservar su eficacia.

3.3.5. El bribón astuto

En cualquier caso, Hume piensa que las promesas son símbolos por los que el que promete crea confianza en el que recibe la promesa. Gracias a esto, hay espacio para ciertas transacciones que benefician tanto al que promete como al destinatario de la promesa. El símbolo es el resultado de una convención que fue introducida en primer término para garantizar la posibilidad de una transferencia de objetos generales y distantes, de modo que el comercio humano pudiera ser fortalecido –algo que nos beneficia a todos (A. Baier, 1991: 243).

El crecimiento del mercado requiere esta clase de confianza. En efecto: si la sociedad comercial ha de prosperar, debe haber un medio que permita superar la incertidumbre asociada con el trato humano. En este punto, si la virtud natural falla, Hume recurre a la institución de las promesas, que está en la base de la virtud artificial de la fidelidad. Las promesas son una invención que sirve para garantizar la confianza. Según esto, Hume piensa que la obligación de las promesas no deriva simplemente del beneficio concreto que ambas partes reciben de una transacción particular, sino también del temor de llegar a ser indignos de confianza a los ojos de otros miembros de la sociedad, en el caso de que uno no fuera fiel a su palabra. Esto, en efecto, equivaldría a excluirse uno mismo de transacciones futuras y, en última instancia, de la sociedad comercial.

Implícita en la explicación anterior es la noción de un «interés ilustrado», clave en la teoría humeana de las virtudes artificiales, y necesaria para afrontar los retos morales que aparecen una vez vamos allá de nuestro pequeño círculo de familiares y amigos, en el que el comportamiento moral está sostenido por el sentimiento natural.

En efecto: según Hume, la diferencia entre virtudes naturales y artificiales reside en que las virtudes naturales designan cualidades que, debido a su conexión con un sentimiento natural, provocan la aprobación inmediata del observador. En contraste, la aprobación que dispensamos a las llamadas «virtudes artificiales» se refiere sólo a un sentimiento del deber, cuya justificación requiere un recorrido a través de la utilidad social de una determinada institución[114]. En este contexto, encuentra su lugar la noción de «interés ilustrado», según la cual un agente particular estaría dispuesto a renunciar a la satisfacción de un interés inmediato –por ejemplo, el interés en adquirir cierta propiedad aquí y ahora– porque tiene presente un interés más abstracto y distante, por ejemplo, la posibilidad de adquirir una mayor propiedad en el futuro.

Ciertamente, la posibilidad de subordinar un interés inmediato a un interés más remoto depende de la eficacia del motivo destacado por Hume, a saber, el temor a la exclusión social derivado de la ruptura de la promesa. Si el individuo piensa que este temor (de exclusión social) no tiene tanto fundamento en su caso particular, o si, en general, no le interesa su reputación, no se verá motivado a cumplirla.

Deberíamos señalar que aquí tenemos dos problemas distintos. El primero se refiere a la posibilidad de violar la norma, cuando nadie se da cuenta de ello, de modo que uno pueda evitar los inconvenientes derivados de la trasgresión –principalmente, la pérdida de reputación. El segundo problema es más profundo, porque se refiere al caso hipotético en el que alguien no se interesa por la reputación en absoluto.

Aunque se trata de dos problemas distintos, Hume los considera de manera simultánea, cuando se refiere al bribón astuto (el *sensible knave*), que piensa en no cumplir su palabra porque sabe que, en un caso particular, nadie le va a descubrir, y, por tanto, su vida social no está amenazada. Para Hume, este bribón astuto «ha perdido, de hecho, un motivo considerable a favor de la virtud» (EPM, 9.2., 283)[115], junto con la posibilidad de disfrutar su propio carácter[116]. Ahora bien: si Hume puede decir tal cosa no es porque, en este caso, el bribón pueda evitar la pérdida de reputación (porque nadie lo va a descubrir), sino porque, en un razonamiento como

[114] Por ejemplo, alabamos a un padre que cuida de su hijo, porque hay un sentimiento natural por el cual los padres cuidan de sus hijos. Por contraste, la virtud de la justicia, fidelidad a las promesas, etc. son artificiales en el sentido de que, aparte del sentimiento del deber que acompaña su ejercicio, no hay un sentimiento natural antecedente que pueda servir de referencia para una valoración positiva de las acciones conforme a esas virtudes. A fin de conseguir una valoración positiva de esas acciones necesitamos la institución previa de un artificio útil para promover la cooperación social, que apoye también nuestra pasión natural de adquirir.

[115] Hay un pensamiento similar en la noción kantiana de «predisposición moral». (Kant. MS: 6: 399).

[116] Hume dice que el hombre honesto es capaz de descubrir que los bribones astutos son, al final, los tontos más grandes, que han sacrificado el gozo de un carácter por la adquisición de baratijas sin valor. (EPM.9.2.,283).

este, el bribón demuestra ser un «fracaso social», en la medida en que no ha interiorizado suficientemente el deber moral de cumplir las promesas durante su proceso de socialización[117].

En efecto, como hemos señalado, para Hume el deber moral que asociamos al cumplimiento de las normas de justicia resulta de la internalización sentimental de los beneficios derivados de tales normas, a través de la simpatía con aquellos afectados por la trasgresión. Tal internalización, piensa Hume, es parte de ese «progreso de sentimientos» (T.3.2.2., 500) que caracteriza el proceso de civilización (A. Baier, 1991). Por esta razón, puede decir en el *Enquiry* que el bribón astuto ha perdido los placeres de la sociedad, el estudio y la conversación, así como la «reflexión tranquila sobre la propia conducta», es decir ha perdido su reputación no solo ante los demás sino ante sí mismo (EPM, 9.2., 283-284).

Es claro que, argumentando así, Hume se hace eco de su propio ideal de vida, su visión de la naturaleza humana: un individuo que no aprecia esos placeres, que dependen en gran medida de instituciones que protegen la justicia, la fidelidad, etc., difícilmente podría ser considerado un ser humano. Sin embargo, lo que nos interesa más aquí es la posibilidad real de que el interés ilustrado que apoya la obligación natural de cumplir las promesas no siempre es suficiente para superar todo interés particular que eventualmente nos tiente para ser infieles a nuestra palabra (T.3.2.7., 535)[118]. Porque es precisamente esta posibilidad –la posibilidad de que el interés ilustrado no se sobreponga al interés inmediato– lo que, para Hume,

[117] En efecto, como hemos visto, en el caso de la fidelidad a las promesas podemos reconocer el doble fundamento que Hume descubre en la justicia como virtud artificial: «Tenemos que considerar que esta distinción entre justicia e injusticia tiene dos fundamentos distintos, a saber: el del interés, cuando los hombres advierten que es imposible vivir en sociedad sin restringirse a sí mismos por medio de ciertas reglas, y el de la moralidad, cuando este interés ha sido ya atendido y los hombres encuentran placer al contemplar que tales acciones tienden a establecer la paz en la sociedad, y desagrado al ver las que son contrarias a ello. Es la voluntaria convención y artificio de los hombres la que hace que se presente el primer interés, y, por tanto, esas leyes de justicia tendrán que ser consideradas, hasta ese momento, como artificiales. Una vez que el interés ha sido ya establecido y reconocido, se sigue naturalmente y de suyo un sentimiento de moralidad en la observancia de estas reglas; aunque es cierto que se ve también aumentado por un nuevo artificio, ya que las enseñanzas públicas de los políticos, y la educación privada de los padres, contribuyen a proporcionarnos un sentido del honor y del deber en la regulación estricta de nuestras acciones por lo que respecta a la propiedad ajena» (T.3.2.6, 533-4).

[118] Este es el modo que tiene Hume de aproximarse al problema de la *akrasia*: una incapacidad de subordinar el interés presente al remoto. Es precisamente en este punto donde recurre a ciertas instituciones artificiales, como modos diversos de facilitar el desarrollo externo del interés. Dado que es improbable que la mayor parte de la gente prefiera el interés remoto al inmediato, deberíamos tratar de introducir un artificio a cargo de redirigir nuestros intereses, de modo que finalmente nos interese más el cumplimiento de la norma que su trasgresión.

justificaría el recurso al gobierno como institución a cargo de asegurar el cumplimiento de las promesas.

3.3.6. La sanción legal de las promesas

En la aproximación de Hume, la relación entre la institución de la promesa y la institución del gobierno opera en las dos direcciones. Ambas instituciones tienen su origen en convenciones humanas. Sin embargo, las promesas –juntamente con la propiedad y su transferencia a través del consentimiento– son consideradas por Hume como leyes naturales, por cuanto hacen originalmente posible la cooperación social. La institución del gobierno, por contraste, no es una ley natural en este mismo sentido.

En efecto: si adoptamos un esquema temporal, como el de Hume, las tres convenciones básicas son necesarias si es que ha de haber en general cooperación social, mientras que la institución del gobierno resulta necesaria solo en un estado posterior, a medida que la sociedad crece y los beneficios derivados de las instituciones básicas se vuelven más remotos para el agente individual, que entonces corre el riesgo de seguir sus intereses más inmediatos –al igual que el bribón astuto. Es en este punto en el que apelamos al gobierno, para asegurar el funcionamiento de esas convenciones básicas, o leyes naturales, que hicieron posible la vida social en primer término.

Para explicar la forma que la institución del gobierno adopta al principio, Hume recurre a la imagen del contrato. En efecto, a pesar de su crítica al pensamiento contractualista, en el *Treatise*, Hume está dispuesto a admitir que, en la medida en que la función original del gobierno es asegurar el cumplimiento de las leyes naturales a través de la obediencia a magistrados civiles, el gobierno deriva su autoridad de esas mismas leyes naturales, y en particular de la convención de las promesas[119]. Al mismo tiempo, en la medida en que las promesas son consideradas convenciones, y no actos naturales a cargo de validar convenciones, como los contratos, Hume priva al argumento contractualista de su fuerza.

En todo caso, aunque en su origen el deber de obediencia a los magistrados civiles depende del deber de cumplir las promesas, la visión de

[119] «Una vez que los hombres han advertido lo necesario que resulta el gobierno para mantener la paz y hacer cumplir la justicia, es natural que deseen agruparse, escoger magistrados, determinar su poder y prometerles obediencia. Como se supone que una promesa es un vínculo o factor de seguridad ya en uso, acompañado por una obligación moral, deberá tenerse por la sanción originaria de la función e gobierno, y fuente de la obligación primera de obediencia» (T. 3.2.8., 541).

Hume –conforme a aquel «progreso de los sentimientos» anteriormente señalado– es que finalmente el deber de obediencia al gobierno adquiere cierta autonomía, de modo que la validez posterior del deber de lealtad al gobierno ya no depende de promesa alguna –sea explícita o tácita. Así escribe:

> Aunque el deber de obediencia esté al principio implicado en la obligación de las promesas y sea mantenido durante algún tiempo gracias a esta obligación, sin embargo, llega a echar rápidamente raíces por sí solo, engendrando una nueva y original obligación y autoridad, con independencia de todo contrato (T. 3.2.8., 542).

Según Hume, «nuestros deberes civiles están, pues, conectados con los naturales en cuanto que los primeros fueron inventados fundamentalmente para salvaguardar los segundos, y en cuanto que el objeto principal del gobierno es obligar a los hombres a observar las leyes naturales. A este respecto, sin embargo, la ley natural del cumplimiento de las promesas está meramente a igual nivel que las demás, y su exacta observancia debe ser considerada como efecto de la instauración del gobierno, y no la obediencia al gobierno como efecto de la obligatoriedad de una promesa» (T.3.2.7., 543).

Y concluye:

> Si las promesas tuvieran solamente el carácter obligatorio que les corresponde, pero no recibieran por separado la sanción del gobierno, no tendrían sino bien poca eficacia en tales sociedades. Esto separa los límites de nuestros deberes públicos y privados, y muestra que los segundos dependen más de los primeros que al contrario. La educación y el arte de los políticos coinciden en conferir una moralidad ulterior a la lealtad, y estigmatizan toda rebelión, presentándola como algo aún más criminal e infame (T. 3. 2. 8., 546).

Así pues, el deber de guardar nuestra palabra tendría una doble sanción: en primer lugar el sentimiento moral, que Hume explica en términos de internalización sentimental, a través de la simpatía, de los beneficios sociales anejos a una práctica que genera confianza. Pero entonces ofrece también una sanción legal de este deber. Mientras que la primera sanción (la moral) prevalece en sociedades pequeñas, en las que la trasgresión de las promesas es visible y conocida, la segunda sanción (legal) adquiere mayor relevancia en sociedades grandes, en las que los vínculos sociales no son tan fuertes y la vida es más anónima.

En cualquier caso, la creciente relevancia de la sanción legal de las promesas en sociedades grandes no anula la necesidad de una sanción moral, porque incluso en sociedades grandes podemos encontrar pillos que se aprovechan de los huecos del sistema para perseguir sus intereses privados. Ahora bien: si necesitamos una sanción moral de las promesas en sociedades grandes, tenemos que admitir la importancia de una socialización normal, que insista en el valor de la lealtad.

3.3.7. Recapitulación

Sin duda, lo apuntado hasta aquí permitiría señalar relaciones significativas entre la teoría humeana de las promesas y la teoría de la socialización de Mead, la noción durkheimiana de los presupuestos no contractuales del contrato, o la necesidad, destacada por Veblen, de una consideración institucional de la economía. Sin embargo, limitándonos a la exposición precedente, creo que pueden extraerse dos conclusiones principales.

La primera se refiere a la necesidad de distinguir claramente entre la promesa como institución, que encierra una convención, y el carácter obligatorio de las promesas, que no es convencional en modo alguno. Esta es una distinción crucial, que nos permite a su vez distinguir dos cuestiones: si un acto puede o no ser considerado una promesa, y si una promesa determinada es verdadera o falsa. Fue en previsión de este problema por lo que los iusnaturalistas habían insistido en la necesidad de dar un signo suficiente del propio compromiso. Ello implicaba necesariamente dar cierto peso a un elemento convencional que, a su vez, estaba destinado a generar mucha casuística: ¿Qué podríamos decir, por ejemplo, acerca de expresiones convencionales de promesa, si son empleadas en broma? Por esta razón, la determinación de la obligación no podía llevarse a cabo sin una labor previa de interpretación.

Hume piensa que su propia teoría evita muchos de estos inconvenientes. Al definir la institución de la promesa en función de una clara utilidad social, él ofrecía de hecho ciertas reglas para determinar si un acto podía ser considerado una promesa o no[120] y, consiguientemente, si podía ser considerado obligatorio en virtud de la misma estructura que asume: simplemente bastaría considerar si un cierto signo es usado y comprendido con vistas a proporcionarnos seguridad en una determinada transacción. Naturalmente, esta aproximación no elimina todo problema

[120] HUME muestra que la promesa es un «hecho institucional», no un «hecho bruto». (J. SEARLE, 1970). Véase también ANSCOMBE (1981).

particular de interpretación –después de todo, en algunos casos seguiría siendo necesario asegurarse de que el signo es usado y entendido de un modo determinado–, pero, al menos, el contexto institucional en el que un signo dado puede ser tomado como una promesa queda fijado[121]. Por otra parte, Hume tiende a asimilar la institución de la promesa al uso de una formula lingüística convencional, a fin de minimizar los problemas de interpretación[122].

Así, podemos aproximarnos al problema de las promesas verdaderas y falsas en términos de un uso correcto o incorrecto de una institución. Con otras palabras: una verdadera promesa exige de nosotros que usemos la institución de tal manera que realice el fin para el que ha sido creada –generar confianza para que tenga lugar la transacción–; una promesa falsa, por su parte, implica usar la institución para un fin que contradice el propósito original de la institución[123]. Ahora bien: esto no es tanto usar una institución como abusar de ella. Tal cosa ocurre siempre que alguien promete algo sin intentar cumplir lo que promete, o siempre que alguien simula una promesa a fin de obtener un beneficio a corto plazo. Algunas veces se plantea la cuestión de si la simulación de una promesa es una promesa. Si se responde que no, entonces uno no está obligado a cumplirla. Si se responde que sí, entonces tenemos que explicar en dónde reside la simulación. Para aquellos que definen una promesa como un acto por el que nos obligamos a nosotros mismos no hay más opción que decir que una promesa simulada es un acto por el que nos obligamos pero no nos obligamos. Por contraste, si subrayamos el carácter convencional de las promesas, podemos responder que una promesa simulada es una promesa falsa: equivale a hacer la promesa sin intentar hacer lo que dice.

---

[121] RAWLS (1955) distingue entre reglas que regulan actividades ya existentes y reglas que constituyen nuevas actividades. Al definir las promesas como símbolos ordenados a generar un marco de confianza que facilite transacciones, HUME da importantes pistas para determinar las reglas constitutivas del prometer.

[122] ANSCOMBE ha criticado la insistencia de Hume en *certain form of words:* «Fue absurdo, por parte de Hume, escribir como si tuviera que haber un signo especial del prometer. 'Te ayudaré hoy: ¿me ayudarás mañana? –'¡Sí!'. Aquí se hacen y se reciben promesas. La cuestión es qué significa para ellas ser promesas» (G.A.M. ANSCOMBE, 1981: 97-103).

[123] Interpretado de este modo, la explicación humeana de las promesas anticipa el propio argumento de KANT en la *Fundamentación*, donde romper una promesa aparece como un ejemplo de contradicción en la noción misma de la máxima. (KANT, 1996: 437). En efecto, dado que la máxima solo tiene sentido asumiendo la previa existencia de una práctica, toda acción cuya máxima implica un fin que contradice el fin de la práctica resulta ser contradictoria en sí misma. Evidentemente, hay una diferencia obvia entre la aproximación de HUME y la de KANT a la obligación moral de cumplir las promesas. Así, mientras que la explicación de HUME equivale a una explicación de la génesis social y psicológica del sentimiento moral, Kant adopta una perspectiva normativa desde el comienzo. Desde la perspectiva kantiana, la aproximación de HUME representa un ejemplo de «antropología práctica», a cargo de proporcionarnos útiles generalizaciones sobre la naturaleza humana, pero incapaces de fundamentar la universalidad y necesidad de nuestros deberes morales.

Quienquiera que actúe de este modo actúa contra dos virtudes distintas: veracidad y justicia. Por su parte, el que hace una promesa sincera pero finalmente no la cumple, actúa en contra de la fidelidad y la justicia (De Soto, 1968: VII, II, 630).

La segunda conclusión que querría extraer del argumento de Hume se refiere a la conexión entre promesas e interés. En esta línea me gustaría discutir también la doble sanción –moral y legal– de la práctica del prometer.

Hume argumenta que una promesa es un artificio por el cual, a través de un razonamiento muy simple, fortalecemos nuestra capacidad de hacer favores más allá de nuestra benevolencia y generosidad naturales. Las promesas permiten esto en la medida en que simbolizan nuestro interés recíproco en crear un marco de confianza en el que podamos realizar transacciones. De este modo, amplían el ámbito de la cooperación requerido por la sociedad comercial, así como el ámbito en el que podemos desplegar nuestra fundamental pasión por adquirir.

Tomada en este sentido, la obligación de cumplir nuestras promesas apela en última instancia al propio interés. Esto es lo que Hume llama «obligación natural». Con todo, ésta no es su última palabra al respecto. La posibilidad de un «pillo» muestra que el interés ilustrado no es siempre un incentivo suficiente para neutralizar un interés inmediato. Esta posibilidad, por tanto, muestra la necesidad de una sanción moral de las promesas. Según Hume, dicha sanción se sigue de la internalización sentimental de la utilidad social derivada de la institución, la cual depende de una socialización normal. Esta sería entonces la fuente de la obligación moral de mantener las promesas. El último destinatario de la obligación de cumplir las promesas, para Hume, no sería tanto la persona individual a la que dirigimos la promesa, sino el grupo, y, más precisamente, uno mismo en cuanto parte del grupo[124].

A primera vista, la aproximación de Hume parece limitar la esfera de las promesas a intercambios comerciales, que tienen lugar más allá de la

[124] Esto explica también la renuncia total de Hume al lenguaje de los derechos, tan prominente entre los iusnaturalistas. Con todas sus limitaciones, este lenguaje ayudaba a resaltar la dimensión personal del deber de cumplir las promesas. Pero Hume evita ese modo de hablar. Prefiere hablar de «expresar la propia resolución de realizar alguna acción». Aunque el destinatario evidente de esa acción es otra persona, él no hace eso explícito en ningún lugar. Es como si la naturaleza social del acto estuviera garantizada por la convención original, y una vez que esta se encuentra en juego, uno pudiera simplemente actuar por interés y –a partir de ahí– por sentimientos morales internalizados. Así, sí es conforme al propio interés mantener la palabra –porque de lo contrario uno se expone a la exclusión social. Y es porque uno ha internalizado la norma social por lo que llega a vincular una belleza moral al cumplimiento de las promesas y advertir fealdad moral en su trasgresión.

esfera de familia y amigos. Esta limitación se entiende fácilmente, puesto que, hasta cierto punto, la familia y los amigos son parte de uno mismo, de modo que las relaciones con ellos están más allá de la esfera de la estricta justicia. En la medida en que la fidelidad a las promesas se considera un deber de justicia, su lugar se encuentra más allá de familia y amigos. Sin embargo, en las promesas detectamos una peculiaridad, que Hume trata de destacar señalando un acto peculiar de la mente a cargo de equilibrar las parcialidades derivadas del sentimiento natural. Esta peculiaridad es el sentimiento de que las promesas no son solo una cuestión de justicia, esto es, de dar a los demás lo que se les debe en términos de bienes y servicios. De hecho, en las promesas hay otra dimensión en juego, algo que llamamos fidelidad. Es precisamente este aspecto el que adquiere relevancia particular en las promesas entre cercanos. Aquí también las personas pueden prometer bienes y servicios, pero el punto principal no es tanto la cosa prometida como la confianza que una persona requiere de la otra.

En la medida en que toda promesa incluye dos clases de bienes –la cosa prometida y la fidelidad al que recibe la promesa–, la ruptura de una promesa implica dos tipos de daño. Sin embargo, mientras que en las transacciones comerciales el daño principal se localiza en el nivel material, entre familiares o amigos el principal daño es la ruptura de la fidelidad, que se sitúa en el nivel personal[125]. En esta ocasión, la confianza no se basa tanto en la utilidad social de la práctica como en razones que son anteriores a cualquier convención –amor o amistad–. En estos casos, invocamos una ficción social –una promesa– para reforzar una obligación natural, pre-política. Una vez más, el artificio social viene en auxilio de la naturaleza, proporcionándole la voz con la que ésta pueda expresarse y, de este modo, reafirmarse en la existencia.

[125] Dado que solo la reparación del primer tipo de quiebra es exigible legalmente, tenemos un segundo criterio para limitar la esfera de promesas exigibles legalmente. La primera es la señalada por Hume: garantizar la solidez de una institución socialmente útil.

CAPÍTULO 4. NATURALEZA Y FUNCIÓN DEL GOBIERNO EN HUME

En este capítulo me propongo analizar el argumento que Hume desarrolla en T.3.2.7, para justificar la existencia del gobierno. Como es sabido, Hume dedica la segunda parte del libro tercero del *Treatise* al examen de las virtudes artificiales. En las secciones precedentes, ha expuesto su tesis acerca de la artificialidad de la justicia, y analizado las tres convenciones básicas –también llamadas por él «leyes naturales»– sobre las que se asienta la sociedad humana: la fijación de la propiedad, su transferencia por consentimiento y las promesas. Solo entonces pasa a considerar la institución del gobierno.

La misma disposición de los temas sugiere que el gobierno es una institución relativamente tardía; en opinión de Hume aparece con una función muy precisa: asegurar el cumplimiento de las normas de justicia o «leyes naturales» allí donde este cumplimiento tiende a debilitarse. Tal y como expresa en la sección siguiente, donde clarifica esta función general y justifica el alcance y los límites del deber de obediencia, el gobierno es una institución muy conveniente y aun necesaria en sociedades grandes, pero no imprescindible en toda circunstancia. Aquí, sin embargo, nos limitaremos únicamente a exponer su argumento general, tal y como aparece en la sección 7.

A pesar del interés que, desde hace treinta años, viene suscitando el pensamiento político de Hume (R. Cohon, 2001), su teoría del gobierno ha recibido poca atención[126]. Sin embargo, como veremos enseguida, es un tema que permite poner particularmente de manifiesto la articulación de psicología moral y artificio institucional implícitos en el proyecto que inspira el *Treatise*, a saber, el «intento de introducir el método experimental

[126] Si exceptuamos los análisis de teoría de juegos, de ordinario suele abordarse este tema en el curso de exposiciones generales de su teoría de la justicia, o como introducción, también general, a su pensamiento político tal y como aparece en los *Ensayos*.

en materias morales». Desde esta perspectiva, entiendo que es un lugar de referencia para la ciencia política moderna.

En lo que sigue dividiré mi exposición en cuatro puntos: el primero recuerda el principio que inspira la teoría humeana de la justicia: la insuficiencia de los principios naturales para dirigir la sociedad y, consiguientemente, la necesidad de potenciar la naturaleza mediante un artificio, con el que imprimimos una dirección nueva a nuestro interés; el segundo se centra ya en la caracterización del gobierno como un tipo de artificio institucional diseñado para solucionar una debilidad de nuestra naturaleza: la tendencia a preferir las ventajas próximas a las remotas; el tercero explora el modo en que determinados diseños institucionales favorecen la función de gobierno, inaugurando una manera de hacer ciencia política; el cuarto, titulado «el gobierno como factor de civilización», sirve al propósito de contextualizar la teoría política de Hume en una teoría social del proceso civilizatorio.

4.1. Interés y convención

Para Hume, el auténtico motor del comportamiento humano es el propio interés. Cuestión distinta es cómo conceptualizamos ese interés: ¿se limita solo a la original pasión por adquirir, a la que Hume reconoce un dominio universal? ¿Abarca también el deseo de tener un carácter moral, capaz de suscitar aprobación y reconocimiento? ¿Tiene unos contornos definidos e inmutables, o puede, por el contrario, expandirse y crecer? Que esto último es, de alguna forma, posible se sigue de la observación de Hume: de manera natural nuestro interés se extiende también a familiares y amigos[127]; en estos casos, el interés se extiende mediante el afecto.

[127] «Tan lejos estoy de pensar que los hombres no sienten afecto por nada que vaya más allá de sí mismos, que soy de la opinión de que, aun cuando resulte difícil encontrar a una persona que ame a otra más que a sí misma, es, con todo, igualmente difícil encontrar a alguien en quien sus afecciones benévolas tomadas en conjunto no superen al egoísmo. Consultad a la experiencia común: ¿No veis que, a pesar de que todos los gastos familiares estén por lo general a cargo del cabeza de familia, pocos hay que no dediquen la mayor parte de su fortuna a satisfacer los deseos de su mujer y a la educación de sus hijos, reservándose la parte más pequeña para su propio uso y entretenimiento? Esto es lo que podemos observar en quienes están unidos por vínculos afectivos, y cabe suponer que lo mismo les sucedería a otras personas si se encontraran en situación parecida. Sin embargo, y aunque en honor de la naturaleza humana haya que reconocer esta generosidad, es posible observar al mismo tiempo que una afección como esta, tan noble, en lugar de hacer a los hombres aptos para formar grandes comunidades es casi tan contraria a ello como el más mezquino egoísmo. Pues igual que cada uno se ama a sí mismo más que a cualquier otra persona, en este amor por los demás se guarda el mayor afecto para con los parientes y conocidos, de modo que esto deberá producir necesariamente una oposición de pasiones

Sin embargo, esta expansión del interés, basada en el afecto, tiene límites. La benevolencia, como virtud natural, no abarca a todos los hombres indistintamente; por otra parte, Hume insiste en que no hay un interés inmediato por el bien común. La justicia, dice, no es una virtud natural, sino artificial. La posibilidad de un orden social en el que se garantice el derecho no descansa en un principio inmediatamente derivado de nuestra naturaleza, sino en la introducción de artificios o convenciones, que imprimen una dirección nueva a nuestro interés.

Según esto, es el propio interés, aunque encauzado mediante un artificio, el que sigue constituyendo el motivo más básico y universal de nuestro actuar, y, por tanto, el principio al que hemos de referir en última instancia la observancia universal que debemos a las reglas de justicia, gracias a las cuales la sociedad humana evita caer en el estado de naturaleza: nos interesa someternos a unas normas que definan un esquema cooperativo[128]; esta es una reflexión que, según Hume, está al alcance incluso de las inteligencias más rudas[129].

y una consecuente oposición de acciones, lo que no puede resultar sino peligroso para la recién establecida unión» (T.3.2.2., 487). «Es manifiesto que en la estructura original de nuestra mente la atención más intensa está centrada en torno a nosotros mismos: la siguiente en intensidad se dirige a nuestras relaciones y conocidos; tan sólo la más débil alcanza a los extraños y a las personas que nos son indiferentes» (T.3.2.2., 488).

[128] «Nuestras ideas naturales y no cultivadas de la moralidad, en lugar de proporcionar remedio a la parcialidad de nuestras afecciones, más bien las configuran en esa parcialidad y les confieren fuerza e influencia adicionales. El remedio no se deriva, pues, de la naturaleza, sino del artificio; o bien, hablando con más propiedad: la naturaleza proporciona un remedio en el juicio y el entendimiento para lo que resulta irregular e inconveniente en las afecciones. Pues una vez que los hombres llegan a darse cuenta de las ventajas que resultan de la sociedad, gracias a su temprana educación dentro de ella, y han adquirido además una nueva afición por la compañía y la conversación, cuando advierten que la principal perturbación de la sociedad viene originada por los bienes que llamamos externos –debido a lo independiente de su naturaleza y a lo fácilmente que pasan de una persona a otra– se afanan entonces por buscar remedio a la movilidad de estos bienes situándolos en lo posible al mismo nivel que las ventajas constantes e inmutables de la mente y el cuerpo. Y esto no puede hacerse de otra manera que mediante la convención, en la que participan todos los miembros de la sociedad, de conferir estabilidad a la posesión de estos bienes externos, dejando que cada uno disfrute pacíficamente de aquello que pudo conseguir gracias a su laboriosidad o suerte. De esta forma, todo el mundo sabe lo que le es posible poseer con seguridad, y las pasiones se ven restringidas en sus movimientos partidistas y contradictorios. Pero dicha restricción no está en oposición completa con nuestras pasiones, porque si así fuera no se habría establecido ni mantenido nunca, sino que solamente es contraria a los movimientos ciegos e impetuosos de éstas. En lugar de abstenernos de la propiedad ajena apartándonos de nuestro propio interés o del de nuestros amigos más íntimos, no hay mejor modo de atender a ambos intereses que mediante una convención tal, porque es de ese modo como se sostiene la sociedad, tan necesaria para la buena marcha y subsistencia de los demás como para la nuestra» (T.3.2.2., 489).

[129] «Ya que es mediante el establecimiento de la regla de estabilidad de posesión como esta pasión se restringe a sí misma, si esa regla fuera muy difícil de entender y de inventar habría que considerar a la sociedad como siendo en cierto modo algo accidental, resultado

Sin embargo, la experiencia muestra que esta convicción no es por sí sola suficiente para que actuemos conforme a ella. En efecto: si las normas de justicia están avaladas por el propio interés, y todos son capaces de darse cuenta de ello, ¿por qué en ocasiones violamos esas normas, desordenando toda la vida social?

Piensa Hume que si somos capaces de violar las normas de justicia, a pesar de advertir cómo ellas, protegiendo el orden social, protegen nuestro interés, es solo porque, en determinados momentos, movidos por la pasión, nos dejamos llevar más por intereses más próximos e inmediatos. Con ello tocamos un punto capital de la antropología de Hume, que subyace a su entera teoría política: la distinción entre interés a largo plazo e interés a corto plazo.

Las normas de justicia aparecen en el sistema de Hume como un modo de hacer prevalecer el interés a largo plazo, frente a las solicitaciones del momento. Esto último ocurre porque nuestras pasiones siguen fácilmente las representaciones de la imaginación: lo contiguo en el espacio y en el tiempo las excita más intensamente que lo distante. De este modo, atraídos por intereses más inmediatos, llegamos a transgredir las normas de justicia, contraviniendo nuestro interés más general y remoto; sufrimos de lo que W. C. Charron llama *practical myopia* (W. C. Charron, 1995: 171-185).

Todo ello ocurre más fácilmente, piensa Hume, cuanto más inculta sea nuestra naturaleza, esto es, cuanto menos ilustrado sea nuestro entendimiento. Por ello se plantea la cuestión de cómo ilustrarnos en primer término y, sobre todo, cómo hacer que el interés ilustrado se imponga en la práctica a las pasiones más intensas. Afrontar este problema es importante, porque el comportamiento de la naturaleza inculta tiende de suyo a generalizarse por imitación[130], y esta misma generalización, a su vez, tiende a convertirse en una razón ulterior que refuerza la conducta transgresora, por cuanto nos lleva a pensar que somos tontos si somos los únicos en imponernos una severa restricción allí donde todos se aprove-

de un muy largo período de tiempo. Pero si se encuentra que nada puede ser más simple y obvio que esa regla; si se advierte que, para preservar la paz entre sus hijos, todos los padres se ven obligados establecerla, y que a cada momento hay que ir perfeccionado estos primeros rudimentos de justicia, según que la sociedad se va haciendo más grande; si todo esto resulta evidente –como tiene ciertamente que resultar– podemos concluir que a los hombres les es absolutamente imposible permanecer durante un período de tiempo considerable en esa salvaje condición pre-social, sino que ya su primer estado y situación debe con justicia considerarse como social» (T. 3.2.2., 493).

[130] De ahí también, que al desarrollar su argumento acerca de la convención social básica, Hume también remitiera a la imitación como un refuerzo necesario de nuestra sujeción a las normas de justicia: «Solamente suponiendo que otros van a imitar mi ejemplo puede verme inducido a aceptar esa virtud, dado que solamente esta combinación puede hacer que la justicia resulte provechosa o darme motivos para obedecer sus reglas» (T.3.2.2., 498).

chan de las transgresiones. De este modo, la sociedad llega a convertirse en algo inseguro.

La cuestión, entonces, es cómo volver a hacer de la sociedad un lugar seguro, en el que cada uno pueda perseguir su interés sin temor. Esta es la pregunta que a juicio de Hume da razón de la institución del gobierno. Cabría decir que Hume reproduce el problema hobbessiano de cómo abandonar un estado de naturaleza presidido por el miedo. Y, hasta cierto punto, la solución que ofrecerá Hume puede considerarse análoga a la de Hobbes. Pues, a diferencia de lo que ocurría con la introducción de la convención social básica –que, para Hume, no tiene el carácter de una promesa[131]– a la hora de justificar la institución del gobierno, Hume no tendrá inconveniente en apelar a una promesa –o, como dirían algunos, a un contrato–. Pero, no obstante esta semejanza, subsisten importantes diferencias entre Hobbes y Hume. Como bien ha visto Harrison, a diferencia de lo que ocurre en Hobbes, el gobierno humeano no viene a proteger al hombre frente a otros hombres, ni tampoco –como en el caso de Locke– se propone proteger a los hombres frente a los gobernantes, sino que, ante todo, viene a proteger al hombre frente a sí mismo, concretamente, de la mencionada tendencia a preferir los beneficios cercanos a los remotos[132]. Desde esta perspectiva, por tanto, puede afirmarse que Hume propone un remedio institucional para el problema moral de la *akrasia*.

[131] «Esta convención no tiene la naturaleza de una promesa, pues hasta las mismas promesas [...] surgen de convenciones humanas. La convención consiste únicamente en un sentimiento general de interés común: todos los miembros de la sociedad se comunican mutuamente este sentimiento, que les induce a regular su conducta mediante ciertas reglas. Yo me doy cuenta de que redundará en mi provecho el que deje gozar a otra persona de la posesión de sus bienes, dado que esa persona actuará de la misma manera contigo. También el otro advierte que una regulación similar de su conducta le reportará un interés similar. Una vez que este común sentimiento de interés ha sido mutuamente expresado y nos resulta conocido a ambos, produce la resolución y conducta correspondiente. Y esto es lo que puede ser denominado con bastante propiedad convención o mutuo acuerdo, aun cuando no exista la mediación de una promesa, dado que las acciones de cada uno de nosotros tienen referencia a las del otro y son realizadas en el supuesto de que algo es realizado por la otra parte» (T.3.2.2., 490).

[132] «Muchos autores, por ejemplo Hobbes y Locke, han sugerido que los hombres cedieron el poder a los magistrados con el fin de ganar la protección de esos magistrados frente a otros hombres. Según Hume, la principal razón que tiene el hombre para ceder el poder a los magistrados es que le protejan frente a sí mismo. Es a causa de su propia tendencia a mirar solo en el corto plazo, que es incapaz de alterar, la tendencia a preferir las ventajas próximas a las distantes, por lo que el hombre no actúa según las reglas de la justicia, de modo que se daña a sí mismo, privando a estas reglas de su utilidad. Por la misma razón, necesita magistrados para hacer cumplir las reglas, y decidir imparcialmente cuándo han sido quebrantadas. El hecho de que necesite magistrados porque prevea que otros hombres también querrán romper las reglas es, según Hume, algo secundario. De hecho, Hume habla como si la otra razón por la cual las transgresiones son dañinas es que estas harían psicológicamente imposible para mí no transgredirlas también» (J. HARRISON, 1981: 172-173).

En efecto: en un primer momento, para justificar la necesidad del gobierno Hume no hace sino reproducir el argumento que había desarrollado anteriormente, cuando trataba de justificar la introducción de la convención social básica: en uno y otro caso, el remedio a la inseguridad derivada de la inestabilidad de la propiedad o del incumplimiento de las normas de justicia no viene de la naturaleza, sino del *artificio*. Sin embargo, en seguida aparecen las diferencias. Así, mientras que en el caso de la institución de la convención social básica, Hume insistía en que tal artificio no tiene la forma de una promesa, sino que constituye la simple *expresión de un interés recíproco*, en el caso presente observa que el artificio ha de consistir en el *consentimiento libre* por el que todos los hombres deciden someterse a las normas de justicia. En ello va implícita la referencia a la promesa. Según parece, ahora, cuando lo que ha entrado en juego es la misma sujeción a las normas inicialmente convenidas, ya no es suficiente la simple expresión de un interés recíproco. Por eso, la pregunta que ahora se plantea con más urgencia es la de cómo lograr aquel consentimiento, puesto que, al fin y al cabo, los hombres siguen siendo los mismos, con su misma naturaleza, y, por tanto, siempre tentados a preferir lo cercano a lo remoto.

Al igual que ocurría con la primera institución de las normas de justicia, cabe pensar que sin la previa experiencia de las ventajas anejas a la vida social, ni siquiera podríamos plantearnos esta cuestión, ni estaríamos suficientemente motivados para introducir convenciones sociales, pues no habríamos experimentado los beneficios «de la compañía y la conversación» derivados de la sociabilidad[133]. Esta constituye otra notoria diferencia entre Hume y Hobbes: en el estado de naturaleza hobbessiano no había realmente vida social, sólo individuos que persiguen su interés y tienen miedo de verse desposeídos por los otros. En cambio, para Hume, un «estado de naturaleza» así concebido no pasa de ser una ficción; si en ocasiones hace uso de esta ficción es sólo para resaltar que dicho «estado de naturaleza» debe considerarse social, precisamente porque la convención básica que la hace posible se hace presente con suma facilidad, con sólo expresarnos nuestro mutuo interés en someternos a ella.

De acuerdo con lo anterior, parecería que incluso para convenir en ese básico esquema cooperativo es preciso que la consideración de un interés

[133] «Una vez que los hombres llegan a darse cuenta de las ventajas que resultan de la sociedad, gracias a su temprana educación dentro de ella, y han adquirido además una nueva afición a la compañía y la conversación, cuando advierten que la principal perturbación de la sociedad viene originada por los bienes que llamamos externos –debido a lo independiente de su naturaleza y a lo fácilmente que pasan de una persona a otra– se afanan entonces por buscar remedio a la movilidad de estos bienes situándolos en lo posible al mismo nivel que las ventajas constantes e inmutables de la mente y el cuerpo» (T. 3.2.2., 489).

remoto tenga cierto efecto sobre nuestra voluntad presente. Pero si tal cosa es posible en última instancia es solo porque tenemos una experiencia previa de los beneficios de la vida social. En efecto: conviene notar que, para Hume, el interés remoto, por el que nos vemos motivados a reconducir nuestra pasión presente sujetándonos a ciertas convenciones, no viene definido necesariamente por una única pasión –la universal pasión por adquirir– sino también por la posibilidad de prolongar los placeres de la vida social, y, más en general, la posibilidad de desarrollar un carácter apto para la vida social[134], en toda su riqueza[135].

En todo caso, el núcleo del problema, al que Hume procura una solución institucional, reside en argumentar cómo llegamos a superar nuestra natural tendencia a preferir los beneficios próximos a los remotos. Y, a fin de explicar este último punto, Hume introduce una consideración que, bien mirada, representa una forma de «astucia de la naturaleza». En efecto: en su opinión, es nuestra misma natural negligencia frente a lo remoto –en cierto modo, nuestra misma limitada naturaleza– la que proporciona el remedio para salir de aquella precaria situación que nos circunscribe al interés presente.

Para ilustrarlo, Hume acude a una analogía óptica: al igual que, considerados a cierta distancia, los objetos se difuminan en sus aspectos más particulares, permitiéndonos enjuiciar más certeramente su naturaleza, algo semejante ocurre también en este caso: considerando a cierta distancia las ventajas que se derivarían de un artificio destinado a ordenar la sociedad, advertimos de qué forma un artificio semejante nos beneficiaría. Según Hume, esta clase de consideración, distante, de nuestra propia situación, es lo que el vulgo denomina «razón»[136]. Desde un punto de vista

---

[134] Esto, me parece, obliga a corregir la crítica que HARRISON le dirige a HUME: «Aunque Hume está en lo cierto cuando dice que es en el interés (a largo plazo) del hombre el tener legisladores que impongan la justicia sobre el hombre (colectivamente), no es en el interés de ningún hombre el que haya reglas de justicia que se le apliquen a él singularmente. Lo que resulta en el interés de cada hombre individual es tener reglas de justicia impuestas sobre otros, pero no sobre sí mismo» (J. HARRISON, 1981: 173). Si nos limitáramos a considerar la pasión por adquirir, HARRISON estaría en lo cierto. Sin embargo, como recogemos en la nota 8, HUME da a entender que la introducción de la convención social básica obedece también a una previa y satisfactoria experiencia de las ventajas de la vida social.

[135] Desde esta perspectiva, el caso del *sensible knave*, que se aprovecha de que los demás cumplen las reglas para perseguir su interés individual, y en esta medida exhibe una racionalidad puramente instrumental, constituye, para HUME, un caso moralmente anómalo, resultado de una incorrecta socialización.

[136] «Cuando una pasión se convierte por fin en principio estable de acción, y constituye la inclinación dominante del alma, no produce ya por lo común ninguna agitación sensible. Dado que una repetida costumbre, y su propia fuerza, han conseguido que todo se someta a esa pasión, dirige las acciones y la conducta sin esa oposición, y emoción, que acompañan de modo tan natural a todo momentáneo arrebato de pasión. Tenemos pues que distinguir entre pasión apacible y pasión débil, y entre pasión violenta y pasión intensa. A pesar de

práctico, esta «razón» se caracteriza por dos notas relacionadas entre sí: por un lado, permite ideas generales –y, en esa medida, nos hace ganar horizonte– pero, por otro lado, y como consecuencia de lo anterior, tiene menor incidencia práctica sobre la imaginación[137] y, consiguientemente, sobre el deseo[138].

Así, tan pronto abandonamos esa consideración «racional» de las cosas, marcada por la generalidad y la distancia, y volvemos a considerar los objetos más de cerca, nuestras inclinaciones particulares vuelven también a ponerse en primer plano, y, con ellas, la tiranía de los intereses más inmediatos. Hume aclara todo esto con un ejemplo sumamente ilustrativo:

---

esto, es cierto que, cuando deseamos dirigir la conducta de un hombre e impulsarle a una acción determinada, es comúnmente mejor regla incidir sobre las pasiones violentas que sobre las apacibles, y guiarle siguiendo más bien sus inclinaciones que mediante eso que vulgarmente se llama su razón. Tenemos que situar al objeto en tal situación que resulte apropiada para incrementar la violencia de la pasión. Podemos observar, en efecto, que todo depende de la situación del objeto de la pasión, y que bastará una variación en este punto para transformar las pasiones violentas en apacibles, y viceversa. Ambos tipos de pasiones persiguen el bien y evitan el mal, y ambas son incrementadas o disminuidas por el aumento o disminución de bien o mal. Pero la diferencia entre ellas está en que un mismo bien causará una pasión violenta cuando esté próximo, y sólo una apacible cuando esté lejano» (T. 2. 3. 4., 419). «Cuando alguna de estas pasiones (apacibles). está en calma, sin ocasionar desorden en el alma, muy fácilmente se confunde con las determinaciones de la razón, por suponer que procede de la misma facultad que juzga de la verdad y la falsedad» (T. 2.3.3., 417).

137 «Cualquier placer de que tengamos noticia nos afecta más que cualquier otro de cuya naturaleza seamos por completo ignorantes, a pesar de que reconozcamos la superioridad de este último. Podemos hacernos una idea particular y determinada del primero, mientras que a este otro lo concebimos bajo la noción general del placer. Y lo cierto es que, cuanto más general y universal sea una de nuestras ideas, menor influencia tendrá sobre la imaginación. Aunque una idea general no sea otra cosa que una idea particular considerada desde cierto ángulo, comúnmente es más oscura, porque ninguna idea particular por la que nos representamos una general está en ningún caso determinada o fija, sino que fácilmente puede cambiarse por otras ideas particulares que valgan también para la representación» (T.2.3.6., 424-5).

138 «Dado que la sola razón no puede nunca producir una acción o dar origen a la volición, deduzco que esta misma facultad es tan incapaz de impedir la volición como de disputarle la preferencia a una pasión o emoción. Esta consecuencia es inevitable. Es imposible que la razón pueda tener este último efecto de impedir la volición sino dando un impulso en dirección contraria a nuestra pasión; y si tal impulso hubiera actuado solo, debería haber sido capaz de producir la volición. Nada puede oponerse al impulso de una pasión, o retardarlo, sino un impulso contrario, y si este impulso contrario surgiera de la razón, esta facultad debería tener una influencia originaria sobre la voluntad, y ser capaz de causar o de evitar cualquier acto volitivo. Pero si la razón no tiene influencia originaria alguna, es imposible que pueda oponerse a un principio que sí posee esa eficiencia, como también lo es que pueda suspender la mente siquiera por un momento. Por tanto, es manifiesto que el principio opuesto a nuestra pasión no puede ser lo mismo que la razón, y que solo es denominado así en sentido impropio» (T.2.3.3., 415).

> Al reflexionar sobre una acción que realizaré dentro de doce meses prefiero siempre el bien mayor, sin importarme si en ese momento estará más o menos próximo; ninguna diferencia en ese punto supondrá diferencia alguna en mi presente intención y resolución. La distancia que me separa de la determinación final hace que se desvanezcan todas las pequeñas diferencias, de modo que no me veo afectado sino por las cualidades generales y discernibles del bien o del mal. Pero cuando me voy acercando a la fecha, las circunstancias que en un principio había desatendido comienzan a cobrar importancia y a influir sobre mi conducta y afecciones. Surge ahora una nueva inclinación hacia el bien presente, y me resulta ya difícil adherirme inflexiblemente a mi intención y resolución primeras. Ahora bien, cabe que me resulte altamente desagradable esta debilidad natural y que intente librarme de ella por todos los medios posibles [...] (T.3.2.7., 536).

El párrafo anterior recoge bien el dilema que se le plantea al agente que experimenta la discrepancia entre sus intereses a largo plazo y sus intereses a corto plazo: aunque consideradas todas las cosas, preferiría apostar por los intereses a largo plazo, llegado el momento de la acción, que versa siempre sobre lo particular, experimenta la atracción de los intereses más próximos. La cuestión, naturalmente, es cómo hacer prevalecer el interés ilustrado sobre el interés inmediato.

A esta cuestión cabe responder: en la medida en que el interés remoto se nos desvela al formar ideas generales acerca de las cosas, la clave para hacer prevalecer el interés ilustrado sobre el interés inmediato, se localiza exactamente en este punto, en hacer que nuestra conducta sea regulada por las ideas generales, y no por la impresión del momento. Ahora bien, ¿cómo hacer que las ideas generales se impongan a la pasión del momento? Como adelantábamos más arriba, se trata del clásico tema de la *akrasia*.

Antes de apuntar la solución que propone Hume, conviene notar que si en general podemos plantearnos esta pregunta es porque no vivimos simplemente en el instante presente, pero tampoco en el plano general de la razón. En el hombre concreto, que ya tiene experiencia de la sociabilidad, confluyen una multitud de pasiones. Como escribe Kliemt, «un hecho que salta a la vista es que los hombre en sus disposiciones de comportamiento –especialmente con respecto a lo lejano– ni siguen permanentemente un autointerés estrechamente definido in tampoco los afectos y pasiones del momento» (H. Kliemt, 1986: 102).

Y, en efecto, Hume observa que los hombres tan pronto actúan en contra de sus intereses como reprimen una pasión en atención a ellos; para él, este dilema puede interpretarse en términos de «oposición de pasiones»; y sugiere que inclinarse hacia una u otra opción depende de cuál sea el carácter general o la disposición actual de la persona: «Lo que llamamos "fuerza de espíritu", dice, implica el predominio de las pasiones apacibles sobre las violentas»[139].

Ahora bien: si hemos de plantear el dilema en estos términos, entiendo que la cuestión decisiva reside en si en cada momento particular somos *dueños* o no de enfocar los acontecimientos desde una perspectiva general, o bien la perspectiva particular –y con ella los intereses próximos– se nos impone sin que podamos evitarlo. En definitiva: si somos dueños de actuar desde nuestro carácter general, o bien, por el contrario, lo determinante es la disposición actual en la que nos encontremos.

Conviene indicar que Hume no plantea la cuestión en estos términos, probablemente porque parte del hombre tal y como se encuentra de hecho en la sociedad, y ese hombre, como acabamos de apuntar, tan pronto actúa en un sentido como en el contrario: si hay alguna posibilidad de predecir su comportamiento es solo en la medida en que el hombre en cuestión tiene un carácter ya formado.

Esta última observación, coherente por lo demás, con el propósito humeano de aplicar el método experimental a asuntos morales, explica por qué, en ocasiones, Hume da a entender que las acciones que se escapan a un principio general no constituyen objeto apropiado de la ética[140]. Si tomáramos esto como indicando que solo son moralmente evaluables las

[139] «Los hombres actúan a menudo conscientemente en contra de sus propios intereses. Por esta razón la consideración del mayor bien posible no siempre tiene influencia sobre ellos. Los hombres reprimen con frecuencia una pasión violenta al perseguir sus intereses y fines. Por tanto, no es solamente el desagrado presente lo que les determina. Podemos observar, en general, que ambos principios actúan sobre la voluntad y que, allí donde se oponen directamente, uno de ellos prevalece, según el carácter general o la disposición actual de la persona. Lo que llamamos fuerza de espíritu implica el predominio de las pasiones apacibles sobre las violentas, aunque podemos observar fácilmente que no existe hombre alguno que posea esta virtud con tal constancia que, en alguna ocasión no se someta a las incitaciones de la pasión y el deseo. A estas variaciones de carácter se debe la gran dificultad de tomar alguna decisión en lo concerniente a las acciones y resoluciones de los hombres cuando existe alguna oposición de motivos y pasiones» (T. 2.3.3., 418).

[140] «El hecho de que una acción sea virtuosa o viciosa se debe tan solo a que es signo de alguna cualidad o carácter. Esa acción tiene que depender de principios estables de la mente, que se extienden por toda la conducta y forman parte del carácter personal. Las acciones que no proceden de un principio constante no tienen influencia alguna sobre el amor o el odio, el orgullo o la humildad y, en consecuencia, nada tienen que ver con la moral. Esta reflexión es evidente de suyo y merece que le conceda la mayor importancia en el asunto presente. Cuando investigamos sobre el origen de la moral, en ningún caso tenemos que examinar una acción aislada, sino precisamente la cualidad o carácter de que se derive dicha acción. Sólo esto es lo suficientemente duradero para afectar a nuestros sentimientos sobre las personas. Es verdad que las acciones son mejores indicadores del carácter que las palabras e incluso más que los deseos y sentimientos, pero sólo en tanto que indicadores van acompañados de amor u odio, elogio o censura» (T. 3.3.1., 575).

acciones procedentes de un carácter ya formado, demasiadas acciones quedarían fuera de nuestra consideración, pero entonces se plantearía la cuestión de cómo hemos llegado a adquirir un carácter en primer término. John Bricke pretende salir al paso de este problema, argumentando que, para Hume, cualquier acción voluntaria e intencional vale como una acción procedente del carácter, tanto si es una acción característica de la persona o no[141].

Sin embargo, incluso aceptando la solución de Bricke –que muchos encontrarían controvertida–, el problema –que no es otro que el problema de la libertad– sigue presente, pues Hume da a entender claramente la dificultad de que, en ausencia de un carácter ya formado, tengamos realmente la capacidad de determinemos por el interés remoto y no por el interés inmediato. Así pues, ¿de qué depende que hagamos prevalecer el interés remoto sobre el próximo?

Es probable que, enfrentado a esta cuestión, Hume considerase suficiente constatar el hecho de que oscilamos de lo particular a lo general, simplemente porque así es nuestra naturaleza; y que, en cada caso particular, nos inclinamos en un sentido o en otro, conforme al resultado de la peculiar oposición de pasiones que se origina en nuestro interior, y cuyo completo conocimiento se nos escapa. Según esto, sería la misma naturaleza, con su oposición de pasiones, la que, en un principio, abriría un espacio para que advirtamos la asimetría de intereses próximos y remotos, y pensemos el modo de hacer prevalecer los segundos sobre los primeros, y de este modo remediar la pobre situación en la que ella misma nos deja.

4.2 El gobierno como remedio institucional de la *akrasia*

Los primeros remedios que Hume considera, para limitar la atracción del interés presente, y abrir espacio a la consideración del interés remoto, son de tipo intelectual:

[141] «Como escribe en el *Treatise*: "una intención muestra ciertas cualidades, que permaneciendo después de realizada la acción, la conectan con la persona'. (T. 349). Si una acción procede de "una previsión y diseño particular" (T. 349) procede de algo "duradero" en la persona, lo que es lo mismo que decir que procede de su carácter. Más generalmente, si una acción procede de la parte "sensata y pensante" de la persona (T. 349), es una acción que procede de su carácter. Cuando Foot y Helm objetan a la teoría Humeana de la responsabilidad sobre la base de que niega al hombre responsabilidad por sus acciones no características, están lejos de lo cierto. La posición de Hume no es que un hombre sea responsable solo de sus acciones características, sino que es responsable de cualquier acción que fluye de su carácter, es decir, de cualquier acción intencional que lleve a cabo» (J. Bricke, 1995: 248-254).

> Puedo recurrir al estudio y la reflexión sobre mí mismo, al consejo de los amigos, a la meditación frecuente y a repetirme muchas veces la resolución [...] (T.3.2.7., 536).

Sin embargo, inmediatamente observa que tales remedios, por sí solos, son poco efectivos, de modo que es su misma ineficacia la que nos lleva a buscar cualquier otro modo de auto-limitarnos. «Y cuando me dé cuenta de lo poco efectivo de estos medios, abrazaré con placer cualquier otro expediente por el que pueda restringirme a mí mismo y protegerme de esa flaqueza.» (T.3.2.7., 536)

La cadencia de la frase anterior sugiere que nos encontramos ante el último recurso de un hombre desesperado, capaz de cualquier cosa con tal de restringirse a sí mismo, y así garantizar la victoria del interés ilustrado sobre la pasión del momento. Cabría preguntarse por qué, y, sobre todo, hasta qué punto uno abrazaría *con placer* cualquier otro expediente que pueda auto-limitarle. La respuesta que ha dado Hume con anterioridad, al tratar de la introducción de la convención social básica, aludía en última instancia a la misma pasión: el libre despliegue de la pasión por adquirir solo puede garantizarse si de mutuo acuerdo todos nos sometemos a unas normas de juego, que no anulan la pasión, sino que simplemente moderan su ímpetu, y le otorgan nueva dirección (T. 3.2.2., 489). Ciertamente, para ello es preciso que la pasión sea permeable a la razón; que se deje persuadir hasta cierto punto por la razón: no puede ser completamente sorda a razones. Diríamos que este ha de ser un rasgo de todas las pasiones humanas, si es que en algún momento han de poder dar paso a las pasiones apacibles y, de ese modo, forjar un carácter.

En efecto: en la transición de las pasiones violentas a las apacibles, de forma que estas se conviertan en principio de nuestro actuar, consiste, para Hume, la formación del carácter. Y en esta tarea desempeña un papel capital la natural «oposición de pasiones», a la que aludíamos arriba, y, en particular, el artificio con el que intentamos remediar los inconvenientes derivados de dicha oposición[142]. Desde esta perspectiva se entiende el papel crucial que en la formación del carácter desempeñan las virtudes

[142] Tanto en el plano individual como institucional. En efecto: Hume introduce el artificio por vez primera para superar la parcialidad del sentimiento natural, que limita su alcance al grupo de los próximos, y, en esa medida, no es apto para formar comunidades más amplias: «una afección como esta, tan noble, en lugar de hacer a los hombres para formar grandes comunidades es casi tan contraria a ello como el más mezquino egoísmo. Pues igual que cada uno se ama a sí mismo más que a cualquier otra persona, en este amor por los demás se guarda mayor afecto para con los parientes y conocidos, de modo que esto deberá producir necesariamente una oposición de pasiones y una consecuente oposición de acciones, lo que no puede resultar sino peligroso para la recién establecida unión» (T. 3.2.2,487).

artificiales. Estas son las que hacen posible la vida en común más allá del ámbito reducido de familiares y amigos, y de ellas depende en una medida muy considerable la generación de los placeres específicamente humanos –los de la reflexión y la conversación con nuestros semejantes[143].

Así pues, el principal medio con el que contamos para restringir la satisfacción inmediata del interés no es simplemente nuestra reflexión, ni mucho menos una invocación directa a la ascesis personal, como si la solución estuviera en poner freno individualmente a nuestra pasión por adquirir. Para Hume, sostener esto supondría desconocer la realidad de nuestra naturaleza. Esta, a su juicio, se encuentra marcada por dos notas, la avidez y la sociabilidad, que, combinadas, nos hacen abrigar un razonable temor: el temor de que los demás, dotados de una naturaleza tan ávida como la nuestra, puedan arrebatarnos los bienes exteriores que deseamos conservar e incrementar. En efecto: según Hume es la mutabilidad de los bienes externos lo que introduce inseguridad en la vida social, y lo que, por eso mismo, perturba en mayor medida la convivencia[144].

Se puede pensar que al localizar el problema en la inseguridad que rodea a los bienes externos, Hume no va suficientemente lejos. Después de todo, lo que nos hace temerosos de perder esos bienes es el amor a dichos

[143] «Aunque (los bribones) consiguieran obrar en secreto y tener éxito, el hombre honrado, si posee algún barniz de filosofía, o incluso de la reflexión y la observación comunes, descubrirá que los bribones resultan al final las mayores víctimas, y que han sacrificado el disfrute inestimable de una reputación, en lo que se refiere al menos a ellos mismos, por la adquisición de juguetes y chucherías sin valor. ¿Qué pocas cosas son necesarias para satisfacer las necesidades de la naturaleza? Y, en lo que respecta al placer, ¿qué comparación entre la satisfacción no comprada de la conversación, las relaciones sociales, el estudio, incluso de la salud y de las bellezas usuales de la naturaleza: pero sobre todo la reflexión tranquila sobre la propia conducta: qué comparación, digo, entre estas satisfacciones y las diversiones vacías y febriles del lujo y el gasto? De hecho, esos placeres naturales realmente no tienen precio: tanto porque están por debajo de todo precio en su obtención, como porque se encuentran por encima de cualquiera en su disfrute» (EPM, 9.2., 283-284).

[144] «Poseemos tres especies distintas de bienes: la satisfacción interna de nuestra mente, la buena disposición externa de nuestro cuerpo y el disfrute de las posesiones adquiridas por nuestra laboriosidad y fortuna. No tenemos nada que temer con respecto al disfrute de la primera. La segunda nos puede ser arrebatada, pero no puede servirle de ventaja a quien nos prive de su uso. Solo la última clase de bienes se ve expuesta a la violencia de los otros y puede además ser transferida sin sufrir merma o alteración; al mismo tiempo, nunca se tiene una cantidad tal de bienes que satisfagan a cada uno de nuestros deseos y necesidades. Por consiguiente, de la misma manera que el fomento de estos bienes constituye la ventaja principal de la sociedad, así la inestabilidad de su posesión, junto con su escasez, constituyen el principal impedimento de ésta» (T. 3.2.2., 488). «Una vez que los hombres llegan a darse cuenta de las ventajas que resultan de la sociedad [...] cuando advierten que la principal perturbación de la sociedad viene originada por los bienes que llamamos externos –debido a lo independiente de su naturaleza y a lo fácilmente que pasan de una persona a otra– se afanan entonces por buscar remedio a la movilidad de estos bienes situándolos en lo posible al mismo nivel que las ventajas constantes e inmutables de la mente y el cuerpo» (T. 3.2.2., 489).

bienes, el pensar que nunca tenemos suficientes para satisfacer nuestros deseos, y el saber que los demás también los desean. En este sentido, la raíz del desorden estaría en la avaricia, como había dicho San Pablo (1Tm, 6, 10). Sin embargo, Hume no considera que la avaricia sea un mal. Considera simplemente que se trata de una pasión inseparable de nuestra naturaleza, y de la que depende realmente lo que llamamos «sociedad»:

> Lo mismo da, en efecto, que la pasión por el interés propio sea considerada viciosa o virtuosa, dado que es ella misma la que por sí sola se restringe. Así pues, si es virtuosa, los hombres entran en sociedad gracias a su virtud, y si es viciosa, el efecto es el mismo (T. 3.2. 2., 492).

Así pues, al conceder a la pasión del interés propio un estatuto moralmente neutro, o al desinteresarse por su cualidad moral, se comprende que no se proponga remediarla en el individuo, sino que pase simplemente a considerarla como un simple hecho, hasta el punto de edificar su completa teoría social sobre esta base. Por esa razón, en efecto, considera que la manera de calmar aquel temor ha de venir por un artificio social con el que nos aseguramos de que, restringiendo de mutuo acuerdo nuestra pasión por adquirir, esta puede ejercitarse con mayor seguridad.

En efecto: Hume considera que si tal artificio llega finalmente a establecerse es porque nos persuadimos recíprocamente de que sujetarnos de mutuo acuerdo a unas determinadas normas nos beneficia a todos, en la medida en que posibilita que cada uno individualmente pueda secundar con seguridad su pasión por adquirir, y de paso obtener las restantes ventajas de la vida en sociedad. De este modo, perdemos en lo que se refiere a la satisfacción inmediata de la pasión, pero ganamos en lo que se refiere a la duración y seguridad en su ejercicio.

Según esto, la renuncia a una solución ascético-individual al problema de la avaricia no impide, sino que reclama lo que podríamos llamar una ascesis colectiva: toda la sociedad, de común acuerdo, acepta restringir la satisfacción de la pasión presente a fin de poder satisfacerla con más seguridad y duración. Como vería Max Weber, estamos ante una ascesis institucionalizada: la que se encuentra en la base del capitalismo primitivo.

En efecto; se puede pensar, como lo hizo en su día Daniel Bell, que esta ascesis vale para la sociedad burguesa, para el capitalismo primitivo de tipo productivo, pero ya no vale para sus hijos[145], para el capitalismo

[145] «En el temprano desarrollo del capitalismo, el impulso económico sin freno fue controlado por las restricciones puritanas y la ética protestante. Se trabajaba por la obligación de cada uno a su propia vocación o para cumplir con la norma de la comunidad. Pero la ética protestante fue socavada, no por el modernismo, sino por el propio capitalismo.

de consumo, marcado sobre todo por el imperio del instante y de lo efímero. Pero Hume no piensa que su razonamiento sea dependiente de su particular momento histórico. Como hemos apuntado, considera que la pasión por adquirir es la pasión más básica de la naturaleza humana; que no sería realista prescindir de ese dato, y que, por tanto, si no queremos generar más desorden social, es preciso darle forma institucional. En este punto hay que distinguir dos momentos estructurales, o bien, si queremos continuar la exposición histórico-conjetural de Hume, dos etapas: la etapa de la formación de las convenciones sociales básicas que definen un esquema cooperativo, y de las que depende la justicia en general, y la etapa de la introducción del gobierno propiamente dicho.

Así, las convenciones sociales básicas, que Hume llama «leyes naturales», han puesto los cimientos del orden social[146]. Pero en determinadas circunstancias ni siquiera ellas son suficientes: la posibilidad de obedecer las reglas de justicia, que nos benefician a todos, depende de hacer regularmente efectiva la posibilidad de guiarnos por intereses remotos, y no simplemente por intereses inmediatos, para lo cual es preciso introducir un nuevo artificio, que invierta el sentido de los intereses, es decir, que convierta en remoto el interés por violar las normas y en próximo el interés por cumplirlas. El argumento que da Hume para sugerir este giro es significativo:

> Como es imposible cambiar o corregir ninguna cosa importante en nuestra naturaleza, lo más que podremos hacer será cambiar nuestras circunstancias y situación, haciendo de la observancia de las leyes de justicia nuestro interés más cercano, y de su violación el más remoto (T.3.2.7., 537).

Merece la pena insistir sobre este punto: Hume considera más fácil modificar las circunstancias en las que desenvolvemos nuestra vida social, que modificar nuestra conducta personal –o, como él mismo dice–, «nuestra naturaleza», originalmente marcada por la tensión hacia lo inmediato. Se anuncia aquí el viraje de la teoría política, desde la ética filosófica hacia la ciencia empírica de la naturaleza humana. Hume propone tomar al

---

El más poderoso mecanismo que destruyó la ética protestante fue el pago en cuotas, o el crédito inmediato. Antes, era menester ahorrar para poder comprar. Pero con las tarjetas de crédito se hizo posible lograr gratificaciones inmediatas. El sistema se transformó por la producción y el consumo masivos, por la creación de nuevas necesidades y nuevos medios de satisfacerlas [...] El hedonismo, la idea del placer como modo de vida, se ha convertido en la justificación cultural, si no moral, del capitalismo» (D. Bell, 1987: 33).

[146] Esas leyes naturales se asemejan a los principios newtonianos. Tal vez no haya un pasaje en el *Treatise* donde más claramente se perciba la influencia de la física newtoniana que en T.2.3.1., 401-403.

hombre «tal y como es», no como debería ser: entre otras cosas porque está persuadido de que el hombre no llegará a ser «lo que debe» –sea esto lo que sea– si no se potencia artificialmente su naturaleza[147]. En este contexto, «naturaleza» designa, ante todo, una determinada constitución psíquica, que, puesta en determinadas circunstancias sociales, suele reaccionar de modos bastante previsibles.

En la medida en que Hume edifica su filosofía social y política sobre la reducción de la naturaleza humana a determinadas variables psicosociales, está dando un paso decisivo hacia la configuración de la moderna ciencia política. En efecto: razonar, como lo hace Hume, desde la hipótesis de una naturaleza amoral significa razonar desde una abstracción, pues el hombre concreto nunca es solo una pura pasión por adquirir, ni su conducta puede explicarse sólo desde esa premisa, combinada con otras premisas relativas a la sociedad –por ejemplo, una situación de abundancia o de escasez.

Pero Hume no engaña: él no afirma que los hombres concretos obren necesariamente así, sino que así hemos de tomarlos cuando hacemos política[148]. No excluye que haya hombres de carácter, dotados de gran fortaleza de espíritu, capaces de sobreponerse al interés presente en nombre del interés remoto. Pero entiende que, dada la naturaleza de los hombres, existe una probabilidad muy grande de que la conducta general siga determinadas pautas. Desde luego hay excepciones a esas reglas, pero como tales, las reglas tienen validez general. Y por eso la ciencia política debe partir de ellas[149]. Ciertamente, con esto se abre otra clase de problemas, en particular, los problemas relativos al alcance explicativo de dicha

[147] El artificio incluye, por supuesto, las virtudes artificiales, de las que, como hemos dicho, depende en gran medida la formación del carácter.

[148] En su ensayo *De la independencia del Parlamento*, expone precisamente esta idea: «Los escritores políticos han establecido como máxima que, al elaborar un sistema de gobierno y fijar los diversos contrapesos y cautelas de la constitución, debe suponerse que todo hombre es un bellaco, y no tiene otro fin que el interés personal. Mediante este interés hemos de gobernarlo, y con él como instrumento obligatorio, a pesar de su insaciable avaricia y ambición, a contribuir al bien público. Sin esto, dicen, en vano nos enorgullecemos de las ventajas de una constitución, pues al final resultará que no tenemos otra seguridad para nuestras libertades y haciendas que la buena voluntad de nuestros gobernantes; es decir, ninguna. Es por tanto, una acertada máxima política la de que todo hombre ha de ser tenido por un bribón, aunque, a la vez, no deja de parecer extraño que pueda ser verdadera en política una máxima que es falsa en la realidad» (*De la independencia del Parlamento, Essays*, vol. I, pp. 117-8 (1994: 30-36)).

[149] «El mensaje de la teoría de Hume sobre los rasgos básicos de la sociedad es que tal regularidad no puede proceder únicamente de las mentes y voluntades individuales; depende de algo externo al individuo, a saber, instituciones regladas que guían nuestro comportamiento y consecuentemente nuestras expectaciones recíprocas. Si tales instituciones, una vez adquiridas, son abandonadas a la ligera, perdemos hábito y regularidad; perdemos, esto es, los medios más importantes para orientarnos hacia otros» (K. HAAKONSSEN,1993: 182-221).

ciencia, cuando se aplica a situaciones que no se ajustan a los postulados iniciales; y, en consecuencia, qué tipo de variaciones deben realizarse en dichos postulados, a fin de ajustarse en cada caso a la situación. Todo ello requiere una hermenéutica, que los vastos conocimientos históricos de Hume alcanzan a sugerir, pero que en modo alguno está desarrollada en sus escritos[150]. Como señala Capaldi, la fuerza del argumento de Hume estriba en que el pasado histórico es una noción primitiva, que se sustrae a toda explicación causal. La explicación histórica es así más fundamental que la explicación causal.

En todo caso, lo más aparente en el planteamiento de Hume, precisamente en el curso de su examen de las virtudes artificiales, es el esfuerzo sostenido por identificar los factores psico-sociales que han de tenerse en cuenta a la hora de diseñar instituciones políticas equilibradas; en esa medida, Hume está sugiriendo un modo específicamente moderno de hacer ciencia política. Así, uno de los temas clave de esta ciencia política será precisamente el estudio de los modos en que se pueden equilibrar los intereses próximos y remotos a fin de asegurar el cumplimiento de las reglas de justicia y, de este modo, asegurar el orden social. O, como apuntábamos hace un momento: cómo hacer de la observancia de las leyes

[150] Se ha dicho que, frente al planteamiento más «científico» de la moral, expuesto en el *Treatise*, en la *Investigación sobre los primeros principios de la moral*, así como en los *Ensayos*, Hume parece ceder de nuevo a la ilustración histórica. Esto, que puede deberse sin más al deseo de llegar más fácilmente a sus lectores, puede tener una explicación más profunda, como la que ofrece Nicholas Capaldi: «En la teoría de Hume podemos *pensar* en un yo que actúa a través del tiempo pero no podemos *conocer* un yo que actúe a través del tiempo. Esto refuerza el punto de que nuestra comprensión de nosotros mismos no tiene lugar por reducción a causas anteriores, porque las entidades ficticias no tienen causas, sino por referencia al significado que asociamos a nuestras acciones. Lo nuclear del argumento de Hume es que el pasado histórico es una noción primitiva que debe tenerse en cuenta en cualquier explicación. La explicación histórica es, así, más fundamental que la explicación causal. Esta es la razón de que nuestra memoria no cause nuestra idea de nosotros mismos, sino que, más bien, descubrimos esa idea en la memoria. Resumiendo, las circunstancias cambiantes requieren que hagamos elecciones, pero esas elecciones no son dictadas por las circunstancias. La elección crea el 'ahora', y ese 'ahora' crea el orden temporal. Dentro del orden temporal se revela nuestro yo pasado, nuestras elecciones pasadas. Esta situación revela también que no podemos escapar a nuestra historia. Aunque somos libres para elegir nuevos caminos, nuestra interpretación de las cambiantes circunstancias presentes viene estructurada por nuestras elecciones pasadas. No elegimos crear algo de la nada, sino que elegimos con el único material disponible para nosotros, a saber, el pasado. Dado que nosotros mismos no somos otra cosa que nuestros papeles sociales, necesitamos la participación de los otros para mantener la nuestra imagen de nosotros mismos. Esto significa que necesitamos alguna forma de patrón predecible. Esto significa que no podemos elegir de un modo inconsistente con nuestro pasado. Pero la inconsistencia para Hume últimamente solo puede significar ausencia de parecido. Tratando de entender nuestras propias elecciones o las elecciones de otros, debemos identificar los parecidos relevantes. Y el único marco de referencia que Hume permite para determinar la relevancia es el pasado histórico orden ontológico independiente» (N. Capaldi, 1995: 3-23).

de justicia nuestro interés más cercano, y de su violación el más remoto. Para Hume este problema admite una solución institucional, consistente en modificar de tal manera las circunstancias en las que debemos decidir, que lo remoto aparezca cercano, y lo cercano remoto. Seguimos, pues, con la imagen óptica.

Ahora bien: Hume piensa que esto no es directamente practicable con respecto a la totalidad de la humanidad, sino solo respecto a unos pocos. Cabe preguntar por qué. ¿Por qué no se puede modificar el contexto situacional de todos los agentes de forma que todos ellos, a la hora de decidir, tengan un interés inmediato en atenerse a la justicia? ¿Esta imposibilidad deriva simplemente de razones técnicas? Pienso que no. De hecho la introducción del gobierno traerá consigo un sistema de coerción que, hasta cierto punto, convierte en inmediato el interés por cumplir las normas de justicia, so pena de castigo. Solo hasta cierto punto, porque, como ha notado Harrison, cabría considerar el castigo mismo un perjuicio remoto, frente a la ventaja próxima asociada a la trasgresión de la ley –con lo cual introducimos un proceso al infinito–[151]. Sin embargo considero significativo que Hume no razone en esta dirección, o al menos no en primera instancia, y pienso que hay una buena razón para ello, pues en el caso de que el cumplimiento justo dependiera únicamente de un sistema coercitivo, sería superflua la virtud moral de la justicia. Pero esto es algo que Hume no puede admitir: una cosa es que el gobierno sancione el comportamiento justo, y otro que el comportamiento justo no tenga su motivación moral específica –por mucho que esta resulte de la internalización de los beneficios asociados a las reglas de justicia, originalmente introducidas en atención al interés[152].

En realidad, lo que Hume tiene en mente cuando propone limitar a parte de la sociedad el mecanismo institucional de inversión de intereses

[151] «Merece la pena señalar también que lo que según Hume vuelve necesario el tener legisladores que hagan cumplir las reglas de justicia (el hecho de que los hombres prefieran el corto plazo que los intereses a largo plazo). reduce la efectividad de los medios que se adoptan para hacerlas cumplir. Porque ellos son obligados en parte por el castigo a los que quebrantan las leyes, y, dada la naturaleza del caso, el castigo debe tener lugar después del crimen. En consecuencia, la tendencia de un hombre a preferir las ventajas inmediatas a las lejanas le conducirá frecuentemente a quebrantar las reglas por ventajas que, si bien no son ordinariamente adecuadas para compensarle por lo que pierde cuando es castigado, tienen sin embargo un mayor efecto psicológico sobre su voluntad, porque están menos alejadas en el tiempo» (J. Harrison, 1981: 174-175).

[152] En este sentido, no comparto la opinión de Harrison, quien estima que, para Hume, la justicia es un rasgo que es mejor aparentar que poseer. (J. Harrison, 1981: 176.). Entiendo, por el contrario, que para Hume las virtudes artificiales son verdaderamente virtudes morales, esenciales para el desarrollo del carácter moral, si bien, a diferencia de lo que ocurre con las virtudes naturales –que tienen un inmediato referente en algún sentimiento natural–, su sanción moral se superpone a consideraciones relativas al interés general.

próximos y remotos es que, de entre los miembros de la sociedad se han de seleccionar unos pocos que cumplan y hagan cumplir las normas de justicia, no simplemente por virtud, ni por coerción, sino por su propio e inmediato interés. Estos pocos son los que constituirían el gobierno.

De este modo Hume introduce una división socialmente significativa entre los que tienen un interés directo e inmediato en cumplir y hacer cumplir las leyes de justicia –los gobernantes–, y los que tienen simplemente un interés remoto en ello –la sociedad–:

> Pero como esto es impracticable con respecto a toda la humanidad, solo podrá tener lugar por lo que respecta a unos pocos, a quienes interesamos inmediatamente de este modo en la ejecución de la justicia. Estas son las personas a quienes llamamos magistrados civiles, reyes, ministros, gobernantes y legisladores, que, siendo personas sin intereses específicos en relación con la mayor parte del Estado, tampoco están interesadas –o este interés es mínimo– en cometer acto alguno de injusticia y que, al estar satisfechas de su condición presente y de su puesto en la sociedad, tendrán un interés inmediato en el continuo cumplimiento de la justicia, tan necesario para el mantenimiento de la sociedad. Este es, pues, el origen del gobierno civil y de la sociedad (T. 3.2.7., 537).

Así pues, el gobierno aparece como fruto del artificio de los hombres, y con una misión muy específica: *asegurar* el cumplimiento de las normas de justicia, que existen con anterioridad al gobierno –aunque no con anterioridad a las convenciones de los hombres–. Según Hume, a pesar de que la naturaleza nos inclina a satisfacer nuestros intereses más próximos, todos los hombres tienen un interés ilustrado en el cumplimiento de las normas de justicia. Posteriormente, algunos –muchos, si la sociedad está bien ordenada y el proceso de socialización es exitoso– desarrollan sobre esa base la virtud moral de la justicia. Cuando la sociedad se hace muy grande, sin embargo, el interés ilustrado se hace menos perceptible, y tienden a multiplicarse los casos de trasgresión de la norma. Ante la perspectiva de que ese comportamiento se generalice, y mientras todavía tienen presentes las ventajas de la vida social, los hombres consienten en someterse a un gobierno que garantice coactivamente si es preciso el cumplimiento de esas normas.

Ahora bien: llegados a este punto, naturalmente, la cuestión es cómo lograr que el gobierno efectivamente cumpla esa misión. Hume, sin duda, da a entender que hay unas personas que tienen un interés inmediato y natural en cumplir y hacer cumplir las normas de justicia. Se trata de dos aspectos que, como ha señalado Harrison, Hume no distingue suficientemente: una cosa es que los gobernantes estén interesados en gobernar, y otra que estén interesados en cumplir ellos mismos las normas de justicia. En teoría uno podría estar interesado en lo primero y no estarlo en lo segundo. Por eso –interpreta Harrison– Hume no se limita a decir que los magistrados «están satisfechos con su situación presente» –lo que tal vez justificaría su interés en gobernar–, sino también, que «carecen de intereses específicos», que les puedan motivar a quebrantar las leyes (J. Harrison, 1981: 177).

Annette Baier sugiere que el dar con personas así es, en gran medida, cuestión de «suerte moral», *moral luck*: por los avatares de la fortuna, una serie de personas habrían quedado libres del contagio del comportamiento parasitario del *sensible knave*, y retendrían su integridad moral, libre de costes, constituyéndose en punto de referencia para los demás, y ayudándoles a mantener su integridad, si bien esta vez con algún coste[153]. Esta postura, sin embargo, equivale a admitir la existencia de una cierta «aristocracia natural»: personas que, por especial bendición de la fortuna, o bien nacen con una naturaleza inclinada a la integridad moral y, por tanto, habilitadas para gobernar al resto, o bien han sido socializadas de tal modo que sintonizan rápidamente con las normas de justicia. Ahora bien, si bien esta hipótesis puede resultar plausible para justificar los comienzos del gobierno, resulta poco plausible como única causa capaz de explicar su continuidad[154], y, por otra parte, parece poco compatible con el propósito humeano, de proporcionar un remedio institucional a la debilidad de nuestra naturaleza.

A este respecto, me parece más afín al planteamiento de Hume reformular el problema en los mismos términos que lo viene planteando, es decir, en términos de diferencia entre intereses próximos y remotos, y sugerir que, para que el gobierno desempeñe eficazmente su misión de hacer

[153] «Hume nos da pocas indicaciones sobre el modo exacto en que las circunstancias han permitido convertir a unas pocas personas cuyos intereses ya residen en la observancia de las leyes de justicia, personas que han escapado al contagio general del bribón astuto, que 'me lleva adelante en este camino por vía de imitación, (...). ' (T. 535). Por alguna afortunada carambola, unas pocas personas retienen su integridad sin que haya necesidad de imponer límites severos sobre ellos mismo, o arriesgar el convertirse en tontos. Estas personas afortunadas, con su integridad libre de costes, supuestamente nos empujan a los demás a imitar su integridad, pero lo hacen imponiendo costes a los que quebrantan las leyes. La integridad ahora compensará, o al menos lo hará si todo va bien, siempre y cuando los magistrados retengan su propia integridad y continúen encontrando su propio interés en "hacer cumplir los dictados de la equidad a través de la entera sociedad". La pasión interesada está corrigiendo su propia negligencia mediante una sutil y acertada vuelta sobre sí misma» (A. Baier, 1991: 259-260).

[154] No parece probable, por lo demás, que la integridad de los gobernantes se «contagie» a los gobernados, de modo similar a como se contagia el comportamiento del *sensible knave*. La propia Baier hace notar la dificultad de admitir esta tesis sin admitir, también, que se puede contagiar «el uso de la fuerza» con el que los gobernantes reprimen el crimen. (A. Baier, 1991: 261).

cumplir las reglas de justicia, y no se deje llevar, a su vez, por intereses de otro tipo, se debe poner a los gobernantes en situación de que tengan un interés inmediato en el cumplimiento de las normas. Esta solución me parece más en sintonía con el pensamiento que el propio Hume expresa en ensayos como *Que la política puede ser reducida a ciencia*[155], *De la república perfecta* o *El equilibrio de poderes*.

En una palabra: más que sus cualidades personales, es su posición en un entramado inteligente, lo que puede garantizar que los gobernantes cumplan su misión. Leída en esta clave, aparece aquí la idea recurrente en el pensamiento político ilustrado, a la que Kant daría después una formulación famosa: un estado que funcione incluso aunque sus miembros fueran demonios (I. Kant, 1998; EF. 8: 366). Pues es el equilibrio de intereses próximos y remotos, repartidos entre distintos grupos sociales, lo que permite la vida social:

> Las diferentes posiciones sociales influyen en la estructura total de la vida, externa e interna, y estas diferentes condiciones surgen necesariamente, por hacerlo uniformemente, de los principios uniformes y necesarios de la naturaleza humana. Los hombres no pueden vivir sin sociedad, ni asociarse sin gobierno (T. 2.3.1., 402).

4.3. El orden social, resultado del equilibrio de intereses

Hume pone su ciencia empírica de la naturaleza al servicio de un diseño institucional que habría de garantizar la convivencia social, con relativa independencia de la moralidad de sus miembros, aunque, al mismo tiempo, dejando espacio para que sus miembros desarrollen realmente un carácter virtuoso.

---

[155] La forma de la constitución es más determinante del gobierno que el humor o temperamento de los gobernantes. Ciertamente, esta misma afirmación admite matices. Así, escribe Hume: «Los gobiernos absolutos dependen grandemente de la administración, y este es uno de los más graves inconvenientes del sistema. Pero un gobierno republicano y libre sería un absurdo si los frenos y controles previstos en la constitución no tuvieran verdadera influencia, y no hiciesen conveniente, incluso para los malvados, mirar por el bien público. Tal es la intención de estas formas de gobierno, y tales sus efectos reales cuando se hallan sabiamente constituidas; mientras que son fuente de todo desorden, y aun de los más negros crímenes, si en su concepción y trazo originales faltan capacidad u honestidad» (*Que la política puede ser reducida a ciencia*, *Essays*, vol. I, p. 99. (1994: 9)). Nótese, por lo demás, la última referencia a la honestidad: aunque la constitución debe garantizar el gobierno incluso aunque gobiernen malvados, en el diseño original de la constitución, debe haber honestidad. Entiendo que esto avala el punto de vista de Duncan Forbes, cuando afirma que, para Hume, la forma del gobierno es una causa moral. (D. Forbes, 1975: 226).

Duncan Forbes ha hecho notar de qué modo esta visión de la política contrastaba con una serie de tesis sostenidas por los pensadores políticos británicos del siglo XVIII, más en sintonía con lo que Pocock ha llamado «humanismo cívico»: que sin virtud no puede haber libertad política, que la ciencia política se refiere primariamente a los modos y carácter de una nación, y que el poder sigue a la propiedad (D. Forbes, 1975: 229).

A pesar de conocer bien esta rica tradición, tal y como deja traslucir especialmente en los *Ensayos*[156], se puede decir que Hume inclina la balanza en la otra dirección. Para él, el destino de las naciones depende más fundamentalmente del tipo de constitución que las modela que del carácter de sus gobernantes; por tanto, sin olvidar las numerosas reservas a las que nos obliga el conocimiento de la historia[157], la ciencia política consistirá sobre todo en explicar, por principios generales, qué clase de disposiciones institucionales equilibran mejor el poder; en lo cual, por lo demás, va implícito que el poder no siempre sigue a la propiedad: eso dependerá del tipo de arreglo institucional introducido en un principio[158] .

Ciertamente, la máquina del estado, por sí sola, nunca garantiza del todo la justicia. Buen conocedor de la historia, Hume no ignora la posibilidad de corrupción del poder político –tan destacada entre sus contemporáneos– y, en atención a esto, recogerá la idea iusnaturalista de un derecho a la resistencia civil en casos excepcionales[159]. Pero su primer objetivo

[156] La conexión de Hume con esta tradición humanista, y especialmente con Maquiavelo ha sido objeto de estudio por Frederick G. Whelan (2004). Sin embargo, Whelan toma a Maquiavelo principalmente como representante del realismo político, y no tanto del humanismo cívico en el sentido de Pocock. En este sentido, los puntos de contacto con Hume son ciertamente más obvios.

[157] Hume (1982) da cuenta de algunas prácticas de gobiernos famosos, que a primera vista parecen contradecir la buena lógica, abonando la conclusión de que «en política los principios generales solo pueden establecerse con muchas reservas, y que se descubren en el mundo moral fenómenos tan irregulares y extraordinarios como en el mundo físico. Quizá los primeros se puedan explicar mejor, una vez que han ocurrido, por los principios y fuentes de donde proceden de las cuales se puede tener por observaciones obvias un perfecto conocimiento. Sin embargo, es completamente imposible para la prudencia humana predecirlos y prever cuándo han de ocurrir» (*Sobre algunas costumbres curiosas, Essays*, vol. I, p. 374 (1982: 189).

[158] Así –escribe Forbes, resumiendo el pensamiento de Hume en *Principios del Gobierno*–, «si la constitución original permite alguna participación en el poder, por pequeña que sea, a una clase de hombres que poseen una participación grande de la propiedad, es fácil para ellos el ir extendiendo gradualmente su autoridad y hacer que el equilibrio de poderes termine coincidiendo con el de la propiedad. Éste fue el caso con la Cámara de los Comunes en Inglaterra. Pero una clase de hombres sin participación original en el poder nunca podrían usurpar alguno; en la medida en que la gente estuviera por lo general más apegada a la forma Antigua de gobierno, no se levantarían por ello. La opinion, por tanto, y la forma de la constitución son más fundamentales que el equilibrio de la propiedad». (D. Forbes, 1975: 230).

[159] De ello tratará en la sección 9 de esta parte del *Treatise*.

es sentar la idea de que el cumplimiento de las normas de justicia debe quedar asegurado institucionalmente, mediante arreglos que garanticen un necesario equilibrio de intereses.

Ahora bien, el cumplimiento de las normas de justicia, en el que todos tenemos un interés remoto, requiere que haya unas personas –los gobernantes– con un interés *inmediato* en su cumplimiento. ¿De dónde salen personas así? ¿Cómo garantizar la continuidad de ese interés? Hume mismo no da muchas indicaciones al respecto. Como hemos apuntado, Annette Baier sugiere que la respuesta a la primera pregunta puede consistir, simplemente, en cuestión de «suerte moral», *moral luck*: dado que no podemos hablar de una inclinación natural a la justicia, tendría que ser a causa de un afortunado proceso de socialización por lo que algunas personas habrían desarrollado una especial afinidad por esta virtud, hasta el punto de querer positivamente que también los demás se sometieran a las reglas de justicia.

Sin embargo, como hemos señalado en el epígrafe anterior, aunque un grado de virtud de parte de los magistrados siempre será imprescindible, el argumento de Hume no parece discurrir en esa dirección. Más bien parece que le interesa dar unas claves de un diseño institucional capaz de garantizar un orden justo, con relativa independencia de la virtud de sus miembros, no tanto porque considere superflua la virtud, sino porque considera que, por lo general, esta depende más del desarrollo de buenas instituciones que lo contrario[160]; por esa razón enfoca el diseño institucional como si fuera un reflejo de una estructura motivacional no perfeccionada por la virtud.

Se puede discutir el realismo de esta propuesta[161], pero, una vez que la asumimos, tiene todo el sentido preguntarse, según hacíamos anteriormente: ¿cómo garantizar que los gobernantes, tal vez escogidos en un inicio en atención a su integridad, o carisma, seguirán teniendo un interés inmediato en cumplir y hacer cumplir las reglas de justicia? Si excluimos la virtud, la respuesta a esta pregunta no puede ser otra que honor y di-

[160] Hume considera que la virtud es necesaria para la felicidad, pero tiende a subrayar más la génesis de la virtud en la educación y las instituciones que lo contrario: «La prevalencia de la virtud y las buenas costumbres en un estado, tan necesaria para la felicidad, nunca puede ser obra de los preceptos filosóficos, aun los más excelentes, ni siquiera de las admoniciones de la religión, sino exclusivamente de la educación virtuosa de la juventud, hija de unas leyes e instituciones sabias» (*De los partidos en general*, *Essays*, vol. I, p. 127 (1994: 43)).

[161] Hume mismo concede que en la práctica las cosas no son necesariamente así: «Es, por tanto, una acertada máxima política la de que todo hombre ha de ser tenido por un bribón, aunque, a la vez, no deja de parecer extraño que pueda ser verdadera en política una máxima que es falsa en la realidad» (*De la independencia del Parlamento*, *Essays*, vol. I, p. 118 (1994: 31)).

nero: es preciso asociar incentivos económicos y sociales al desempeño de cargos públicos.

Tomado en este sentido, el planteamiento de Hume contiene un indicio poderoso de la progresiva profesionalización de la política en la edad moderna, si bien un indicio paradójico. En efecto: en el mundo clásico, el gobierno –entendido como actividad encaminada al bien común– tenía a su cargo introducir orden en las actividades encaminadas a fines más particulares. En cambio, Hume ya no entiende la actividad de gobierno como una actividad positivamente encaminada al bien común, sino negativamente, como una actividad no definida por un interés particular; como veíamos antes, la primera característica de los cargos enumerados por Hume –magistrados civiles, reyes, ministros, gobernantes y legisladores– es que carecen de intereses específicos. Esto constituye, para Hume, una cierta garantía de que no están tentados a faltar ellos mismos a la justicia –esto es–, a transgredir las normas, a causa de algún beneficio más inmediato. A su vez, el hecho de que estas personas no estén positivamente interesadas en cometer injusticia queda reforzado por el hecho de que se encuentran satisfechas con su condición presente y su puesto en la sociedad.

Tal y como señalábamos hace un momento, la satisfacción presente de estas personas –los gobernantes– solo puede garantizarse en la medida en que el desempeño de sus cargos va asociado a ciertos incentivos. Que la virtud es en última instancia inexcusable se advierte fácilmente por el hecho de que los mismos incentivos pueden tener también un efecto contraproducente, en la medida en que suscitan en los gobernantes un desmedido interés por mantener el puesto a toda costa –es decir–, a costa de injusticias[162]. La conclusión se impone; por mucho que perfeccionemos el mecanismo, una medida de virtud se hace inexcusable: sin una voluntad positiva de justicia que, como punto final, descarte toda parcialidad en el ejercicio del cargo, un puro equilibrio de intereses no sería por sí solo efectivo.

Ya hemos reiterado que, a pesar de su insistencia en el aspecto institucional, Hume no desconoce la necesidad de la virtud. No hay que olvidar que Hume es, ante todo, un filósofo moral: lejos de contentarse con la «obligación natural» de justicia, no da por concluido su argumento hasta que ha justificado la existencia de una «obligación moral de justicia», la cual, según explica, se desarrolla en el curso del proceso de socialización, como interiorización por simpatía de los beneficios sociales asociados al cumplimiento de las normas de justicia. Sin embargo, una cosa es advertir la necesidad de la virtud y otra muy distinta cifrar en la virtud heroica

[162] Este último aspecto posiblemente adquiere mayor relevancia entre nosotros, en la medida en que los políticos han de conquistar periódicamente el favor de los electores.

la estabilidad de un sistema. Por eso, a la hora de hacer ciencia política, Hume pone la virtud en un segundo plano, y concentra su atención en los criterios que han de guiar el diseño de las instituciones, a fin de garantizar el cumplimiento regular de las normas de justicia –y con ellas la prosperidad social– incluso sin suponer un alto grado de virtud entre los gobernantes.

En este sentido, Hume considera que solo consiguiendo un grupo de personas directamente interesadas en el cumplimiento de las normas de justicia puede lograrse la estabilidad social, y que, para ello, es preciso neutralizar toda clase de intereses particulares que pudieran tener previamente, a fin de que puedan sustraerse a la tentación de transgredir las normas. Solo entonces puede abrirse paso el gobierno civil y la sociedad civilizada: pues esas personas «no solo se ven inducidas a seguir esas reglas en su propia conducta, sino que *constriñen* también a los demás a una regularidad similar, e inculcan los dictados de la equidad en la sociedad toda. Y si es necesario pueden interesar también de un modo más inmediato a otras personas en la ejecución de la justicia, creando así un cuerpo de funcionarios civiles y militares que les ayuden en la función de gobierno» (T. 3.2.7., 537).

La idea de un cuerpo de funcionarios, que asistan al gobierno en su misión, es también parte de este modo de concebir la garantía del orden social. El artificio inspirado por el interés ilustrado puede desarrollarse lo necesario para tal fin, siempre, claro está, que el cuerpo de funcionarios no sea tan numeroso que garantizar su inmediato interés en las normas de justicia sea prácticamente inviable.

Este cuerpo de gobernantes y funcionarios no se ocupa solamente de ejecutar la justicia sino también de dirimir en las controversias sobre la justicia y equidad, porque esa misma posición, que les preserva de todo interés exceptuando el de cumplir y hacer cumplir las leyes, les habilita para enjuiciar imparcialmente en las controversias en torno a esas leyes, «y como son indiferentes para con la mayor parte de la sociedad, decidirán de un modo más equitativo de lo que cada uno haría en su propio caso» (T.3.2.7., 538).

La referencia a la equidad en este contexto ha llamado, con razón, la atención de Annette Baier (1991: 260), pues Hume en otros lugares menciona a la equidad entre las virtudes naturales (T. 3.3.1., 578). Según esto, ¿en qué sentido hemos de entender la operación de la equidad? ¿Consiste únicamente en una redoblada voluntad de aplicar la ley a todos por igual? ¿Tiene tal vez una función correctora de la ley, en el plano de la aplicación? Recordamos, en efecto, que para Aristóteles, la equidad o *epiekeia* venía a corregir los defectos derivados de aplicar una ley en sí misma recta a un determinado caso. ¿Cumple el mismo papel en Hume? ¿En virtud de qué puede una virtud semejante guiar el juicio de los magistrados, en su aplicación de la ley general? ¿No habíamos quedado en que las leyes de justicia deben aplicarse inflexiblemente? Son interrogantes que han de quedar abiertos; todo lo que afirma Hume en este lugar es que los magistrados pueden desempeñar esta función judicial en la medida en que son *indiferentes* para con la mayor parte de la sociedad.

La indiferencia o desinterés respecto a lo particular constituye para Hume una protección frente a la parcialidad del juicio. Como hemos señalado, no es claro si esa indiferencia es un rasgo natural o un rasgo moral, fruto de una connaturalidad con el interés remoto, resultante de una perfecta internalización de las normas de justicia. Sea como fuere, lo cierto es que el orden social requiere que haya unas personas que, en virtud de esa indiferencia hacia lo particular, se encuentren en disposición de velar por el interés general; a su vez, para actualizar tal disposición, estas personas han de desarrollar un interés inmediato en cumplir y hacer cumplir las normas de justicia. Esto se logra articulando un adecuado sistema de incentivos.

En todo caso, el optimismo ilustrado, del que hace gala Hume en lo referente a las posibilidades de crear una sociedad ordenada, jugando con los intereses próximos y remotos de las partes que la componen, no puede ocultar un cierto derrotismo en las posibilidades del hombre desasistido por el artificio:

> Los hombres son incapaces de curar radicalmente, lo mismo en ellos que en los demás, esa mezquindad de alma que les lleva a preferir lo presente a lo remoto. Y como tampoco pueden cambiar su propia naturaleza, todo lo que pueden hacer es cambiar su situación, haciendo de la observancia de la justicia el interés inmediato de algunas personas y de su violación el más remoto (T. 3.2.7., 537).

Hume califica de mezquina la actitud del hombre que en todo se deja llevar por el interés inmediato, en lugar de atender al interés remoto. Pero entiende que esa es, por lo general, la condición humana, al menos la mayor parte de las veces. Ahí se sitúa también el Hume «realista», dispuesto a plegarse a la experiencia histórica. Es precisamente este realismo el que le lleva a tomar las precauciones institucionales necesarias, para garantizar el buen gobierno, del que depende el progreso social.

4.4. El gobierno como factor civilizador

En efecto: aunque el gobierno aparece en un primer momento para garantizar el cumplimiento de las normas de justicia, y dirimir controversias respecto a ellas, de manera mediata es también el responsable de los frutos civilizadores que se derivan de esta nueva situación: pues, introducidas aquellas dos funciones, los hombres «se ven asegurados contra la debilidad y la pasión de los demás y contra las suyas propias, comenzando bajo el amparo de sus gobernantes a saborear más fácilmente las dulzuras de la sociedad y de la asistencia mutua» (T. 3.2.7., 538).

No es difícil señalar las líneas generales por las que discurre este proceso civilizatorio: los artificios institucionales, al encauzar las pasiones propias y ajenas, las moderan, y hacen posible que prosperen los placeres de la vida social. Hasta cierto punto estos se encuentran ya prefigurados en la experiencia de la sociabilidad que precede a la institución de la convención social básica. Sin embargo, aquel gusto por la compañía y la conversación, que los hombres comienzan a saborear en el contexto familiar, se eleva ahora a una nueva dimensión, a causa de la disciplina de los afectos, impuesta por las virtudes artificiales. Solo entonces tienen oportunidad de florecer los placeres específicamente sociales, los placeres de la conversación inteligente, que se nos aparecen estrechamente vinculados a las normas de cortesía[163], y al discernimiento propio de mujeres sensatas[164].

[163] «Las personas más refinadas, aquellas que no solo tratan de satisfacer sus necesidades básicas, sino que también se dedican a ejercitar la mente, podrían dividirse en ilustrados y conversadores. Los ilustrados se entregan a los más elevados y difíciles ejercicios mentales, que requieren ocio y soledad y no pueden llegar a la perfección sin una larga preparación y trabajo duro. Sin embargo, para moverse por el círculo de los conversadores hay que ser sociable y disfrutar del esparcimiento. Hay que tender a los pensamientos más sencillos y apacibles, a las conclusiones más evidentes sobre los asuntos humanos y obligaciones cotidianas, y a fijarse en los defectos o perfecciones de los objetos cercanos. Esos objetos de reflexión no tienen suficiente entidad para ocupar nuestra soledad sino que requieren de la compañía y conversación de nuestros semejantes para considerarlos un tema apropiado de razonamiento. Así, los hombres se reúnen en sociedad y cada uno expresa sus pensamientos lo mejor que puede y transmite información a los demás al tiempo que se la transmiten a él, para mutuo disfrute» (*Sobre el género ensayístico*, *Essays*, vol. II, 367 (2008:81-2).

[164] «Soy de la opinión de que las mujeres (bueno, las mujeres de juicio y de educación, ya que solo a ellas me dirijo). son mucho mejores jueces de la literatura galante que los hombres de la misma capacidad intelectual [...] Queridas lectoras, podéis estar tranquilas de que todos los hombres de sentido común, los hombres de mundo, tendrán gran respeto por vuestro juicio sobre los libros que estén al alcance de vuestro conocimiento, y confiarán más en la delicadeza de vuestro gusto, aunque no se base en una teoría abstracta, que en todos los torpes esfuerzos de pedantes y comentaristas. En la nación vecina, famosa tanto por su buen gusto como por su galantería, las damas son, en cierto modo, las soberanas

Ahora bien: aunque todo ello comienza en cierto modo con los primeros artificios institucionales –las tres leyes naturales– el proceso experimenta un aceleramiento a partir de la institución de un gobierno. En efecto, como leíamos en el epígrafe anterior, las personas que componen el gobierno «no solo se ven inducidas a seguir esas reglas en su propia conducta, sino que *constriñen* también a los demás a una regularidad similar, e inculcan los dictados de la equidad en la sociedad toda». La actividad constrictiva del gobierno, por la que nos vemos obligados a cumplir las normas de justicia, de las que depende una cooperación social efectiva, disciplina nuestras inclinaciones, obligándonos a preterir la satisfacción de los intereses más inmediatos. Sin esta ascesis fomentada institucionalmente no habría posibilidad de que se desarrollara el comercio, ni tampoco podrían florecer las artes y las ciencias, a cuyo cultivo se debe en buena parte la adquisición de esa «delicadeza del gusto», con la que, según Hume, podemos contrarrestar la molesta «delicadeza de la pasión», dependiente del temperamento[165], y aquilatar incluso nuestros juicios morales.

Todos estos aspectos en los que se entrecruzan reflexiones estéticas y sociológicas, que apenas vemos apuntados en el *Treatise* o el *Enquiry*[166],

del mundo ilustrado, así como del sociable; y ningún escritor cultivado declarará haberse aventurado ante el público sin la aprobación de algunos jueces de renombre de ese género» (*Sobre el género ensayístico, Essays*, vol. II, p. 369 (2008:84-5)).

[165] «A pesar de las conexiones que originalmente pudieran existir entre estos dos tipos de delicadeza, estoy seguro de que nada es más apropiado para curarnos de la delicadeza de pasión como el cultivo del más elevado y refinado gusto que nos permite juzgar el carácter de los hombres, las composiciones literarias, y las creaciones de las artes más nobles [...] En relación a las ciencias y artes liberales, un gusto fino es, en cierta medida, lo mismo que una intensa percepción, o, al menos, depende tanto de ellos que son inseparables [...] Tal vez he ido demasiado lejos al afirmar que cultivar el gusto por las bellas artes extingue las pasiones y nos hace indiferentes a los objetos que con tanto deseo busca el resto de la humanidad. En una reflexión posterior, señalo que nos hacemos más sensibles a las pasiones tiernas y agradables; al tiempo que nuestra mente se hace incapaz de sentir las emociones más violentas y vehementes» (*De la delicadeza del gusto y la pasión, Essays*, vol. I, pp. 92-93 (2008: 97-8)).

[166] Hay un pasaje del *Enquiry* especialmente significativo: «Cuanto más conversemos con los hombres y cuantas más relaciones sociales mantengamos, más nos familiarizaremos con esas distinciones y preferencias generales sin las que nuestra conversación y nuestro discurso apenas podrían hacerse inteligibles a los demás. El interés de cada hombre únicamente le pertenece a él, y no puede suponerse que las aversiones y deseos que resultan del mismo afecten a los otros en una medida similar. Por lo tanto, al estar formado en el lenguaje general para el uso general, tiene que moldearse sobre puntos de vista más generales y tiene que conceder a los epítetos de alabanza y censura en conformidad con sentimientos que surgen de los intereses generales de la comunidad [...] nos resulta necesario en nuestros discursos y en nuestros juicios no apasionados sobre los caracteres de los hombres pasar por alto todas estas diferencias y convertir nuestros sentimientos en más públicos y sociales [...] Por lo tanto, el intercambio de opiniones en la sociedad y en la conversación nos hace formar un criterio general e inalterable, mediante el que podemos aprobar o desaprobar caracteres y conductas» (EPM, 5.2., 228-229).

son tratados luego profusamente por Hume en sus *Ensayos*. En especial, su *Ensayo sobre el lujo*, contiene observaciones muy sugerentes de la conexión entre progreso y sociabilidad[167], que deberán examinarse en otro lugar[168]. Si lo mencionamos aquí es solo porque permite destacar en qué medida la institución del gobierno, al favorecer el desarrollo del comercio y de las artes, contribuye indirectamente al refinamiento de las maneras y del gusto, y, en definitiva, a la «civilización»:

> La ilustración en el arte de gobernar lleva naturalmente a la dulzura y la moderación, instruyendo a los hombres acerca de las ventajas de los principios humanitarios sobre los del rigor y la severidad [...] Cuando el espíritu de los hombres se dulcifica tanto como su razón se perfecciona, es cuando la humanidad aparece de modo más propio; y es esta la señal característica que distingue un siglo civilizado de los tiempos de barbarie e ignorancia (D. Hume, 1982: 31-54).

Así pues, la actividad constrictiva del gobierno está en la base del progreso del comercio, de las artes y las ciencias, así como el refinamiento de los sentimientos y las maneras que todo esto lleva consigo. De todos modos, Hume hace notar una diferencia significativa entre la influencia del gobierno en el progreso del comercio, por un lado, y su influencia en el progreso de las artes y las ciencias, por otro. Así, mientras que en su ensayo *Sobre el comercio*, afirma con carácter general la relación recíproca entre la grandeza de un Estado y el desarrollo del comercio[169], en

[167] «Cuanto más avanzan las artes refinadas más sociables se vuelven los hombres: no es posible que, cuando se encuentran enriquecidos con la ciencia y poseen un fondo de conversación, se contenten con permanecer en soledad, o mantengan relaciones tan distantes con sus conciudadanos como las que son peculiares de naciones ignorantes y bárbaras. Acuden en gran número a las ciudades, aman recibir conocimientos y comunicarlos para mostrar su sabiduría o su educación, así como su gusto e la conversación, el modo de vida, el atuendo o la decoración. La curiosidad encanta al sabio, la vanidad al tono y el placer a ambos. Se han formado clubes particulares y sociedades por todas partes: ambos sexos se encuentran de una manera relajada y sociable; el resultado es que los temperamentos de los hombres, así como sus conductas, se refinan rápidamente. Aparte de las mejoras que reciben del conocimiento y las artes liberales, es imposible que no sientan un incremento de humanidad del simple hecho de conversar juntos y contribuir al placer y entretenimiento de los demás. De esta forma, industria, conocimiento y humanidad se encuentran unidos por una cadena indisoluble que se encuentra fundada en la experiencia a la vez que en la razón, lo que es peculiar de la más brillante y –como es comúnmente denominada– lujosa de las épocas». (*Sobre el refinamiento en las artes*, *Essays*, vol. I , pp. 301-2 (2008:82)).

[168] Acerca de la diferente valoración del lujo en el crecimiento de la economía, por parte de Smith y de Hume véase G. F. Davis (2003: 269-304).

[169] «Aunque se suponga que en algunos sentidos, la grandeza de un Estado y la felicidad de sus súbditos son dos cosas independientes la una de la otra, en relación con el comercio se consideran, por lo común, inseparables. Así como los particulares reciben mayor seguridad en la posesión de su comercio y riquezas del poder de las instituciones públicas, de

su ensayo *Del origen y progreso de las artes y las ciencias* se entretiene en explicar por qué, en este caso, la relación no es tan directa e inmediata:

> Es más fácil explicar el origen y progreso del comercio en un reino que el del saber; y el país que se aplique a fomentar aquel tendrá mayor seguridad de lograrlo que el que cultive este. La avaricia o afán de lucro es pasión universal que opera en todo tiempo y lugar y sobre todo género de personas, en tanto que la curiosidad o amor al saber tiene influencia muy limitada, y requiere juventud, ocio, educación, genio y ejemplo para que llegue a gobernar a una persona. Nunca faltarán libreros mientras haya quienes compren libros, pero muchas veces veremos lectores en donde no hay autores [...] Debemos, por tanto, concluir que no hay tema en el que hayamos de proceder con mayor cautela que en la historia de las artes y las ciencias, para no atribuirles causas que nunca existieron o reducir lo meramente contingente a principios firmes y universales. Quienes cultivan las ciencia en un estado son siempre pocos; la pasión que los gobierna, limitada; su gusto y su juicio, delicado y fácil de pervertir, y su aplicación, capaz de verse turbada al menor accidente. En consecuencia, la suerte, o causas secretas y desconocidas, han de tener gran influencia en el origen y progreso de todas las actividades superiores (*Del origen y progreso de las artes y las ciencias*, *Essays*, vol. I, p. 176 (1994: 75-6)).

Por ser menos universal, el desarrollo de la pasión por el conocimiento está sujeto a más contingencias que la más universal pasión por adquirir. De ahí que sea más difícil descubrir leyes generales en esta materia, y, por tanto, que sea también más fluctuante la relación entre grandeza de un gobierno y desarrollo de su cultura[170] que la relación entre grandeza del gobierno y desarrollo de su comercio[171]. Con todo, Hume no deja por ello de trazar también una conexión significativa entre el progreso de las artes y la existencia de gobiernos libres, que garanticen el derecho:

> Por bárbara que sea una república, necesariamente, por un mecanismo infalible, dará vida al derecho, aun antes de que la humanidad

igual forma el Estado se hace más poderoso en proporción a la opulencia y extensión del comercio de los particulares» (*Sobre el comercio*, *Essays*, vol. I, pp. 288-289 (2008:65).

[170] Un penetrante análisis de las implicaciones de este descubrimiento para la teoría humeana de la historia se encuentra en J. Noogle (2004: 617-638).

[171] Desde luego, también en este último caso pueden darse excepciones, sobre todo en lo que se refiere a la influencia de la riqueza de los particulares sobre el poder público: «Pueden existir algunas circunstancias donde el comercio, las riquezas y el lujo de los individuos, en lugar de añadir fortaleza a lo público, sirven solo para menguar sus ejércitos y disminuir su autoridad entre las naciones vecinas»(*Sobre el comercio*, Essays, vol. I, p. 289 (2008:65)).

> haya logrado avances importantes en otras ciencias. De la ley nace la seguridad; de la seguridad la curiosidad, y de la curiosidad el saber. Los pasos posteriores en este progreso pueden ser más accidentales, pero los primeros son totalmente necesarios. Una república sin leyes nunca puede durar. Por el contrario, en un régimen monárquico, el derecho no surge necesariamente de la práctica del gobierno. La monarquía, cuando es absoluta, tiene algo en sí que repugna al derecho, y sólo mediante la sabiduría y la reflexión puede llegar a conciliarse. Pero tal grado de sabiduría nunca puede alcanzarse sino a través de un gran refinamiento de la razón humana, y este proceso de mejora necesita curiosidad, seguridad y un marco de derecho. Por tanto, el primer brote de las artes y las ciencias nunca puede esperarse bajo gobierno despóticos (*Del origen y progreso de las artes y las ciencias*, *Essays*, vol. I, p. 180 (1994: 80)).

De cualquier forma, parece que la actividad que más directamente se beneficia de la existencia del gobierno es el comercio: no tanto porque el gobierno se inmiscuya en el comercio, sino porque garantiza el cumplimiento de las normas de las que depende este último. Además, el gobierno contribuye de otro modo, a saber, cumpliendo una función de coordinación de fines, que hace posible la construcción de obras de gran alcance y magnitud[172], que afectan a la utilidad de la mayoría, y que serían imposibles si quedaran en manos de los individuos tomados aisladamente. Ya en otro lugar había adelantado la benéfica influencia del gobierno, atribuyendo a su actividad ordenadora una multitud de progresos sociales:

> El gobierno establece la diferencia en la propiedad, ordenando así las diferentes clases de hombres, lo que a su vez ocasiona la industria, el comercio, las manufacturas, el derecho, la guerra, las ligas y alianzas, los viajes, la navegación, las ciudades, los barcos, los puertos y todas las demás acciones y objetos que producen una tal diversidad y, al mismo tiempo mantienen una tal uniformidad en la vida humana (T. 2.3.1., 402).

Este tipo de actividades, por lo general promoción de infraestructuras, de las que depende el progreso, resultan posibles, piensa Hume, porque los gobernantes gozan de una visión privilegiada del conjunto de la sociedad y, al mismo tiempo, carecen de intereses inmediatos en aspectos particulares de la vida social[173]. Hume avanza aquí una visión del gobierno marcada

[172] «El gobierno lleva más lejos su influencia benéfica y, no contento con proteger a los hombres mediante las convenciones que ellos mismos han establecido para su mutuo interés, les obliga a menudo a establecer tales convenciones, y les fuerza a buscar su propio beneficio, por medio de la coincidencia en algún propósito o fin común» (T. 3.2.7., 538).

[173] «Los magistrados hallan un interés inmediato en el interés de cualquier parte considerable de sus súbditos. No necesitan consultar sino consigo mismos para formarse un plan que promueva ese interés. Y como el fallo de cualquier miembro en la ejecución está

por dos notas: la neutralidad, y la capacidad coordinadora. Por lo primero, el gobierno debería estar en situación de enjuiciar imparcialmente qué obras son necesarias para el interés común; por lo segundo, debería estar en posición de llevarlas a cabo.

Como hemos indicado anteriormente, se puede discutir que la simple neutralidad –y no un positivo amor a la justicia– sea suficiente para no dejarse llevar por intereses particulares; además, sería preciso examinar con qué medios cuenta el gobierno para efectuar su labor coordinadora. En este punto, sería preciso hablar de los impuestos, la deuda pública, y del modo en que la riqueza particular puede servir al fortalecimiento del estado.

En todo caso, escribe Hume, «de este modo se construyen puentes, se abren puertos, se levantan murallas, se hacen canales, se equipan flotas y se instruye a los ejércitos en todos los países, gracias al cuidado del gobierno, que, aun compuesto de hombres sujetos a todas las flaquezas humanas, en virtud de una de las más finas y sutiles invenciones imaginables se convierte en un cuerpo complejo que en alguna medida se halla libre de todas esas flaquezas» (T. 3.2.7., 539).

Como esas palabras sugieren, el Estado, o *Leviatán*, en el que de manera inteligente se han equilibrado y compensado intereses en beneficio del conjunto, está libre de las flaquezas de sus miembros tomados individualmente, y al servicio del progreso individual de todos ellos.

conectado, aunque no inmediatamente, con un fallo en el conjunto, los gobernantes evitan tal cosa, dado que ellos no tienen interés particular alguno, ni inmediato ni remoto» (T. 3.2.7., 539).

CAPÍTULO 5. ALCANCE Y LÍMITES DEL DEBER DE OBEDIENCIA AL GOBIERNO SEGÚN HUME

5.1. Introducción

Como venimos señalando, la teoría humeana de las virtudes artificiales constituye el lugar más apropiado para identificar las líneas principales del pensamiento social de Hume. Desde el punto de vista metodológico, éste se caracteriza por el recurso a la historia conjetural, como modo de combinar datos empíricos –ofrecidos por la historia y la observación del comportamiento de los hombres– y razones probables de ese comportamiento (C. J. Berry, 1997). A su vez, esta aproximación metodológica se revela muy útil para identificar algunos rasgos sustantivos de la teoría social de Hume; concretamente, la razón específica que, según él, avala la existencia de cada una de las instituciones sociales, dentro del objetivo general que da razón de todas ellas, y que no es otro que la utilidad social.

Un ejemplo muy claro del modo en que Hume consigue conciliar la aportación específica de cada institución al fin general de la utilidad social es su discusión del deber de obediencia al gobierno, así como la justificación de una eventual desobediencia al gobierno por parte del pueblo. Como en otras ocasiones, Hume quiere marcar las distancias con el pensamiento contractualista, que señalaba el origen del gobierno en un contrato o una promesa, y justificaba la desobediencia por referencia a un eventual incumplimiento de ese contrato o promesa por parte del gobernante. Frente al planteamiento contractualista así entendido, Hume va a argumentar que, si bien la primera institución del gobierno puede justificarse mediante la interposición de una promesa –precisamente en la medida en que las promesas, como las demás leyes naturales, anteceden a la institución del gobierno–, con posterioridad a esa primera institución surge un específico deber de obediencia que ya no es posible explicar en términos de fidelidad a una promesa, sino en razón de la utilidad social que el gobierno procura, incluso aunque por otras razones pudiera no considerarse legítimo.

De este modo Hume queda emplazado a proporcionar un nuevo argumento para legitimar la eventual resistencia a un poder injusto. Para ello pone una vez más en juego su peculiar distinción entre «obligación natural» y «obligación moral», una distinción que, como he señalado en capítulos anteriores, se puede explicar como la distinción entre «obligación basada en el interés» y «obligación avalada por el sentimiento moral». Ahora bien: es precisamente profundizando en esta distinción, a la luz del nuevo problema planteado –la legitimidad de la desobediencia civil– como mejor podemos apreciar las claves de lectura social que nos proporciona Hume con esta distinción.

En efecto, si, en general, la posibilidad de una discrepancia entre la obligación natural y la moral es lo que permite la existencia del *sensible knave* –el bribón astuto que, no particularmente afectado por sentimientos morales, se aprovecha de los huecos del sistema para perseguir su interés–, el hecho de que esa discrepancia llegue a ser muy general y muy notoria plantea un problema diferente, que trasciende con mucho el ámbito ordinario de acción de individuos singulares. Pues aunque realmente nunca puede hablarse de una completa convergencia de obligación de interés y obligación moral –como mínimo siempre existe una discrepancia temporal entre uno y otro–, allí donde la discrepancia entre el cumplimiento de la norma moral y el interés social parece sistemática, puede y debe hablarse de crisis institucional. Así, cuando, con carácter general, parece preferible perseguir el propio interés a secundar las normas establecidas, o cuando ya no está claro que cumplir las normas morales resulte, en general, socialmente ventajoso, tenemos razones para pensar que nos hallamos en una crisis institucional.

Un caso particular de crisis institucional es el que se refiere a la legitimidad de deponer un gobierno cuya acción ya no sirve al fin último para el que fue instituido –la utilidad común–, aun cuando en apariencia siga cumpliendo la más inmediata función de asegurar el cumplimiento de las normas de justicia. Dado que en otros lugares Hume insiste reiteradamente en que el principal beneficio o utilidad de cumplir tales normas es el que se deriva del *mantenimiento de un esquema* claro de justicia, incluso aunque en casos particulares tal cosa suponga puntualmente un daño, ya a individuos concretos, ya a la sociedad en general (por ejemplo, cuando un avaro hereda una fortuna), no resulta claro el modo en que, apelando a la utilidad social, se podría declarar ilegítimo un gobierno que efectivamente asegura el cumplimiento de las normas instituidas. En este punto, por tanto, la cuestión que se plantea es la que se refiere a los criterios de los que dispone Hume para declarar ilegítimo un gobierno, sin abrir las puertas a una mayor inestabilidad social.

5.2. Historia conjetural de la primera legitimación del gobierno

Hume concede gran importancia al gobierno, como institución encargada de garantizar las convenciones básicas de justicia –fijación de propiedad, de su modo de transferencia y promesas– que, en razón de su carácter fundante de la misma vida social, él no vacila en calificar de «leyes naturales». Al mismo tiempo, deja claro que la institución del gobierno se encuentra en un plano distinto de tales leyes, precisamente a su servicio. De ahí que, dentro de su historia conjetural, Hume no tenga inconveniente en admitir, que, aun siendo una invención muy ventajosa, y, en determinados casos, incluso absolutamente necesaria, la institución del gobierno no es o no ha sido siempre necesaria en toda circunstancia.

En efecto: Hume admite la posibilidad de *sociedades sin gobierno*, y para ello no duda en remitirse a los conocimientos que tenía sobre la vida en el Nuevo Mundo. Así, menciona a los indios de Norteamérica como un ejemplo de sociedad sin gobierno. Guiado por el mismo ejemplo, sugiere que los primeros rudimentos del gobierno habrían surgido no de peleas entre hombres de la misma sociedad –como había pensado Hobbes– sino de enfrentamientos entre sociedades distintas. Según Hume, el gobierno se habría incoado por vez primera con el fin de organizar la guerra en común frente a sociedades extrañas. La razón es simple: si en esas circunstancias no se hubiera formado algo parecido al gobierno, y cada uno hubiera buscado poner a salvo sus bienes –en primer término la vida–, habría faltado la unidad necesaria para derrotar al enemigo. Hume encuentra que esta razón se encuentra avalada por la experiencia, al menos si se consideran las costumbres de los pueblos indígenas, que solo forman algo parecido a un gobierno en tiempo de guerra, de tal forma que, retornada la paz, mantienen únicamente una *apariencia* de autoridad.

Sin embargo, Hume sugiere también que la experiencia intermitente de las ventajas asociadas al gobierno en épocas de guerra, habría sugerido a los protagonistas de esos momentos el mantener esta institución *también* en tiempo de paz. Los miembros de esos grupos sociales habrían observado que la unidad de acción lograda en tiempo de guerra consigue para todos ciertas ventajas. Conscientes de estas ventajas, habrían prolongado la institución del gobierno también en tiempos de paz. De este modo, siguiendo la estela de Montesquieu, Hume continúa su historia conjetural del origen del gobierno y la sociedad civil: las monarquías habrían precedido a las repúblicas, los campamentos a las ciudades, la autoridad militar a la civil.

¿Cuál sería la ventaja más notoria de mantener el gobierno, y, por tanto, el motivo impulsor de su institución estable? La posibilidad de asegurar la riqueza. En efecto: Hume considera que el estado de sociedad sin gobierno es de los más naturales, pero considera también que la misma sociedad presupone las tres convenciones básicas a las que aludíamos antes –estabilidad de la propiedad, transferencia de la propiedad por consentimiento, fidelidad a las promesas–, las cuales, aun siendo obligatorias con anterioridad a la institución del gobierno –en el doble sentido que Hume otorga a la palabra obligación: obligación natural, basada en el interés y obligación moral, originada en la simpatía[174]–, pueden perder fuerza en ocasiones: concretamente cuando nuestro interés por mantener las convenciones básicas se ve tentado por la posibilidad de obtener beneficios más inmediatos quebrantando tales convenciones.

Según Hume, el debilitamiento de la obligación natural de respetar las convenciones básicas tiene lugar allí donde las sociedades crecen, y es más difícil para el individuo *percibir la conexión* entre respetar ahora una determinada convención, a costa de diferir la satisfacción de un interés presente, y el beneficio general derivado de que todos respetemos esas convenciones. Verse a uno mismo como un miembro de un todo que, en general, se beneficia de la estabilidad de las normas puede no constituir

[174] «[...] En un principio se ven inducidos a imponerse y obedecer estas reglas, tanto en general como en cada caso particular, únicamente por respeto a su interés. Cuando la formación de la sociedad se encuentra en un primer estadio, este motivo es suficientemente poderoso y obligatorio. Pero cuando la sociedad se hace numerosa y aumenta hasta convertirse en una tribu o nación, este interés pasa a ser remoto: los hombres no perciben ya con facilidad que cada vez que se quebrantan estas reglas se sigue el desorden y la confusión, igual que sucedía en una sociedad más pequeña y reducida. Sin embargo, y aunque en nuestras propias acciones podamos perder de vista frecuentemente este interés, más pequeño, pero más presente, no dejamos nunca de percibir el perjuicio que mediata o inmediatamente sufrimos por la injusticia de los demás, a menos que estemos cegados por la pasión o predispuestos por una tentación contraria. Es más, aun cuando la injusticia esté tan alejada de nosotros que no afecte en modo alguno a nuestros intereses, nos sigue disgustando porque la consideramos nociva para la sociedad humana y perniciosa para todo el que se acerque al culpable. Participamos por simpatía del malestar del afectado. Y como todo lo que produce malestar en las acciones es denominado vicio cuando se considera en general, mientras que lo que produce satisfacción, también en general, es llamado virtud, esta es la razón de que el sentimiento del bien y del mal morales siga siempre a la justicia y a la injusticia. Y aunque en el caso presente este sentimiento se haya derivado únicamente del examen de las acciones de los demás, no dejamos de extenderlo también a nuestras propias acciones. La regla general va más allá de los casos particulares de que surgió, mientras que al mismo tiempo simpatizamos con los demás en los sentimientos que de nosotros tienen. De este modo, el interés por uno mismo es el motivo originario del establecimiento de la justicia, pero la simpatía por el interés público es la fuente de la aprobación moral que acompaña a esa virtud» (T. 3.2.2., 499).

un motivo suficiente para que aquí y ahora, urgido por un interés más inmediato, me vea obligado a respetarla. El mismo problema se agudizaría, cabría añadir, si uno no se ve a sí mismo como parte de ningún todo –como podría ocurrir, por ejemplo–, en una sociedad altamente individualizada. Para remediar este problema, Hume da entrada al gobierno. *El gobierno aparece, así, como una institución con una función precisa: asegurar el cumplimiento de las convenciones básicas, preexistentes al gobierno*. El gobierno hace esto en la medida en que introduce un sistema coercitivo que proporciona a los individuos un motivo inmediato para resistir un interés presente.

En todo caso, y dado que el gobierno aparece tardíamente, hay que concluir que, en su primera instauración, este derivaría su autoridad de las tres leyes naturales que le preceden, todas ellas orientadas a procurar la utilidad social. No obstante, Hume se refiere específicamente a la convención básica relativa al cumplimiento de las promesas como fundamento inmediato de la primera institución del gobierno:

> Una vez que los hombres han advertido lo necesario que resulta el gobierno para mantener la paz y hacer cumplir la justicia, es natural que deseen agruparse, escoger magistrados, determinar su poder y prometerles obediencia. Como se supone que una promesa es un vínculo o factor de seguridad ya en uso, acompañado por una obligación moral, deberá tenerse por la sanción originaria de la función de gobierno, y fuente de la obligación primera de obediencia (T. 3.2.8., 541).

Según esto, Hume coincidiría con los contractualistas como Locke en que la primera institución del gobierno habría descansado en el consentimiento de la sociedad a someterse a una autoridad, a cambio de ciertas prestaciones[175]. Es decir, que habría reposado en una promesa. Sin embargo, a pesar de convenir con los contractualistas en que la primera institución del gobierno supone de manera particular el uso de una de las convenciones básicas que lo preceden –la promesa– Hume se separa enseguida de ellos en lo que se refiere a la justificación del deber de obediencia al gobierno.

5.3. La formación de un deber específico de obediencia civil

En efecto, según Hume, con posterioridad a esa primera institución, que atiende a la utilidad social por la intermediación de la promesa, el

[175] Véase también HUME, *Del origen del gobierno* (1994: 26-30) y *Del contrato original* (1994: 97-115).

deber de obediencia al gobierno pronto deja de basarse en la fidelidad a la promesa, para adquirir cierta autonomía:

> Lo que yo mantengo es que, aunque el deber de obediencia esté al principio implicado en la obligación de las promesas y sea mantenido durante algún tiempo gracias a esa obligación, sin embargo llega a echar rápidamente raíces por sí solo, engendrando una nueva y original obligación y autoridad, con independencia de todo contrato (T. 3.2.8., 542).

Para justificar esta postura, Hume recurre de nuevo a la historia conjetural: aunque en un principio la sociedad deba obediencia al gobierno en razón de la promesa –obedecemos al gobierno mientras este asegure el cumplimiento de las convenciones básicas que sirven a la utilidad común–, *con el tiempo*, el gobierno adquiere legitimidad por otras razones, que también se pueden justificar apelando al interés –por ejemplo un interés en la estabilidad–, y al sentimiento moral afianzado por la costumbre. Según esto, el deber de obediencia es un deber específicamente distinto del deber de cumplir una promesa.

Así pues, el *tiempo* –o el transcurso temporal de la vida social– aparece como un factor significativo que, en las mentes de los ciudadanos, contribuye a definir la naturaleza específicamente distinta del deber de cumplir las promesas y el deber de obediencia al gobierno. Lo cual no le impide a Hume reconocer que tanto la obligación de cumplir las promesas como la obligación de obedecer al gobierno, remiten a convenciones introducidas por la utilidad común:

> Ya hemos mostrado que los hombres inventaron las tres leyes naturales fundamentales al observar la necesidad que tenían de la sociedad para su subsistencia, y al advertir la imposibilidad de mantener relaciones unos con otros sin restringir de algún modo sus apetitos naturales. Por tanto, fue el mismo egoísmo –que tan violentamente enfrenta a los hombres entre sí– el que, tomando una dirección nueva y más adecuada, produjo las reglas de justicia a la vez que constituía el primer motivo de su observancia. Pero cuando los hombres advirtieron que, aun cuando las reglas de justicia eran suficientes para el mantenimiento de la sociedad, a ellos les resultaba imposible observar esas reglas en una sociedad más numerosa e ilustrada, instauraron entonces el gobierno como nueva invención para alcanzar sus fines y preservar las viejas ventajas, o procurarse otras nuevas mediante una ejecución más estricta de la justicia (T.3.2.8., 543).

5.3.1. Deberes naturales y civiles

Para evitar equívocos, en este punto se impone una precisión terminológica, destinada a distinguir «deber natural» y «obligación natural». En efecto: al remitir la justificación del deber de obediencia al interés común, cabría decir que este deber comporta una *obligación* natural. Desde el punto de vista terminológico, esto es distinto de afirmar que es un *deber* natural. Para apreciar la diferencia conviene notar que cuando Hume habla de «obligación natural», lo hace por contraste con «obligación moral», para designar una obligación *hacia otros* que se origina en nuestra voluntad, aunque en última instancia remita a nuestro propio interés. Para que esa «obligación natural» se convierta en una «obligación moral» es preciso que reciba una sanción por parte del sentimiento moral.

En cambio, la expresión «deber natural», puede designar dos cosas: bien deberes propios de virtudes naturales, por contraste con las artificiales, es decir, deberes cuya sanción no remite a un interés, sino a un *sentimiento natural* –por ejemplo, el deber de cuidar de los hijos–; bien deberes naturales, asociados a las leyes naturales, por contraste con los deberes civiles que tienen su origen en la institución del gobierno[176].

[176] Entiendo que Hume considera más «naturales» –en el sentido de más directamente derivados de principios naturales– los deberes que apelan de modo inmediato a un sentimiento natural. Con todo, al establecer el contraste con los deberes civiles, amplía su noción de «deber natural» hasta incluir los deberes de justicia anteriores a la institución del gobierno. Aunque Hume considera que estos son convencionales, son más básicos que los deberes civiles, derivados de la institución del gobierno. Tomado en su sentido más estricto –deber inmediatamente sancionado por un sentimiento natural– la división de Hume se asemeja a la que establece Rawls entre deberes naturales y obligaciones: «En contraste con las obligaciones, lo característico de los deberes naturales es que se nos aplican con independencia de nuestros actos voluntarios. Más aún, no guardan ninguna conexión necesaria con las instituciones o prácticas sociales; en general, su contenido no viene definido por las reglas de estos acuerdos. Tenemos, por ejemplo, un deber natural de no ser crueles, y un deber de ayudar al prójimo, ya sea que nos hayamos comprometidos a estas acciones o no. No nos sirve como defensa o como excusa el decir que no hemos prometido no ser crueles o vengativos, o ayudar a los demás. De hecho, por ejemplo, una promesa de no matar, normalmente sería redundante hasta lo ridículo, y sería erróneo sugerir que establece una exigencia moral que no existía antes. Si acaso, una promesa tal tendría sentido, únicamente cuando por razones especiales se tiene derecho a matar, por ejemplo, quizá en una guerra justa. Otra característica de los deberes naturales es que se dan entre las personas con independencia de sus relaciones institucionales; surgen entre todos los hombres considerados como personas morales iguales. En este sentido, los deberes naturales se deben no sólo a individuos definidos, digamos a aquellos que cooperan conjuntamente en una configuración social particular, sino a las personas en general. Es ésta característica específica la que sugiere lo adecuado del adjetivo "natural"» (J. Rawls, 1995: #19). Y es esta última característica la que introduce una primera diferencia entre la división de Hume y la de Rawls: tomando «natural» en sentido estricto, Hume puede admitir, como deberes naturales los primeros mencionados por Rawls –no ser crueles,

Por lo demás, según Hume, «nuestros deberes civiles están conectados con los naturales en cuanto que los primeros fueron inventados fundamentalmente para salvaguardar los segundos, y en cuanto que el objeto principal del gobierno es obligar a los hombres a observar las leyes naturales» (T.3.2.8., 543).

En efecto: como hemos señalado reiteradamente, el gobierno viene a salvaguardar el cumplimiento de los deberes naturales, que nos prescriben respetar las reglas que fijan la propiedad, el modo de su transferencia por contrato, y la fidelidad a las promesas. Ahora bien, si esto es así, resulta patente que, desde la perspectiva del gobierno, el cumplimiento de las promesas es un deber que se encuentra al mismo nivel que los demás deberes naturales, de forma que «su exacta observancia debe ser considerada como efecto de la instauración del gobierno, y no la obediencia al gobierno como efecto de la obligatoriedad de una promesa» (T.3.2.8., 543).

Es decir, el hecho de que la fidelidad a la promesa sirva para dar cuenta de la institución primera del gobierno, no impide que este, una vez instituido, se convierta en la institución que viene a *garantizar* el cumplimiento de las promesas, ni más ni menos que de los demás deberes naturales. Asimismo, como ya hemos indicado, el hecho de que todos nuestros deberes, naturales o civiles, se justifiquen en última instancia en atención a nuestro propio interés, no autoriza, según Hume, a pasar por alto su contenido inmediato más específico. En esta línea, Hume insiste en que la fidelidad a las promesas y la obediencia al gobierno constituyen dos deberes específicamente distintos, que no admiten una simple subordinación recíproca.

ayudar al prójimo, etc.– pero no dirigidos indistintamente a cualquier persona, sino a los próximos, que son los objetos que están al alcance de nuestro sentimiento. En este sentido, los deberes naturales de Hume tienen un alcance menor que los de Rawls: no se dirigen a personas en general, sino a los prójimos en el sentido más estricto. Para poder alcanzar esa universalidad que Rawls desea, Hume considera necesario introducir el artificio, y, por tanto, las convenciones sociales básicas: es ahí donde entran lo que podríamos llamar «deberes naturales» en sentido amplio-amplio, porque ya no incluyen sólo los respaldados inmediatamente por un sentimiento natural, sino los respaldados por las convenciones sociales básicas, de las que depende la misma justicia natural. En este sentido, amplio, de deber natural, Hume puede suscribir lo que dice Rawls en otro lugar: «Desde el punto de vista de la teoría de la justicia, el deber natural más importante es el de apoyar y fomentar las instituciones justas. Este deber tiene dos partes: en primer lugar, hemos de obedecer y cumplir nuestro cometido en las instituciones justas cuando éstas existan y se nos apliquen; y en segundo lugar, hemos de facilitar el establecimiento de acuerdos justos cuando éstos no existan, al menos cuando pueda hacerse con poco sacrificio de nuestra parte» (J. Rawls, 1995: #51).

5.3.2. *La especificidad de los deberes morales*

> Para mantener el orden y la armonía en sociedad es necesario obedecer al magistrado civil. Para engendrar credulidad y confianza mutuas en los comunes quehaceres de la vida es necesario cumplir las promesas. Lo mismo los fines que los medios son en ambos casos completamente distintos; por consiguiente, tampoco está un deber subordinado al otro (T. 3.2.8., 544).

Con otras palabras: el fin remoto –interés común– no disuelve los fines próximos de cada uno de esos deberes. Por otra parte, el hecho de que ambos deberes se basen en intereses universales y admitidos por todos, refuerza la conclusión de que no tiene sentido subordinar uno al otro, o fundar el uno en el otro. Hume argumenta por reducción al absurdo:

> Si hiciéramos tal cosa, podríamos reducir también la obligación de respetar la propiedad ajena lo mismo a la obligatoriedad de una promesa que a la necesidad de obediencia a la autoridad. Los intereses no son más distintos en un caso que en otro. Respetar la propiedad no le es más necesario a la sociedad natural que la obediencia a la sociedad civil o gobierno; tampoco es el primer tipo de sociedad más necesario para la existencia de la humanidad de lo que lo es el segundo para su bienestar y felicidad. En pocas palabras, si el cumplimiento de las promesas resulta algo provechoso, también lo es la obediencia al gobierno; si el primer interés es general, también lo es el segundo. Si el uno es obvio y admitido por todos, también lo es el otro. Y como esas dos reglas están basadas en similares obligaciones de interés, cada una de ellas deberá tener una autoridad peculiar e independiente de la otra (T. 3.2.8., 545).

La resistencia de Hume a disolver la especificidad de los deberes contrasta, en alguna medida, con la tendencia frecuente entre los iusnaturalistas o los contractualistas, bien a interpretar las promesas por analogía con la propiedad –en términos de transferencia de derechos–, o a interpretar la obediencia por analogía con las promesas. Por el contrario, Hume insiste en que hay una diferencia entre el deber de cumplir las promesas y el de obedecer al gobierno, y la expresa como la diferencia que existe entre una «conducta necesaria para preservar la confianza y la libertad en las relaciones humanas», y una «conducta necesaria para sostener la ejecución de la justicia»:

> Condenamos toda deslealtad y abuso de confianza, porque consideramos que la libertad y la realización de las relaciones humanas es algo que depende enteramente de la fidelidad a las promesas. Condenamos toda

> deslealtad hacia los magistrados porque nos damos cuenta de que la ejecución de la justicia [...] es imposible sin estar sometidos al gobierno. Como estos son dos intereses completamente distintos entre sí, deberán originar igualmente dos obligaciones separadas e independientes (T. 3.2.8., 546).

La teoría de las virtudes artificiales de Hume, tal y como se presenta en el libro III del *Treatise*, presupone que todas y cada una de las instituciones que van haciendo su aparición en la vida de la sociedad humana se ordenan a un objetivo único: asegurar el libre ejercicio de la pasión por adquirir. Sin embargo, esta unidad de objetivo no impide hablar de una multiplicidad de instituciones. Al contrario; lo que la lectura del libro III permite descubrir es *un prolijo argumento según el cual, a fin de asegurar aquel objetivo o interés último, es preciso introducir una variedad de instituciones, cada una de las cuales tiene a su cargo la salvaguarda de un aspecto específico de aquel interés*.

Vemos así que el libre despliegue de una única pasión natural –la pasión por adquirir– requiere de un complicado artificio institucional. No es posible fusionar unas instituciones en otras, como no es posible fusionar unos aspectos de aquel interés en otros. La prueba de que se trata de intereses distintos, es, precisamente, que cada uno de ellos exige una solución institucional específicamente distinta.

A fin de percibir con más claridad lo específico de cada institución, Hume invita a imaginar su correlación con determinados aspectos del desarrollo social, como el tamaño de la sociedad, o su cohesión. Así, escribe, «aun cuando no existieran en el mundo las promesas, el gobierno seguiría siendo algo necesario en toda sociedad *numerosa* y civilizada. Y si las promesas tuvieran solamente el carácter obligatorio que les corresponde, pero no recibieran por separado la sanción del gobierno, no tendrían sino bien poca eficacia en tales sociedades» (T. 3.2.8., 546).

Queda clara, por tanto, la conexión entre gobierno y lo que los sociólogos suelen llamar «cantidad social»; queda clara, asimismo, la relación entre el gobierno y lo que Elias designaría «proceso civilizatorio» (A. N. García, 2006). Por otra parte, el gobierno aparece como el garante de los mismos deberes naturales en el caso de sociedades que han alcanzado cierto tamaño y, cuya cohesión social, cabe conjeturar, ya no puede descansar solamente en las relaciones de confianza recíproca entre las partes.

5.3.3. Deberes públicos y privados

Por lo demás, con esta última consideración, relativa a la garantía del cumplimiento de deberes previos a la institución del gobierno, Hume traza un límite claro entre deberes públicos –sancionados por el gobierno– y privados –no sancionados por él– e insiste en que los segundos –es decir, los privados– dependen más de los primeros que al contrario (T. 3.2.8., 546).

¿Cómo debemos entender las palabras «públicos» y «privados»? A tenor de lo dicho, parece que, en el planteamiento de Hume, cabe designar como «privados» aquellos deberes que, a ciertos efectos, cabría identificar con los naturales en sentido amplio, es decir, con aquellos que, o bien van asociados directamente a un sentimiento natural, o bien descansan en lo que Hume llama «leyes naturales» –fijación de la propiedad–, su modo de transferencia y promesas. En todo caso, se trata de «deberes que se definen como tales con independencia del gobierno, pues son conceptualmente previos a él, pero que, en determinadas condiciones –a saber, cuando la sociedad aumenta su tamaño– dependen del gobierno en lo que se refiere a su cumplimiento regular por parte de todos los miembros de la sociedad». En una palabra: no dependen del gobierno en cuanto a la *definición* de su contenido material, sí pueden depender de él en lo que se refiere a su cumplimiento *regular* y *eficaz* en determinadas circunstancias.

Llegados a este punto, conviene notar en qué sentido esta circunstancia –la sanción de deberes naturales, previos al gobierno, por parte del gobierno– podría introducir una complicación en nuestra aproximación a los distintos deberes. La complicación reside en que si el hecho de la sanción civil llegara a convertirse en el motivo dominante para cumplir el deber natural de respetar las promesas, entonces, desde un punto de vista formal, ya no nos encontraríamos propiamente con la virtud de la *fidelidad* a las promesas, sino –por ponerlo con terminología aristotélica– con la virtud de la justicia legal. Pues cumplir una promesa –materialmente un deber natural– *porque lo manda la ley* ya no es cumplirla porque es una promesa; sino por otra razón, que no existe al margen del gobierno.

De cualquier forma, es preciso recordar que, además de la sanción *legal* de las promesas, que, de convertirse en motivo dominante amenazaría con arruinar el despliegue propio, por principios intrínsecos, de las virtudes morales, Hume considera también la influencia de la sanción *social* –fruto de la educación y el arte de los políticos– en el comportamiento, que llevan a conferir un ulterior valor moral a la lealtad, al estigmatizar «toda rebelión, presentándola como algo aún más criminal e infame» (T. 3.2.8., 546).

A este respecto cabría preguntarse si el carácter propiamente moral de la virtud de la fidelidad se vería también amenazado, en el caso de que el motivo determinante para cumplir las promesas fuera no ya el temor al castigo por parte del gobierno, sino el temor a la sanción social –el descrédito, el oprobio, etc. Responder a esta pregunta es más difícil, en la medida en que precisamente Hume hace depender el valor moral las virtudes artificiales de la interiorización de normas sociales[177].

En efecto, como recordamos, aunque para Hume la justificación última del deber moral reside en la simpatía con la utilidad pública, y esta simpatía llega a desarrollarse de modo natural si se dan las circunstancias precisas, tal cosa no impide –todo lo contrario– que la educación y el artificio de los políticos desempeñen un papel importante:

> Aunque este progreso de los sentimientos sea natural e incluso se produzca de un modo necesario, es cierto que se ve ayudado por el artificio de los políticos, que, para gobernar a los hombres con mayor facilidad y conservar la paz en la sociedad humana, se han esforzado por inculcar aprecio por la justicia y aborrecimiento por la injusticia (T. 3.2.2., 500).

Ciertamente, que dependa «en gran medida» de los artificios de los políticos, no significa que lo haga totalmente. De hecho, con el fin de distinguirse de Mandeville, Hume precisa que «lo más que los políticos pueden hacer es extender los sentimientos naturales más allá de sus límites originales; sin embargo, es la naturaleza la que debe seguir procurando los materiales, dándonos alguna noción de las distinciones morales» (T. 3.2.2., 500).

5.3.4. Armonía de interés y moral: clave para diagnosticar una crisis institucional

Las palabras anteriores significan que ni siquiera en el caso de las virtudes artificiales se puede decir que todo es puro artificio. A juicio de Hume, el artificio es eficaz, y arraiga en nuestra naturaleza *solo* porque

[177] En ello hay un punto atendible. No en vano el propio ARISTÓTELES caracteriza la virtud como «hábito digno de elogio». Sin embargo, esa no es la única definición que Aristóteles ofrece de la virtud. Junto con esa definición más «sociológica», ofrece otra de alcance ontológico: «toda virtud perfecciona la condición de aquello de lo cual es virtud y hace que ejecute bien su operación» (EN, II, 6, 1106 a). Por otra parte, ADAM SMITH, desde otros presupuestos, se preocupó de distinguir las acciones «dignas de elogio» de aquellas que «de hecho» son elogiadas. Aunque no sea del todo imposible, me parece que en HUME es más difícil establecer una distinción tan neta, al menos en lo que se refiere a las virtudes artificiales, en la medida en que el sentimiento moral que acompaña a estas virtudes depende en buena parte de la internalización previa de la utilidad social asociada a su cumplimiento regular. Según esto, si un determinado individuo no tiene experiencia de que el cumplimiento regular de unas normas es beneficioso para todos y para él, o no tiene experiencia de que los demás, en general, aprueban un comportamiento conforme a normas, como en cambio sí tiene experiencia de que la aprobación de los demás es ventajosa para él, y resulta que los demás pueden no estar de acuerdo en aprobar un comportamiento conforme a normas, la situación moral resultante es de perplejidad.

enlaza y potencia un principio natural, que, según Hume, no es otro que la *utilidad*, concepto en el que a su juicio vienen a confluir, por caminos cuyos tiempos y racionalidad no siempre son equiparables, el interés individual y el interés común.

Según Hume, no solo la labor de los políticos –a los que obviamente interesa inculcar razones morales que refuercen la disposición de los súbditos a respetar las normas de justicia–, sino:

> También la educación privada o la instrucción contribuyen al mismo efecto. Y es que, como los padres observan en seguida que un hombre es tanto más útil para sí mismo y para los demás cuanto mayor sea su grado de probidad y honor, y que estos principios son más poderosos cuando la costumbres y la educación van en ayuda del interés y la reflexión, por estas razones se ven inducidos a inculcar en sus hijos, desde su más tierna infancia, buenos principios, enseñándoles a obedecer las reglas por las que subsiste la sociedad y a considerarlas como valiosas y dignas de respeto, así como a tener su violación por algo bajo e infamante. En las mentes aun no maduras de los hijos pueden arraigar de este modo los sentimientos de honor, y adquirir tal firmeza y consistencia que puedan casi equipararse con los principios más esenciales de nuestra naturaleza y más profundamente enraizados en nuestra constitución interna (T. 3.2.2., 500-501).

Para Hume, la educación privada contribuye a reforzar las ideas de justicia en la medida en que, por un lado, inculca la idea de que el cumplimiento de las normas morales va en el propio interés, puesto que el que las cumple es tenido en alto concepto por los demás. Y, a la inversa, cuanto más firmes sean las convicciones morales de la sociedad, más fácil será que ellos eduquen a sus hijos en el respeto a las normas de justicia. Educación familiar y educación social sostienen las convicciones morales mediante un proceso de retroalimentación recíproca, que presta plausibilidad a la tesis de que «obrar moralmente va en el propio interés».

Obviamente, la tesis anterior pierde plausibilidad tan pronto como educación familiar y educación social discurren en direcciones opuestas. En la medida en que Hume reduce el elemento natural de la moral a la utilidad social de una determinada práctica y, a su vez, la utilidad de esta práctica depende exclusivamente de su sostenimiento por parte del conjunto de la sociedad, entonces la propuesta moral de Hume se presta fácilmente a la crítica de relativismo.

Ahora bien, Hume no llega a decir nunca que la utilidad social de una práctica dependa *solo* de que ésta sea socialmente reconocida. Más bien da a entender que antes de interiorizar la utilidad de una práctica por la costumbre, de forma que la costumbre le preste una especie de «sanción moral» de tipo sentimental, la práctica en cuestión tiene que ser útil, es decir, tiene que percibirse claramente su conexión con el interés propio: la práctica tiene que servir a que todos y cada uno avancemos nuestro más básico interés natural, el interés por adquirir. Por otra parte, como hemos visto, la utilidad social no puede resolverse en un principio simple, sino que se expresa en una pluralidad de instituciones irreductibles entre sí[178].

Lo anterior, con todo, no impide reconocer que si los valores que inculca la familia no son refrendados por la sociedad, al menos en forma de prestigio social, el resultado esperable sea una debilitación práctica de los principios morales. Si, por ejemplo, la familia inculca el ahorro, y la sociedad celebra el despilfarro, no es claro que la persona ahorradora tenga por ello más prestigio social entre sus compañeros, incluso aunque, desde otro punto de vista, pueda seguir manteniéndose que va en el propio interés tener unos ahorros. Si la sanción moral remite al interés a largo plazo, y la sociedad en ningún caso da muestras de pensar a largo plazo, entonces el edificio moral, articulado sobre la base de una coordinación de interés y sentimiento moral se tambalea.

Pienso que parte del rendimiento de la filosofía moral de Hume para la teoría social reside en poner a nuestra disposición esta distinción, con la que podemos describir, de manera bastante certera, lo que cabría calificar de «crisis institucional». Pues con independencia de que la distinción entre obligación natural y moral haga justicia a la especificidad del fenómeno moral, lo que sí es cierto es que proporciona una clave importante para expresar el tipo de discrepancia que caracteriza las situaciones en las que las instituciones ya no responden a las expectativas de satisfacción de interés a largo plazo a las que los individuos se pueden remitir para sujetarse a las normas morales en el presente, aunque tal cosa contravenga sus intereses inmediatos. A la luz de lo dicho, en efecto, cabría definir la situación de crisis institucional como aquella en la que la discrepancia entre obligación natural y moral deja de ser puntual para convertirse en algo regular y sistemático. En este punto resulta pertinente plantear la cuestión de los criterios de los que dispone Hume para declarar ilegítimo un gobierno, y eventualmente justificar el derecho de resistencia.

5.4. La justificación del derecho de resistencia

Como se ha indicado ya, los contractualistas, que fijaban la introducción del gobierno en la referencia a una promesa original, tenían un

[178] Esta línea de pensamiento, no simplemente utilitarista sino institucionalista, es continuada en economía por Veblen o Galbraith.

argumento fácil para legitimar la desobediencia por parte del pueblo: cuando el gobierno no cumple lo prometido[179]. Pero Hume rechaza este argumento. Como hemos visto, para él la obediencia al gobierno no puede reducirse a la fidelidad a una promesa. Así, aunque Hume coincide con los contractualistas en que la obediencia a los magistrados admite excepciones, trata de justificarlo de otro modo, desde «principios más razonables» (T. 3.2.9., 550).

5.4.1. La opinión popular y la obligación natural de obedecer al gobierno

Para ello parte de la opinión popular, pues considera que en casos como este «la opinión popular tiene una autoridad casi infalible» (T. 3.2.8., 547), por entender que nadie se engaña fácilmente acerca de sus sentimientos morales[180]. Ahora bien, el pueblo considera como una cuestión de hecho que existe la obligación moral de someterse al gobierno, «todo el mundo lo piensa así». Más aún: nadie –a excepción de ciertos filósofos– piensa que tal obligación haya surgido ni de una promesa explícita ni tácita:

> Comúnmente no creemos que nuestra obediencia se derive de nuestro consentimiento o de haber hecho una promesa; y es una prueba ulterior el hecho de que, cuando por alguna razón hemos dado explícitamente nuestra palabra, distinguimos siempre con exactitud entre ambos tipos de compromiso, y creemos que el uno añade más fuerza al otro que si se tratara de una *repetición* de una promesa. Cuando en un asunto privado no se da una promesa, nadie considera que su confianza haya sido quebrantada por motivos de rebelión, sino que distingue y separa perfectamente entre estos dos deberes del honor y la obediencia civil (T. 3.2.8., 549).

En el párrafo anterior, Hume vuelve a llamar la atención sobre la cualidad específicamente distinta de los deberes: ordinariamente, nos sentimos obligados a obedecer al gobierno y no identificamos esa obligación con la de la fidelidad a una promesa, de forma que, cuando se nos pide obediencia, no pensamos que se nos esté pidiendo fidelidad a una promesa que hubiéramos hecho en el pasado. Si se nos dice que se trataba de una promesa tácita, nada puede haber más absurdo, «pues no existe nadie que

[179] Cuestión distinta es determinar cuándo ha dejado de cumplirlo.

[180] En efecto: «Aun cuando nuestros juicios relativos al origen de un vicio o virtud no sean tan seguros como los relativos a su grado, como en este caso el problema no concierne al origen filosófico de una obligación, sino a una mera cuestión de hecho, no es fácil que podamos equivocarnos» (T. 3.2.8., 547).

pueda hacer inconscientemente una promesa ni verse vinculado por su sanción y obligatoriedad» (T. 3.2.8., 549).

De modo parecido, en los asuntos privados en los que nos regimos por la ley, la violación de la ley no la tomamos como la violación de la confianza: esta última solo se pone en juego cuando se da una violación de la promesa. En un caso estamos ante un deber de honor[181] –el cumplimiento de la promesa, previo a la institución del gobierno–, en el otro, ante un deber *civil*. Si sobre un acto concreto, ya mandado por ley, se nos pide que comprometamos la palabra, lo que de hecho se nos pide es que avalemos dicho acto no solo con el temor al castigo, sino con el *honor*.

En la medida en que el deber de obediencia al gobierno no se basa en una promesa, no cabe apelar al honor para mantenerlo. Como hemos visto, solo cabe mantenerlo apelando a la *utilidad* social. El modo en que el gobierno sirve a la utilidad social es garantizando la seguridad y protección de la sociedad, y, de manera particular, haciendo posible el regular cumplimiento de las normas de justicia que preceden al mismo gobierno. De este modo se funda la obligación natural de obediencia al gobierno. Si atendiéramos exclusivamente a este aspecto, cabría concluir que, de cesar la causa –es decir, en el caso de que el gobierno ya no garantizara la seguridad del pueblo– habría de cesar también el efecto –la obediencia debida–.

5.4.2. Particularidad de la cesación de la obligación moral de obedecer al gobierno

Sin embargo, las cosas no son tan sencillas si atendemos a la obligación *moral* de obedecer al gobierno, porque, por razones que tienen en parte que ver con nuestra psicología, y en parte con la misma limitación de nuestra inteligencia a la hora de calcular la utilidad social, ocurre que tendemos a extender el sentimiento de aprobación moral más allá de lo que requeriría el seguimiento *estricto* del principio de justicia, con su ordenación a la utilidad. Hume lo explica así:

> En cuanto a la obligación *moral*, cabe observar que la máxima de que si cesa la causa el efecto debe cesar también sería en este caso falsa, pues existe un principio de la naturaleza humana, del que hemos hablado con frecuencia, según el cual los hombres se inclinan poderosamente a seguir *reglas generales*, de modo que a menudo llevamos nuestras máximas

[181] Kant cataloga este deber entre los deberes para con uno mismo. (Kant , 1997; MS, 6:420).

> más allá de las razones que en un principio nos indujeron a establecerlas. Allí donde las causas son en muchas circunstancias similares, nos inclinamos a ponerlas al mismo nivel, sin advertir que difieren en las circunstancias más importantes y que la semejanza es más aparente que real (T.3.2.9., 551).

En el texto anterior, Hume da a entender que, si bien el principio de utilidad está en la base de ciertas reglas generales de justicia, con las que ordenamos nuestra vida en sociedad, y si bien la razón de ser de estas reglas es, precisamente, el que sirven a la utilidad, a menudo ocurre que llevamos la aplicación de las reglas más allá de lo que la utilidad prescribiría por sí sola. En terminología clásica, aristotélica, diríamos que Hume tiene en mente la diferencia entre *synesis* y *gnome* –dos virtudes intelectuales gracias a las cuales enjuiciamos una acción determinada bien como un caso de una regla general o bien, por el contrario, como un caso excepcional que se sustrae a dicha regla. Si en algún caso podemos hacer esto último es porque, más allá de la regla, contamos con un principio de discernimiento.

Según Hume el principio de discernimiento natural que ha de guiarnos en nuestros juicios es si una determinada conducta o práctica, inicialmente justificada por su utilidad social, ha dejado de serlo. Sin embargo, emitir esa clase de juicio en circunstancias concretas no es fácil. Y por eso bien puede ocurrir lo que señala Hume, de modo que sigamos sosteniendo el deber moral de obedecer incluso cuando ya no se dan las circunstancias requeridas. De hecho, el propio Hume reconoce que, en ocasiones, el seguimiento de las normas de justicia va en contra del interés de un particular, o incluso en contra del interés de la sociedad en un aspecto, y, no obstante, seguimos afirmando el deber de cumplir tales normas, porque tenemos en mente el beneficio que se sigue para la sociedad en su conjunto del cumplimiento regular de las normas, aun cuando en un caso concreto resulte perjudicial.

Si esto es así por lo que respecta a la «obligación natural» de justicia, basada en el interés, con mayor razón lo es con respecto a la «obligación moral» de justicia, que en el planteamiento psicologista de Hume prácticamente se identifica con el sentimiento que acompaña nuestro cumplimiento de las normas, simplemente porque nos hemos acostumbrado a asociar a tal cumplimiento la expectativa de la utilidad social. Precisamente esto es lo que explica que, para el caso concreto de la obediencia al gobierno, Hume no tenga inconveniente en afirmar que «en el caso de la obediencia civil no cesará nuestra obligación moral del deber, aunque lo haya hecho la obligación natural de interés, que es su causa, y que los hombres pueden estar ligados por su conciencia a someterse a un gobierno tiránico opuesto a su interés y también al interés público» (T.3.2.9., 551).

Pienso que el sentido del texto de Hume, que acabamos de citar, se capta mejor por contraste con la postura expresada por Tomás de Aquino, para quien las leyes injustas «no obligan en el foro de la conciencia, a no ser que se trate de evitar el escándalo o el desorden» (S Th, I.II 96. 5). Dejando a un lado la referencia de uno a la utilidad social y de otro a la justicia, el mayor contraste, a mi modo de ver, reside en que, para Hume según acabamos de leer, «los hombres pueden estar ligados por su conciencia a someterse a un gobierno tiránico opuesto a su interés y también al interés público», mientras que, para Tomás, las leyes injustas «no obligan en conciencia», aunque accidentalmente puedan hacerlo.

Esta distinción entre «obligar en conciencia» y «obligar accidentalmente» es lo que se pierde en Hume, probablemente porque al hacer consistir lo moral en el sentimiento de utilidad interiorizado, no puede evitar establecer una fusión excesiva entre el sentimiento moral asociado al cumplimento o no cumplimiento de la norma y el sentimiento derivado de un posible escándalo o desorden social.

Esta importante diferencia conceptual, sin embargo, no impide que las posturas de uno y otro no estén tan lejanas en la práctica. Después de todo, si es verdad que por evitar el escándalo uno puede estar obligado –aunque accidentalmente– a obedecer una ley injusta (siempre dentro de ciertos límite para Tomás[182]), entonces se puede decir que la obligación de obedecer persiste, si bien no por motivos de justicia y/o utilidad social, sino más bien por motivos de orden público. La cuestión, entonces, es hasta dónde hay que asumir tal obligación, es decir, hasta cuándo se debe tolerar una situación así. En este punto, el argumento de Hume merece cierta atención.

5.4.3. La posibilidad de sustraerse a reglas generales en atención a los principios

El argumento de Hume para hacer espacio a la resistencia civil descansa, por un lado en la *vinculación* que establece entre conciencia moral (para él un sentimiento) y reglas generales para la utilidad social que han sido interiorizadas por la costumbre; y, por otro, en la *diferenciación* entre tales reglas generales y los principios que originalmente estaban en su

[182] «Las leyes de los tiranos, que inducen a la idolatría o a cualquier otra cosas contraria a la ley divina. Y tales leyes nunca es lícito cumplirlas, porque hay que obedecer a Dios antes que a los hombres» (Tomás de Aquino, S.Th.I.II. 96. 5).

base –salvar la utilidad social–. Hasta aquí, parece bastante razonable. Lo sorprendente es la conclusión que extrae de tales premisas:

> Debe admitirse que las reglas generales se extienden por lo común más allá de los principios en que están basadas y que raramente hacemos una excepción a menos que esa excepción tenga las cualidades de una regla general y esté basada en ejemplos corrientes muy numerosos (T.3.2.9., 551).

Lo sorprendente de este pensamiento reside en que, de entrada, nos sentimos inclinados a decir que son más universales los principios que las reglas generales que de ellos se derivan. Sin embargo, Hume dice exactamente lo contrario: las reglas generales se extienden más allá de los principios en que están basadas[183]. ¿Por qué dice esto?

La respuesta a esta pregunta nos conduce directamente a su concepción de la justicia. El principio de justicia, para Hume, no es otro que la utilidad social. Sin embargo, este principio no puede aplicarse directamente a los casos particulares de acción, pues somos absolutamente incapaces de ver si una determinada acción, por sí sola, contribuye o no a la utilidad social. De ahí que necesitemos normas generales, secundarias, que vayan concretando aquel principio y que permitan imprimir una dirección más clara a nuestro comportamiento.

Según esto, nunca aplicamos directamente el principio de justicia, sino a través de la mediación de ciertas normas generales. Las normas que Hume cuenta entre las leyes naturales son las principales. Pero estas todavía requieren concreción ulterior, por parte del gobierno: normas civiles. Ahora bien, en la medida que estas normas vayan siendo más concretas, más fácilmente podrán dar lugar a excepciones[184]. Es en este punto, en el que tradicionalmente se abre un lugar para la *epikeia*, donde Hume se ve movido a insistir, más bien, en la inflexibilidad de las normas generales de justicia (C. Berry, 2009), argumentando que no es cada acción particular sino el esquema general de justicia lo que a la larga resulta útil a la sociedad.

---

[183] Sobre reglas generales T.2.2.7., 371; T. 2.2.8., 374. Principio de dirección análoga: T. 2.2.9., 384.

[184] En su discurso sobre la justicia, HUME justifica la vigencia de las normas que rigen ciertos modos de trato, que se consideran normas de «justicia correctiva» –respeto propiedad, promesas– en atención a la utilidad general. Ahora bien: por mucho que insista en la inflexibilidad de tales normas, esto supone dejar abierta una puerta a su suspensión por razones derivadas del interés común. Con mayor razón ocurre esto en el caso de las concreciones civiles de tales normas.

De ahí también que, a la hora de justificar la posibilidad de la desobediencia civil, Hume requiera también el respaldo de un amplio número de casos que, considerados globalmente, como si de otra norma general se tratara, permitan concluir, razonablemente, que la obediencia al gobierno ha dejado de representar un servicio útil a la sociedad. En una palabra: *Para poder admitir la posibilidad de desobediencia civil, esta ha de presentarse también con el carácter de una regla general;* no puede justificarse en atención a un único caso, sino a muchos de la misma índole. Así, para quebrantar la regla que prescribe la obediencia al gobierno, sería preciso adoptar una perspectiva superior, meta-normativa, y valorar en qué medida el cumplimiento de las normas existentes ya no sirve al fin para el que fueron instituidas por el gobierno (garantizar la seguridad y la ejecución de la justicia), o bien en qué medida el gobierno, en su actividad ordinaria, ya no es capaz de garantizar esa misma estabilidad.

5.4.4. La posibilidad fáctica de que un gobierno deje de cumplir su función

Que tal cosa puede ocurrir, dice Hume, es patente por la historia y nuestro conocimiento de la naturaleza humana, la cual, incluso puesta en una situación tal que favorezca un interés inmediato por la justicia –como, según Hume, es el caso de los gobernantes– es tan irregular que puede en algunos casos dejarse llevar por la pasión hacia la crueldad y la ambición. De ahí que admitamos la posibilidad, no ya de la obediencia pasiva, sino de la resistencia a la tiranía:

> En todos los casos tiene alguna autoridad la opinión general de los hombres, pero en este problema moral su autoridad es totalmente infalible. Y no es menos infalible porque los hombres no sepan explicar con precisión los principios en los que se basa su opinión. Pocas personas pueden establecer esta cadena de razonamientos: «El gobierno es una mera invención humana para favorecer el interés de la sociedad. Cuando la tiranía del gobernante hace que este interés desaparezca, desaparece también la obligación natural de obedecer. La obligación moral está basada en la natural y, por tanto, debe cesar cuando esta cesa, especialmente cuando el asunto sea tal que nos lleve a prever numerosas ocasiones en que pueda cesar la obligación natural, siendo por ello causa de que establezcamos una especie de regla general para regular nuestra conducta en estos casos.» Pero, aunque esta argumentación sea demasiado sutil para el vulgo, lo cierto es que todo hombre tiene una noción implícita de ella y se da cuenta de que su obediencia al gobierno se debe simplemente al interés público, y también de que la naturaleza humana está de tal modo sujeta a flaquezas y pasiones que fácilmente puede llegar a corromper

esa institución, convirtiéndose entonces los gobernantes en tiranos y enemigos del pueblo (T. 3.2.9., 553).

En el texto anterior, Hume dice explícitamente que la obligación moral se basa en la obligación natural, de forma que cuando esta cesa, cesa también la anterior. En otras ocasiones, sin embargo, observa que la obligación moral, basada en el sentimiento de simpatía con la utilidad pública, perdura incluso en los casos en que con un acto concreto se contradice la utilidad pública. La aparente divergencia se explica si tenemos en cuenta que la utilidad de la justicia no depende de cada acto particular de virtud, sino de la sujeción general al esquema de justicia[185]. En todo caso, esto sugiere que para cuestionar la obediencia al gobierno lo que debe entrar en crisis es la utilidad no de un acto particular de justicia, sino del mismo *esquema* de justicia.

Esto es perfectamente compatible con el hecho de que, desde un punto de vista psicológico-moral, el sentimiento de la obligación moral de justicia perdure incluso cuando ha cesado su utilidad. Hasta cierto punto se trata de algo inercial, del mismo modo que la autoridad depuesta sigue inspirando respeto durante un tiempo. Con todo, desde el punto de vista moral-normativo, la obligación ya no existe: la obligación moral se basa en la natural y cesa cuando esta última también lo hace. Distinguir ambos puntos de vista puede no ser fácil en Hume, pues su mismo psicologismo le lleva a «mezclar» lo psicológico-moral y lo moral-normativo, al presentar la sanción moral como un sentimiento de utilidad social interiorizado por costumbre.

[185] Este es, en efecto, un rasgo definitorio de las virtudes artificiales; en ellas, la utilidad no va necesariamente asociada a cada acto de virtud, sino al esquema general que los actos sostienen: «La única diferencia entre las virtudes naturales y la justicia está en que el bien resultante de las primeras surge de cada acto singular y es objeto de alguna pasión natural, mientras que un acto singular de justicia, considerado en sí mismo, puede ser muchas veces contrario al bien común: es solamente la concordancia de la humanidad en un esquema o sistema de conducta general lo que resulta provechoso. Cuando ayudo al necesitado, son mis sentimientos naturales humanitarios los que me mueven, y hasta donde llegue mi ayuda habré procurado la felicidad de mis semejantes. Pero si examinamos todos los casos que se presentan a un tribunal de justicia, encontraremos que, considerando cada caso por separado, con igual frecuencia será un caso de humanidad el fallar en contra de las leyes de justicia que el conformarse a ellas. Los jueces quitan el dinero del pobre para dárselo al rico, dan al disoluto lo que el laborioso ha producido, y ponen en manos del vicioso los medios para causar daño, tanto a sí mismo como a otros. Por el contrario, considerado en su conjunto, el esquema de la ley y la justicia es beneficioso para la sociedad. Y fue con la intención de alcanzar estos beneficios por lo que los hombres establecieron la justicia mediante una convención voluntaria. Una vez establecida por estas convenciones, se ve acompañada naturalmente por un fuerte sentimiento moral, que no podrá deberse a otra cosa que a nuestra simpatía hacia los intereses de la sociedad» (T. 3.3.1., 579).

Con todo, esa «mezcla» de lo psicológico y lo normativo no le impide depurar, para el caso que nos ocupa, un criterio normativo que, en sus propios términos (los de Hume), resulta consistente: *precisamente porque la utilidad de la justicia reside en la vigencia de un esquema general de comportamiento, el único argumento para oponerse a ese esquema debe venir por una norma igualmente general*. Por eso, cualquier trasgresión o derogación de una regla general de justicia necesita probar su pertinencia alegando un número de casos significativo con los que se muestre, bien que la supuesta regla ya no está vigente, bien que de hecho rige una regla contraria a la utilidad general. Como ya se ha indicado, en el caso de la regla de obediencia al gobierno esto ocurre cuando la obediencia al gobierno ya no garantiza la seguridad y la ejecución de la justicia, porque él mismo se ha corrompido, de forma que ya no sirve al interés común:

> Y si el sentimiento del interés común no fuera nuestro motivo original de obediencia, me gustaría saber qué otro principio de la naturaleza humana será capaz de subyugar las ambiciones naturales de los hombres y de obligarles a una sumisión tal. La imitación y la costumbre no son suficientes, pues el problema sigue estando en qué es lo que imitamos y qué concatenación de acciones producirá la costumbre. Evidentemente, el único principio es el del interés común. Y si al comienzo es este interés la causa de la obediencia al gobierno, la obligación de obediencia deberá cesar cuando lo haga el interés, siempre que esto tenga lugar en un alto grado y en considerable número de casos (T.3.2.9., 553).

La insistencia de Hume en el interés común como base de la obligación de obediencia, debió de resultar impía a sus contemporáneos, porque parecía dejar al margen la última sanción de la obediencia al gobierno en Dios legislador. Con todo, el argumento de Hume no está tan alejado de la referencia clásica al bien común. Es verdad que hablar de *interés* común, y no de *bien* común subraya más el aspecto subjetivo que el objetivo (un aspecto más del psicologismo, que con él se perfila cada vez de manera más nítida). Y es que la objetividad de la ética, en el caso de Hume, no viene por el lado del bien, como objeto en el que todos estamos interesados, sino por el lado de la postulación de una común naturaleza humana, fuente de los mismos intereses. Es decir, es una argumentación que, a pesar de su apariencia teleológica, descansa en una concepción de la naturaleza como principio eficiente universalmente compartido. El teleologismo psicológico de Hume, por el cual se apunta a la utilidad social como criterio, puede fundar una ética objetiva solo porque presupone lo que John Rawls ha calificado un «fideísmo de la naturaleza» (J. Rawls, 2001). En todo caso, con base en ese teleologismo psicológico, Hume justifica la posibilidad de resistir al gobierno opresor, siempre y cuando en su actividad, este último se haya mostrado repetidamente contrario al interés común.

5.4.5. Recurso para situaciones extraordinarias

La dificultad reside en determinar en qué ocasiones esto es así. Según explica Hume, la desobediencia civil no puede tomarse como recurso ordinario. Pues:

> Aunque en algunas ocasiones resistir al poder supremo pueda ser justificable tanto para una correcta política como para la moralidad, es cierto que en el curso ordinario de los quehaceres humanos nada puede ser más pernicioso y criminal que ese levantamiento, y que, además de las convulsiones que acompañan siempre a la revolución, una práctica tal tiende directamente a la subversión de todo el gobierno y a producir confusión y anarquía universal entre los hombres. De la misma manera que una sociedad grande y civilizada no puede subsistir sin gobierno, tampoco este último tiene utilidad alguna si no se le presta rigurosa obediencia (T. 3.2.10., 554).

Es como si, una vez sentada la posibilidad de resistir al opresor, Hume quisiera dejar claro de nuevo que las reglas de justicia, y, entre ellas, la obligación de obedecer al gobierno constituido, deben cumplirse inflexiblemente, con el fin de tener alguna eficacia. Es decir: se debe admitir la posibilidad de resistencia, pero no de tal manera que se debilite la utilidad de las instituciones, la cual depende de una rigurosa obediencia.

Esto significa que, a la hora de evaluar si ha llegado o no el momento de plantar cara al gobierno, hemos de ser muy prudentes. «En todo momento debemos comparar las ventajas que obtenemos de la autoridad con las desventajas, y de esta forma seremos siempre más cuidadosos antes de llevar a la práctica la doctrina de la resistencia. La regla común exige sumisión: sólo en casos de cruel tiranía y opresión puede tener lugar la excepción.» (T. 3.2.10., 554)

Ahora bien: ¿cómo determinar que estamos en una situación semejante? A esta cuestión los medievales habían respondido con una pertinente distinción entre tiranos *ex defectu tituli* y tiranos *ex defectu exercitii*. En los párrafos anteriores venimos hablando sobre todo de este segundo caso; de la rebelión que se origina en la corrupción del gobierno. Pero Hume quiere tratar también el primero. Es lo que hace en T.3.2.10, al hablar de «los objetos de obediencia». La pregunta que se plantea es la siguiente: ¿a quién debemos considerar legítimo magistrado?

5.5. Criterios de legitimidad

Hume considera que la misma convención con la que instauramos el gobierno sirve también para determinar las personas que van a desempeñar el cargo. Como señalara anteriormente, en un principio esta convención se basaba en el consentimiento voluntario de los súbditos. Pero, una vez que el gobierno lleva un tiempo establecido sobre esta base, la sola promesa ya no basta para determinar el magistrado, pues no es tampoco considerada el fundamento del gobierno. Así, en una segunda fase, ya no es la promesa la que nos vincula a un gobierno y a unos magistrados, pues el mismo interés que nos llevó a vincularnos originalmente a ellos mediante una promesa –el interés por la seguridad– nos lleva ahora a sancionar el gobierno de otro modo –ya no mediante la promesa, sino mediante la costumbre. En efecto: piensa Hume que si en las etapas sucesivas hubiéramos de seguir fundando la obediencia en la promesa, esta y el gobierno instituido sobre ella serían sumamente frágiles. Ciertamente:

> Una promesa emplaza y determina a las personas sin incertidumbre alguna. Pero es evidente que si los hombres tuvieran que regular su conducta en este particular por la consideración de un interés peculiar, sea público o privado, se enredarían en una confusión inacabable y harían casi totalmente ineficaz toda función de gobierno. Todo el mundo tiene un interés privado distinto al de los demás, y aunque en sí mismo el interés público sea uno e idéntico, llega a originar grandes disensiones, en virtud de las diferentes opiniones que las personas tienen sobre él. Por tanto, el mismo interés que nos llevaba a someternos a la magistratura es el que nos hace renunciar a la elección de nuestros magistrados y nos obliga a vincularnos a una cierta forma de gobierno y a unas determinadas personas, sin permitirnos que aspiremos a alcanzar la máxima perfección ni en la forma ni en las personas (T. 3.2.10., 555).

En el párrafo anterior hay dos ideas significativas: la idea, ya apuntada por Hobbes (P. Manent, 1990) de que el régimen político debe estar a salvo de la inestabilidad derivada de las diferencias de opinión, y la idea tradicional de que, salvando la justicia, es preferible dicha estabilidad a la inestabilidad derivada de una búsqueda utópica de la perfección, ya del régimen ya de las personas. Con estas dos ideas directrices, Hume puede trazar una analogía significativa entre la concreción de las reglas de la propiedad y la concreción de la forma de gobierno:

> Sucede aquí lo mismo que ocurría en la ley natural concerniente a la estabilidad de posesión. Que la posesión sea estable es algo extremada-

> mente beneficioso e incluso absolutamente necesario para la sociedad. Y con vistas a esto es por lo que establecemos dicha regla. Sin embargo, vemos que si, para obtener los mismos beneficios, asignáramos posesiones particulares a personas particulares, no alcanzaríamos lo que nos proponemos, sino que perpetuaríamos la confusión que la regla pretendía precisamente evitar. Por consiguiente, debemos proceder según reglas generales y regularnos mediante intereses generales, modificando la ley natural de estabilidad de posesión (T. 3.2.10., 555).

Vemos reflejado en este texto el mismo razonamiento que emplea en otras ocasiones: los principios de justicia, que nos llevan a atender al bien común, no se aplican directamente al caso particular, sino con la mediación de reglas generales. Así, la utilidad social se encuentra en la base de la convención social básica, la primera ley natural de Hume, que prescribe la fijación o estabilización de la propiedad, pero dicha ley ha de concretarse según reglas generales: que cada uno siga poseyendo lo que ya poseía, la regla de ocupación, la regla de prescripción, la regla de accesión y la regla de sucesión. Del mismo modo, la utilidad social prescribe la institución del gobierno, pero la forma concreta del gobierno ha de determinarse según reglas: la primera institución por promesa, la posesión prolongada, la posesión presente, el derecho de conquista, el derecho de sucesión, o leyes positivas. Como sabemos, según Hume la eficacia de estas reglas debe combinarse con los efectos de la imaginación sobre el ánimo[186]; en todo caso, respecto a la cuestión de cómo determinar cuándo un gobierno es legítimo objeto de obediencia y cuándo, por el contrario, ha dejado de serlo, dice:

> A menos que el bien público no exija claramente un cambio, hay que admitir que la coincidencia de los títulos de contrato original, posesión prolongada, posesión presente, sucesión y leyes positivas establece el más fuerte derecho de soberanía, que debe ser justamente considerado como sagrado e inviolable (T. 3.2.10., 562).

Considerar algo como sagrado e inviolable, incluso cuando se ha retirado toda sanción sagrada al poder político: al decir de Habermas, precisamente en esto reside el reto típicamente ilustrado de fundamentación de la obediencia política (Habermas, 1991). En todo caso, lo habitual es que esos títulos de legitimidad enumerados por Hume no se den juntamente, y esto plantea un problema, pues «cuando esos títulos se encuentran entremezclados y opuestos en diferentes grados, producen frecuentemente

[186] Ilustra esto con el caso de las monarquías electivas, en las que fácilmente el pueblo se inclina a elegir al sucesor. (T.3.2.10., 561).

duda y perplejidad, con lo que la solución a los problemas que plantean viene dada menos por los argumentos de juristas y filósofos que por las espadas de los soldados» (T. 3.2.10., 562).

Callan los argumentos y hablan las armas, porque, en realidad, los argumentos podrían discurrir de muchos modos. Hume tiene una conciencia muy clara de lo contingente del asunto: la razón pura, incontaminada por el afecto a una causa, a un partido, no puede dirimir estas cuestiones:

> Sean cuales sean los principios por los que queramos explicar estos problemas, y otros parecidos, me temo que nunca podremos convencer a un investigador imparcial que no tome partido en las controversias políticas y se quede solo con la sana razón y la filosofía (T. 3.2.10., 563).

A la vista de este texto, cabría pensar que o bien Hume sufre aquí un desmayo momentáneo en su batalla particular frente a la «superstición» y al «entusiasmo», como diría Haakonssen (2009), o bien, como diría Bernard Williams, está experimentando los límites de la filosofía en cuestiones éticas y políticas (B. Williams, 1998) en las que el afecto, la tradición, la costumbre, desempeñan un papel importante. Nosotros nos preguntamos, ¿es realmente imposible razonar imparcialmente en cuestiones prácticas? ¿No dispone la filosofía de sus propios motivos, no necesariamente parciales, para dirigir los pensamientos en estas cuestiones?

Si la filosofía dispone de sus propios motivos, en la medida en que trata de extraer consecuencias de los principios de justicia, lo que la filosofía no proporciona por sí sola, sin embargo, es la ponderación del cúmulo de circunstancias contingentes en juego en una situación particular, donde en cambio puede desempeñar un papel la costumbre o el afecto. Así ocurre que, guiados por los mismos principios de justicia, la valoración última sobre si una determinada situación ha llegado a ser ya intolerable, de forma tal que legitime la desobediencia o la resistencia, puede variar de una persona a otra. De ahí las cautelas de Hume, que llegan al extremo de afirmar que, ni juristas ni filósofos, en cuanto dedicados a argumentos generales, pueden pronunciarse, respecto a los casos particulares:

> Hemos dicho que, como el gobierno es una mera invención humana establecida para conseguir un mutuo beneficio y seguridad, cuando deje de tener tal tendencia no impondrá ya obligación alguna, ni natural ni moral. Pero, *aunque este principio general sea sancionado por el sentido común y la práctica de todas las épocas, es ciertamente imposible que las leyes, o incluso la filosofía, establezcan reglas particulares para saber cuándo será lícito resistir,* solucionando así todo problema al respecto (T. 3.2.10., 563-564).

El silencio que, según Hume, deben guardar las leyes sobre el derecho a la resistencia, obedece en gran medida a razones de prudencia. Pues, dado que el gobierno no depende solo de las leyes, sino de las personas concretas que las aplican, puede ocurrir que lo que unos usan para bien, otros lo usen para mal:

> Este silencio no sería tan solo efecto del respeto hacia esas leyes, sino también de su prudencia. En efecto, dada la gran variedad de circunstancias por las que pasa todo gobierno, el ejercicio del poder por parte de un magistrado tan poderoso podrá hacer que en una ocasión sea provechoso para el público lo que en otra sería pernicioso y tiránico (T. 3.2.10., 563-564).

Ahora bien, ese silencio de las leyes respecto a un posible derecho de resistencia en determinados casos, no supone negar tal derecho: «a pesar de este silencio que guardan las leyes en las monarquías constitucionales, el pueblo sigue ciertamente conservando su derecho a resistirse, pues hasta los más despóticos gobierno son incapaces de privar al pueblo de ese derecho» (T. 3.2.10., 563-564).

A juicio de Hume, son los gobiernos *mixtos* los que probablemente podrán recurrir a la desobediencia con mayor frecuencia que los absolutos, y esto porque en tales gobiernos el pueblo no solo reacciona ante leyes o medidas sustantivamente injustas, sino también ante la usurpación de las funciones y las libertades que le son propias:

> No solamente cuando el más alto magistrado tome las medidas que sean de suyo altamente perniciosas para el pueblo, sino incluso cuando pretenda inmiscuirse en los demás órganos componentes de la Constitución, extendiendo su poder más allá de los límites legales, será lícito levantarse contra él y destronarlo, a pesar de que el tenor general de la ley sea el de juzgar tal resistencia y violencia como ilegal y rebelde. En efecto, además de que no hay nada tan esencial al interés público como la preservación de las libertades públicas, es evidente que, si se ha supuesto que tal gobierno mixto se encuentra ya establecido, todas las partes o miembros de la Constitución deberán tener derecho a su propia defensa y a mantener sus antiguos límites, sin tolerar la injerencia de otra autoridad (T. 3.2.10., 564).

El interés de esta reflexión reside en que, con ella, Hume da a entender claramente que *la resistencia se justifica siempre que un poder superior interfiere en las legítimas competencias de un poder inferior.* En un gobierno libre, quien puede lo más, no puede lo menos.

Aunque, como tantas otras soluciones de la teoría de la justicia de Hume, esta conclusión pudiera parecer diseñada *ad hoc* para justificar una actividad comercial libre de regulación por parte del gobierno, el argumento humeano se ciñe al análisis de lo que significa el gobierno mixto, en el que todas las partes de la constitución tienen su propia esfera de poder, de cuya defensa depende en gran medida el desarrollo de las libertades públicas. Precisamente por eso, porque tienen una esfera de poder que defender, en nombre de la libertad, es razonable que los gobiernos mixtos den más ocasión a la resistencia que los gobiernos absolutos.

De ahí también que Hume concluya que «las personas que parecen respetar nuestra forma libre de gobierno y niegan, sin embargo, el derecho a resistir a la autoridad, han renunciado a todas las pretensiones del sentido común y no merecen una respuesta seria» (T. 3.2.10., 564).

5.6. Resumen conclusivo

A lo largo de estas páginas hemos visto cómo, al hilo de una historia conjetural de las instituciones sociales, articulada con pertinentes observaciones psicológicas, Hume va analizando la contribución específica de cada institución a la utilidad social, principio este que, más allá de los amistosos sentimientos que los hombres puedan tener para con sus semejantes, es lo que a su juicio da razón última de la vida en sociedad entendida como sistema cooperativo.

Según Hume el gobierno no es una institución absolutamente necesaria, más que en sociedades con ciertas características; sobreviene, sin embargo, tan pronto las sociedades han adquirido cierto tamaño, y entonces lo hace para asegurar el cumplimiento de las convenciones sociales básicas, de las que depende la utilidad social. En su primera aparición, el gobierno se fundamenta en una promesa –institución pre-existente al gobierno–; pero en seguida se forma un deber específico de obediencia al gobierno, que no se confunde con la fidelidad a una promesa. Una vez instituido el gobierno, este se convierte en garante de las normas de justicia. En este sentido, Hume puede afirmar que el cumplimiento de los deberes civiles es una garantía de los naturales.

En todo caso, la cuestión que se plantea a partir de la justificación que da Hume de la obediencia al gobierno es la de la legitimación de la resistencia o desobediencia civil. Dado que Hume no fundamenta el deber de obediencia en el cumplimiento de una promesa, no puede justificar la desobediencia apelando al incumplimiento de la promesa por parte del gobierno. La justificación última de la resistencia civil vendrá únicamente de la comprobación de que el gobierno ha dejado de cumplir su función original. En este momento parecería cesar la obligación natural de obedecer al gobierno, que es base de la obligación moral. Sin embargo, valorar cuándo se dan estas circunstancias no es fácil. La dificultad se agrava si tenemos presente que el gobierno viene a asegurar el cumplimiento de unas normas cuya utilidad social reside más en el esquema general de comportamiento que proporcionan, que en la satisfacción de intereses individuales o sociales materialmente considerados.

Por esa razón, para concluir que el gobierno efectivamente ha dejado de cumplir su función es preciso identificar una pluralidad de casos tal que autorice a decir bien que el mantenimiento del *esquema* de justicia ya no sirve a la utilidad común, bien que el gobierno ya no cumple su actividad ordinaria de asegurar el esquema de justicia. Fuera de este criterio general, ni filósofos ni juristas pueden dar criterios muy particulares al respecto, aunque él mismo no vacila en dar uno específico de los regímenes mixtos: *la resistencia se justifica siempre que un poder superior interfiere en las legítimas competencias de un poder inferior.*

CAPÍTULO 6. LA OPOSICIÓN DE PASIONES Y SU SUPERACIÓN EN EL TRATO SOCIAL SEGÚN HUME: FAMILIA, CASTIDAD Y CORTESÍA

6.1. Introducción

Dentro de los estudios más recientes sobre la Ilustración se registra un marcado interés por el modo en que los propios autores ilustrados fueron advirtiendo en la aparición de la sociedad civil un camino específico de progreso o civilización: no solo a causa de la estrecha conexión entre desarrollo económico y sociedad civil, sino también a causa de los efectos específicamente civilizadores que, sobre la psicología humana, debía tener el desarrollo de un espacio social intermedio entre familia y política[187]. En este contexto, el pensamiento moral y político de Hume resulta especialmente significativo.

Según Hume, la toma de conciencia de las ventajas anejas a la vida social resulta no tanto de una reflexión teórica sobre las virtualidades de la vida social, cuanto de la experiencia práctica que adquirimos, sin necesidad de proponérnoslo, de manera natural, en el seno de una familia.

En pocas palabras, esta experiencia puede describirse como la posibilidad de superar el conflicto entre pasiones egoístas y altruistas, que se da

---

[187] «La economía política fue la llave a lo que la Ilustración pensó explícitamente como "el progreso de la sociedad". Pero el progreso de la sociedad no era sólo una cuestión de mejora material. Acompañando la investigación en economía política había una tercera preocupación, más general, por investigar la estructura y los modales de las sociedades en las distintas fases de su desarrollo, con el fin de recorrer y explicar el proceso histórico como un tránsito del "barbarismo" al "refinamiento" o la "civilización". El ámbito de esta investigación era potencialmente amplio, abarcando los modales en toda su variedad, el auge y refinamiento de las artes y las ciencias, las relaciones morales, incluyendo aquellas entre los sexos, las formas de propiedad, incluyendo el ejercicio de derechos de propiedad sobre el trabajo de otros, y los medios para el castigo. Resultó que muchas de estas cosas estaban estrechamente relacionadas con la cuestión de cuáles formas de gobierno se asociaban a las distintas fases del desarrollo» (J. Robertson, 2005: 29).

en todo ser humano, mediante un cierto *equilibrio de pasiones*, que admite y adopta una forma institucional denominada *familia*, la cual se presenta como un referente natural para otras formas institucionales con las que se persigue lograr un equilibrio análogo mediante cierto artificio. En ambos casos se pone en juego de lo que Christopher Berry ha denominado «principio homeopático», según el cual, sólo una pasión puede restringir a otra pasión (C. J. Berry, 2003: 413-433), ya sea de manera natural ya mediante algún artificio.

En lo que sigue, he tratado de ilustrar, con los propios textos de Hume, el modo en que este principio permitiría explicar la formación de la institución familiar, y su específica contribución a la formación de la sociedad civil, a saber: en cuanto principio impulsor de la introducción de las normas convencionales de cortesía. Según esto, el principio homeopático resulta una clave interpretativa de la teoría psicosocial implícita en la filosofía moral de Hume.

6.2. El equilibrio de pasiones en la familia

El deseo de sociedad, del que Hume habla frecuentemente con carácter general, se concreta en primer término en la comunidad familiar. Precisamente en la familia los dos factores que se demuestran cruciales en la operación de la simpatía –semejanza y contigüidad– adquieren un relieve especial (T. 2.1.11., 322-323).

Por de pronto, la comunidad familiar se basa originariamente en la satisfacción de un deseo natural, como es el apetito entre los sexos, que, según explica Hume, se caracteriza porque más allá de sus síntomas peculiares, inflama cualquier otro principio de afecto (T. 3.2.1., 481). Como ha subrayado Christopher J. Berry, esto nos da una idea del importante papel que la economía psíquica de la sexualidad desempeña en la configuración de la entera vida social (C. J. Berry, 1994).

Para Hume, el apetito sexual está en la base de la unión entre varón y mujer, bien entendido que, como advierte Berry, no se trata de simplemente de la unión física, puesto que Hume considera que a dicho apetito se debe también lo que «preserve la unión entre ellos» (T.3.2.2., 486): por consiguiente no se limita a uniones puntuales y sin trascendencia, sino que incorpora un principio de continuidad. Esto permite cualificar la relación entre los sexos como «amor», en el sentido preciso que Hume reserva a este término: una pasión compuesta, a medio camino entre el simple apetito, por una parte, y la amabilidad y estima, por otra (T. 2.2.11., 395) (C. J. Berry, 1994: 420).

En todo caso, la comunidad familiar posteriormente se desarrolla y refuerza mediante un nuevo vínculo, a saber, la «preocupación por la prole común» (T. 3.2.2., 486). Este nuevo vínculo entre varón y mujer, basado ya no directamente en el apetito sexual sino en los hijos, se convierte a su vez en un principio de unión entre padres e hijos, al que se debe una nueva y más numerosa sociedad, en la que ya hay lugar para experimentar una característica oposición y equilibrio de pasiones: la que se da entre *autoridad natural* –basada en superior fuerza y sabiduría– y *afecto natural por los niños* –que, como es sabido, Hume sitúa entre las pasiones naturales (T. 3.2.2., 486). Precisamente la familia constituye una institución o forma de vida social en la que ambas pasiones se estabilizan de manera natural. Posteriores formas institucionales tratarán de lograr un equilibrio análogo, con la introducción de ciertos artificios[188].

La oposición y el equilibrio de pasiones logrado en la familia no se limita a los padres sino que a alcanza también a los hijos. En efecto, como hemos apuntado, para Hume el solo hecho de nacer y vivir en la familia hace que los individuos lleguen a hacerse conscientes de las ventajas derivadas de la sociedad. La costumbre y el hábito hacen su trabajo en la mente de los niños, los «moldea» poco a poco, puliendo los aspectos más duros de su carácter, así como los afectos improcedentes que impiden su coalición (T. 3.2.2., 486). De este modo no solo adquieren un conocimiento práctico de las ventajas de la vida social, sino que quedan adecuadamente dispuestos para alcanzarlas.

Subrayar este punto es importante para advertir en qué sentido Hume rectifica a Hobbes o a todos aquellos autores que habrían caracterizado al ser humano principalmente en función de sus pasiones egoístas (T. 3.2.2., 486). Sin dejar de reconocer la existencia de tales pasiones, Hume, sin embargo, quiere equilibrar un poco más el cuadro. Para ello llama la atención sobre el hecho de que, en la vida ordinaria, la mayor parte de las veces los afectos familiares sobrepujan al interés por los propios asuntos individuales, y toma esto como un dato de experiencia con el que se puede rechazar la visión hobbessiana del hombre como un ser naturalmente egoísta (T. 3.2.2., 485-486).

[188] Así lo advierte BAIER: «En la historia que HUME relata en el *Treatise*, es solo a causa de nuestra naturaleza biológicamente dada, y algunos aspectos suyos que podemos aprobar y, en esa medida, llamar virtudes, por lo que podemos moralmente crear los artificios que de hecho hacemos. No creamos o inventamos *ex nihilo*, sino a partir de potencialidades presentes en la naturaleza, y todas nuestras creaciones, aunque no directamente modeladas a partir de ellas, reflejan y de hecho repiten rasgos presentes en la estructura social no artificial, la familia natural» (A. BAIER, 1988). «Hume's account of social artifice –its origins and originality» (R. COHON, 2001: 291-312).

Ciertamente, a esto cabría replicar que su apelación a «la experiencia común» toma en consideración a un hombre ya socializado, en el que ya han tenido oportunidad de surtir efecto los sentimientos sociales, mientras que con la hipótesis de un estado de naturaleza, marcado ante todo por el deseo de preservar la propia vida, Hobbes se dirige precisamente a mostrar por qué razón el hombre querría entrar en sociedad en primer término. Pienso, no obstante, que, despojados de pretensiones metafísicas, ambos planteamientos –el de Hobbes y el de Hume– son relativos a distintas situaciones socio-históricas –en el caso de Hobbes la experiencia de la guerra civil inglesa, en el de Hume la experiencia del desarrollo de la sociedad comercial–, y, en esa medida, tan compatibles como incomparables.

Con todo, cara a explicar el surgimiento de la sociedad civil a partir de la familia, el planteamiento de Hume tiene un interés especial. Pues él se esfuerza en mostrar cómo los elementos que hacen posible la cooperación social en primer término, se encuentran prefigurados en la vida familiar[189].

Por ejemplo, es en la familia donde por vez primera experimentamos la eficacia de la convención social básica, sobre la que descansa, según Hume, la entera vida social: la convención acerca de la estabilidad de las posesiones, gracias a la cual la pasión por adquirir se restringe a sí misma (T. 3.2.2., 493). Además, la familia se presenta también como el lugar donde se adquiere *la primera educación moral* y se refuerzan los sentimientos morales; en particular, donde se inculca y desarrolla el sentido del honor y del compromiso, tan necesarios para el mismo sostenimiento de la sociedad (T. 3.2.2., 499-500).

En efecto: según Hume, la familia, como agente educador, desempeña un papel crucial en el asentamiento de sentimientos de *honorabilidad,*

[189] Sobre esto ha insistido Baier: «La familia natural proporciona la experiencia de los beneficios de la cooperación y da a sus miembros el crucial conocimiento de que hay condiciones en las que podemos confiar y trabajar con otros para beneficio mutuo. Lo que es más, en la interpretación que hace Hume de ella, encontramos dentro de la familia natural "los rudimentos de la justicia" (T, 493), no solo en la cooperación misma, y en ese acuerdo tácito de coordinarse que figura lo que Hume llama "convención", sino también en precedentes de artificios específicos, del contenido de convenciones específicas. En la familia hay una prefiguración primitiva de la propiedad (T, 493), de la fidelidad a un cierto tipo de tarea (T, 571), y de gobierno mixto, cuando los padres gobiernan a causa de su superior fuerza y sabiduría, y al mismo tiempo se reprimen en el ejercicio de su autoridad por el afecto natural que tienen a sus hijos (T, 486). Uso la palabra "prefiguración" *(foreshadowing)*, porque estas anticipaciones familiares de específicos artificios sociales, siguiendo la terminología de Hume en el *Treatise* (T, 540), cuando dice que los líderes militares que asumen el mando en tiempo de guerra, antes de que se instituyan los gobiernos, disfrutan de una "sombra *(shadow)* de autoridad", de forma que "los campos de batalla son las verdaderas madres de las ciudades", esto es, de las comunidades gobernadas. (La metáfora biológica y femenina de Hume es aquí digna de mención)» (R. Cohon, 2001: 306).

gracias a los cuales se refuerza la cohesión moral de la sociedad. Precisamente en este punto, Hume incorpora a su reflexión una consideración de género, en la que se pone de manifiesto la estrecha interdependencia de familia y sociedad civil.

Concretamente, Hume advierte que, así como en el caso de los hombres el honor se asocia principalmente a guardar la propia palabra y a la valentía, en el caso de las mujeres se asocia de manera particular a la castidad (T. 3.2.12., 573). En ambos casos, dice Hume, la preservación del honor depende en buena parte de que se cumplan una serie de convenciones que guardan las apariencias (T. 1.3.13. 152-153). Sin embargo, hay una significativa diferencia entre las convenciones que preservan el honor de los hombres y el de las mujeres:

> Si comparamos ahora entre violaciones abiertas de las leyes del honor y violaciones disimuladas, veremos que la diferencia se encuentra en que, en el primer caso, el signo del que inferimos la acción censurable es único, y basta por sí solo para fundamentar nuestro razonamiento y juicio, mientras que en el segundo caso los signos son numerosos, y de ellos nada o bien poco se sigue cuando se presentan aislados y sin la compañía de muchas y minúsculas circunstancias, casi imperceptibles. Lo cierto es que un razonamiento es siempre más convincente cuanto más singular y unido se presenta a la vista, y menos trabajo da a la imaginación para reunir todas sus partes y pasar de ellas a la idea correlativa, que forma la conclusión. La labor del pensamiento perturba, como veremos enseguida, el curso regular de los sentimientos. La idea no nos impresiona con tanta vivacidad, y por consiguiente no tiene tanta influencia sobre la pasión y la imaginación (T. 1.3.13., 152-153).

Mientras que el honor de los hombres se preserva o se pierde en acciones singulares, el honor de las mujeres, dice Hume, se preserva o se pierde en función del cuidado o la negligencia en atender a una multitud de signos, algunos casi imperceptibles, relativos al trato entre los sexos. Este sería el modo que habría encontrado la sociedad de asegurar esta virtud: vincular la buena o mala reputación al cumplimiento estricto y fiel de una multitud de pequeñas y onerosas convenciones, relativas a «toda esa modestia exterior que requerimos en las expresiones, forma de vestir y comportamiento del bello sexo» (T.3.2.12., 570): tomadas individualmente, tales convenciones son signos que no dicen mucho; pero tomados en conjunto sugieren en el espectador una idea general acerca de la conducta de una persona: en este caso particular, de su conducta sexual.

6.3. Las convenciones sociales sobre la castidad y modestia de las mujeres

Según Hume, todas esas normas convencionales relativas a la castidad de las mujeres, a las que va vinculada su honorabilidad social, tienen su último origen en el deseo de proteger la institución del matrimonio, cuya utilidad social, como iniciadora de la familia y, por tanto, como inductora del proceso de socialización, es indudable[190]. Para Hume, estas normas sirven a la institución del matrimonio en la medida en que aseguran a los hombres la paternidad sobre los hijos: según esto cabría decir que, a pesar de su origen artificial o convencional, tienen una base natural, más o menos remota.

Esto último debe entenderse bien: para Hume lo natural no son tales normas –él es explícito al respecto[191]–, sino aquello que dichas normas tratan de proteger –el deseo de la certeza de la prole, que experimentan los padres–, y que Hume –siguiendo en esto una larga tradición iusnaturalista– considera clave para la solidez de la institución. Como ha observado Berry, el argumento de Hume tiene sentido si consideramos que en otras culturas el mismo fin social –asegurar la paternidad de los hijos– se consigue mediante otras convenciones: por ejemplo, mediante harenes guardados por eunucos (C. J. Berry, 2003: 423). Cuestión distinta es si el fin por sí solo permite discriminar entre convenciones mejores o peores.

En todo caso, Annette Baier hace notar que Hume habla de «convenciones voluntarias de los *hombres (men)*», es decir, varones[192]. Según esto habrían sido los varones los que habrían convenido en las reglas a las que deben someterse las mujeres para preservar intacta su honra (la de las mujeres) y, de ese modo, salvaguardar la institución del matrimonio. Interpretando de este modo el texto de Hume, Baier pretende presentarle como un crítico sutil del *status quo*, una interpretación que ha suscitado algunas controversias y en la que resulta difícil tomar partido, aunque sólo sea porque los restantes textos en los que Hume se pronuncia sobre estas

[190] Vid también TOCQUEVILLE: «Jamás ha habido sociedades libres sin moralidad, y como dije en la primera parte de este libro, es la mujer la que la sostiene. Así pues, todo cuanto influye en la condición de las mujeres, en sus hábitos y en sus opiniones, tiene a mis ojos un gran interés político» (A. TOCQUEVILLE, 1980: vol.II, parte 3, capítulo IX, 169).

[191] Por de pronto, situándolas en la parte dedicada al examen de «virtudes artificiales». (T.3.2.12., 570).

[192] A este respecto, BAIER se pregunta si el matrimonio, tal y como es descrito en el *Treatise*, libro 3, parte 2, sección 12, cumple los requisitos que él mismo señalaba anteriormente acerca de los artificios socialmente aceptables, a saber: que sea infinitamente ventajoso para el todo social y cada una de sus partes. (R. COHON, 2001: 309).

cuestiones son escritos muy retóricos, de modo que tan pronto pueden leerse en un sentido o en otro.

Lo único cierto es que Hume sostiene de manera explícita -y en perfecta consonancia con el tenor general de sus demás escritos- que las normas convencionales relativas a la castidad de las mujeres servían originalmente para asegurar a los padres que los hijos a los que dispensan sus cuidados son realmente suyos (T. 3.2.12., 570-571). Esto último es importante si recordamos que la consanguinidad cuenta como uno de los más poderosos principios de afecto, y el afecto a los hijos, a su vez, es una de las pasiones a las que se debe el peculiar equilibrio propio de la vida familiar.

En todo caso, el argumento de Hume parte de una doble observación: la infancia de los seres humanos es prolongada y *ambos* sexos -no sólo el sexo femenino- muestran una inclinación a cuidar de sus hijos (C. J. Berry, 2003: 418.). De esa observación infiere que *debe* haber una unión de ambos sexos lo suficientemente duradera como para que pueda cubrirse la educación de los hijos.

La naturaleza de ese «debe» es mixta: pues de entrada parece una necesidad natural -la satisfacción de una inclinación-; sin embargo, se trata de una necesidad natural que debe vencer ciertos obstáculos, y que, por esa razón, requiere un complemento psicológico: la creencia en la paternidad de los hijos; no sólo en razón de ideas patriarcales acerca de la línea de descendencia y herencia, sino también porque, como hemos dicho, la consanguinidad refuerza el afecto de los padres por los hijos, uno de los factores a los que cabe apelar para sostener la virtud de la castidad tanto en varones como en mujeres. En efecto, supuesto que se resienta el amor -que opera como principio de unión duradera entre los sexos-, el afecto a los hijos, que nos mueve a querer su bien, y, por tanto, a acompañarlos en su proceso de educación, puede operar todavía como un estímulo para guardar la fidelidad, en la medida en que impone una restricción al deseo individualista de placer.

Ahora bien, en el caso de la mujer la seguridad en la maternidad de los hijos no ofrece problemas: la anatomía evita cualquier duda al respecto; pero sí puede ofrecerlo en el caso de los hombres. Y es en este punto donde entran las convenciones sociales sobre la castidad de las mujeres, entendida en primer lugar, en sentido estricto, como fidelidad al lecho matrimonial[193]. Esta fidelidad, argumenta Hume, no puede lograrse mediante

[193] Excede el propósito de este trabajo el examinar la interesante cuestión de cómo se ve afectado este argumento por la introducción de tecnologías reproductivas, las cuales tan pronto introducen en las mujeres un factor de incertidumbre respecto al origen de la prole, como la anulan, también para el caso de los hombres -por ejemplo con pruebas de ADN. Lo que se plantea, entonces, es si la certidumbre requerida para alentar la función

la imposición de castigos penales a la mujer que falte a la fidelidad, por la obvia razón de que tales castigos no pueden infligirse sin prueba legal, que es difícil de conseguir en estos casos (T. 3.2.12., 571). Lo único que puede hacerse, para disuadir a las mujeres de la infidelidad, es asociar la *mala reputación* a esa conducta (T. 3.2.12., 571).

Invocando la buena o mala reputación, Hume incorpora a la argumentación un principio altamente valorado en su filosofía moral y que no carece de precedentes clásicos: una de las definiciones de virtud que ofrece Aristóteles es la de «hábito digno de elogio». Ahora bien, cabe preguntar: ¿es tal cosa suficiente? En particular, ¿es suficiente la amenaza de futura mala reputación para sobreponerse a la pasión presente? Probablemente no, y por eso se asocia la mala reputación no sólo a las violaciones del lecho conyugal, sino también al *comportamiento ligero* por parte de las mujeres, punto en el que entran en juego todas las convenciones sociales que se refieren no tanto a la castidad en sentido estricto cuanto a la modestia (T. 3.2.12., 571-572).

Con el término «modestia» Hume se refiere a «*all expressions, and postures, and liberties, that have an immediate relation to that enjoyment*», esto es, todas las expresiones, posturas y libertades que, más o menos remotamente, apuntan al gozo sexual. La modestia tiene que ver con evitar esta clase de expresiones, lo cual se logra, según Hume, no tanto mediante sutiles razonamientos abstractos (T. 3.2.12., 572), cuanto mediante una adecuada educación, con la que se consigue que aquellos que no tienen un interés directo en la fidelidad de las mujeres, llevados por la opinión general, también lleguen a reprobar en ellas todo «comportamiento ligero» (T. 3.2.12., 572-573).

Hume, en efecto, distingue entre aquellos que tienen «un interés en la fidelidad de las mujeres», los cuales desaprueban la infidelidad de manera natural, y aquellos otros que no tienen particular interés en su fidelidad, pero que, de haber una práctica asentada en este sentido, se sumarían sin más al sentir general. Cabe adivinar que los directamente interesados en la fidelidad de las mujeres son sus maridos y los que tienen la vista puesta en la solidez de la sociedad –probablemente los gobernantes. Por el contrario, cabría suponer que los no directamente interesados en la fidelidad de las mujeres serían, ocasionalmente, las mismas mujeres, tentadas por su imaginación[194], así como varones sin mayor deseo de compromiso. Pues

---

paterna es una simple certidumbre «científica», o debe ser, sobre todo, una certidumbre moral, basada en la confianza mutua y ratificada por la integridad de vida. Pienso que Hume se inclinaría por esta segunda opción.

[194] «La ausencia de regulación natural del sexo en los seres humanos, cuando se les compara a otros animales, es exacerbada por sus mayores poderes reflexivos y su capacidad imaginativa. Hume señala que "reflexionar" sobre el sexo "basta para excitar el apetito".

bien: según Hume, incluso estos últimos no tendrían mayor inconveniente en sumarse al sentir general, favorable a la institución del matrimonio y por tanto a la castidad y modestia de las mujeres, siempre y cuando tal sentir fuera, en verdad, un sentir general, sancionado por la educación y las costumbres:

> La educación se adueña de las dúctiles mentes del bello sexo en la infancia. Y una vez establecida una regla general de este tipo, los hombres son propensos a extenderla más allá de los principios de que surgió. Así, los solteros, aun siendo viciosos, no solo no prefieren ejemplos de lascivia o impudicia en las mujeres, sino que se irritan ante ello. Y, aunque todas estas máximas muestren una clara referencia a la generación, ni siquiera las mujeres que no están ya en edad de tener hijos tienen más privilegios a este respecto que las que están en la flor de su juventud y belleza (T. 3.2.12., 572-573).

Es un principio general de la filosofía moral de Hume que una vez que una regla se ha establecido, inicialmente por referencia a casos muy concretos, pronto se extiende más allá de los casos originales. Hume lo advierte para el caso de las reglas de justicia, y algo así parece ocurrir también con las convenciones relativas a la castidad y la modestia: Aunque se introducen originalmente para garantizar la certidumbre de la prole, y, por tanto, su especial objeto de aplicación son las mujeres jóvenes en edad de procrear, enseguida se extienden también a varones y mujeres de edad. En esto, precisamente, Hume cree reconocer una prueba más de que las normas de la modestia son normas convencionales. Tal cosa, sin embargo, no significa que la sumisión incluso de mujeres ancianas a tales normas carezca de importancia: por el contrario, es un modo de contribuir a su implantación social. Aunque algo parecido podría decirse también de la sumisión de los hombres a normas análogas, Hume reconocer que, en este caso, la sociedad acepta una mayor laxitud:

> Es indudable que los hombres tienen una noción implícita de que todas estas ideas de modestia y decencia están relacionadas con la

El "solo pensar en ti" puede ser sexualmente excitante y "tú", gracias a la imaginación, puede ser cualquiera. La virtud artificial de la castidad es así un modo de vigilar o regular el actuar promiscuamente en el pensamiento. La regulación trata de asegurar que hay "alguien" autorizado y no simplemente "cualquiera", que es objeto del sexo. Del mismo modo que la posesión necesita adscribirse a un propietario a través de las convenciones de justicia, de modo que se convierta en su "propiedad", así también una mujer particular debe adscribirse a través de una convención a un hombre particular, de forma que se convierta en su esposa y la descendencia sea suya [...] Podemos presumir, con Hume, que las mujeres ligeras (¿como Emma Bovary?) están inclinadas a dejar que sus imaginación se apodere de ellas» (C.J. Berry, 2003: 430-431).

> generación, dado que estas mismas leyes no rigen con la misma fuerza para el sexo masculino, donde este motivo no se da. La excepción es en este caso obvia y aplicable a todos los hombres, y está basada en una diferencia fácilmente apreciable, que produce una evidente separación y distinción de ideas. Pero como este no es el caso por lo que respecta a las diferentes edades de la mujer, por esta razón la regla se extiende más allá del principio original –a pesar de que los hombres son conscientes de que esta nociones están basadas en el interés público– y nos lleva a aplicar las ideas de modestia a todas las mujeres, desde su primera infancia hasta la más extrema vejez y postración (T. 3.2.12., 572-573).

Según Hume, la razón de que la sociedad aplique con más laxitud a los varones las normas de la castidad y la modestia se debe a que implícitamente admitimos la conexión de estas normas con la generación, y entendemos que la mayor confusión respecto a la paternidad se deriva del incumplimiento de tales normas por las mujeres, mientras que no ocurre lo mismo con los hombres. Aunque basándonos en este argumento cabría admitir también cierta laxitud en el cumplimiento de esas normas por las mujeres ancianas, seguimos aplicándoles a ellas un rigor parecido, sencillamente porque en nuestra mente separamos con más facilidad la naturaleza del varón y la de la mujer que la condición de la mujer anciana y la joven.

Vemos así que, con independencia de si Hume comparte o no el punto de vista de su sociedad sobre este punto, lo cierto es que no deja de advertir la doble vara de medir que rige, en esta virtud, respecto a varones y mujeres. Pues aun admitiendo que a la sociedad no le conviene tampoco el libertinaje de los hombres[195], reconoce también que tolera mejor en ellos las excepciones en esta materia. En este punto se permite trazar una comparación: del mismo modo que las normas de justicia dentro de un estado no admiten excepción, pero normas análogas, aplicadas a las relaciones entre distintos estados, son más laxas, así ocurriría con las normas de castidad y modestia: se aplican con todo rigor a las mujeres y menos rigor a los hombres:

> En cuanto a las obligaciones que la castidad impone al sexo masculino, cabe observar que, de acuerdo con las nociones generales de la gente, esas obligaciones guardan aproximadamente la misma proporción, con las que tienen las mujeres, que la proporción de la obligatoriedad de las leyes de las naciones guarda con la de las leyes naturales. Va en contra

[195] Como observa Berry, «si la promiscuidad fuera lo ordinario, la descendencia producida al azar no tendría garantizada la supervivencia, por no hablar de la socialización». (1997: 429).

> del interés de la sociedad civil el que los hombres tengan plena libertad para entregar sus apetitos al placer sexual; pero como este interés es más débil que el existente en el caso del sexo femenino, la obligación moral que origina deberá ser proporcionalmente más débil. Para probar tal cosa no tenemos más que apelar a la práctica y opiniones de todas las naciones y épocas (T. 3.2.12., 573).

Aunque Hume distingue entre la obligación *natural* –esto es, basada en el interés social– de seguir ciertas normas, y la obligación *moral* –basada en la interiorización sentimental de las anteriores–, considera que existe una proporción entre la segunda y las primeras. Según esto, del hecho de que la sociedad necesite crucialmente de la castidad de las mujeres, para preservar la solidez de la institución familiar, cabría concluir la mayor obligación moral de éstas en vivir esta virtud.

Sin embargo, en la medida en que la obligación moral, una vez introducida, adquiere cierta independencia (T. 3.2.12., 573), cabría objetar que la menor relevancia social de la castidad de los varones no justifica realmente una menor obligación moral, al menos no desde el punto de vista subjetivo. Como hemos visto, también los hombres, y no solo las mujeres, tienen afecto por los niños, y la existencia de esta pasión opera naturalmente como un contrapeso al deseo indiscriminado de placer. Por eso, si Hume se deja llevar en esto «por los sentimientos de todas las naciones y épocas», parece, con todo, que se deja llevar, sobre todo, por la suya propia.

6.4. Las reglas de honor y cortesía

En todo caso, en la especial obligación moral de ser castas, que Hume atribuye a las mujeres, se encuentra el papel singular que Hume les atribuye en el proceso general de civilización[196]. Esto se advierte sobre todo

[196] Esta es una idea que se repite con frecuencia. Véase, por ejemplo, las observaciones de Tocqueville (1980) «Es la mujer quien hace las costumbres. América es probablemente el país del mundo donde el lazo del matrimonio es más respetado y donde s tiene una idea más elevada y justa de la dicha conyugal. En Europa casi todos los desórdenes de la sociedad se originan en el hogar doméstico y no lejos del lecho conyugal. Allí es donde los hombres conciben el desprecio por los lazos naturales y los placeres lícitos, el amor por lo desordenado, la inquietud de corazón., la inestabilidad de los deseos. Agitado por las tumultuosas pasiones que a menudo perturban su propia morada, el europeo se somete de mal grado a los poderes legisladores del Estado. Cuando al salir de la agitación del mundo político el americano vuelve al seno de la familia, encuentra en él la imagen del orden y la paz. Allí todos sus placeres son simples y naturales, sus goces inocentes y tranquilos; y como llega a la felicidad a través de la vida ordenada, se habitúa sin dificultad a regular tanto sus opiniones como sus gustos. Así como el europeo trata de escapar a sus sinsabores

en algunos de sus *Ensayos literarios*, cuya interpretación, como apuntaba antes, es controvertida, principalmente debido al tono retórico con el que están escritos. Como es sabido, Hume dirige explícitamente estos ensayos al «Bello sexo, que son las soberanas del imperio de la conversación», una prueba de que, como apunta Donald Siebert, Hume considera que las mujeres son piedra de toque de las pasiones sociales y el sentimiento, algo clave en la formación moral[197].

El modo en que las mujeres ejercen su función civilizadora tiene mucho que ver con la tradición occidental de la conversación galante. Siebert ha advertido una evolución del pensamiento de Hume a este respecto: tras un ensayo temprano en el que despreciaba las novelas de caballerías, en su ensayo «*Of the Rise and Progress of the Arts and Sciences*» (1994), habría llegado a apreciar el valor de la galantería en la civilización europea (D. T. Siebert, 1997: 64)[198].

Aunque la relación entre las novelas de caballerías y la civilización europea era un lugar común[199], no deja de ser interesante que, en uno de sus textos, Hume considere la galantería europea como algo hasta cierto punto natural, necesario para corregir vicios, y, por tanto, como algo necesario para la moral, puesto que sin eso no puede subsistir una sociedad humana:

domésticos perturbando la sociedad, el americano adquiere en su hogar el amor al orden, que hace extensivo luego a los asuntos del Estado» (A. Tocqueville, 1980: vol. I, parte 2, capítulo 9, 275-276).

[197] «Las mujeres se convierten en las piedras de toque para las pasiones sociales y para el sentimiento, y, tal y como Hume argumenta más filosóficamente en su *Treatise* y *Segunda Investigación*, "los corazones fríos" son siempre enemigos de la virtud» (D. T. Siebert,1997: 62-79).

[198] Hume apunta específicamente a aquella galantería, descendiente de la caballerosidad de los tiempos anteriores, como la principal causa de esa amabilidad y refinamiento en la que los modernos superan a los antiguos. Hume se extiende en su defensa de la galantería. Frente a aquellos que la calificarían de «ridícula [...] un reproche más que un mérito de la época presente», él argumenta que como «la amistad y la simpatía mutua» son instintivas incluso entre los animales más fieros, la galantería puede verse del mismo modo como «natural en el grado más alto». Pero no es suficiente para Hume con situar este comportamiento cortés en la naturaleza. «La galantería es tan generosa como natural. Corregir vicios tan groseros como los que nos llevan a cometer verdaderas ofensas sobre otros, es parte de la moral [...] Donde eso no se contempla en algún grado, ninguna sociedad puede subsistir» (E, pp. 131-32). Este es un lenguaje fuerte. La galantería ya no es claramente ese adorno del que Hume se había burlado en su temprano «Ensayo sobre la caballerosidad». (D. T. Siebert, 1197: 66).

[199] Así, por ejemplo, en Ferguson: «Si la moral de las tradiciones populares, y el gusto de las leyendas fabulosas, que son el producto o entretenimiento de edades particulares, son también indicaciones seguras de sus naciones y caracteres, podemos presumir que el fundamento de lo que ahora se considera la ley de la guerra y de las naciones, fue puesto en los modales de Europa, juntamente con los sentimientos que se expresan los relatos de caballería y de galantería. Nuestro sistema de guerra no difiere más del de los griegos que los caracteres favoritos de nuestro romance temprano difieren de aquellos de la Ilíada y de cualquier poema antiguo» (A. Ferguson, 1966: 200).

> La galantería no es menos compatible con el saber y la prudencia que con la naturaleza y la generosidad; y, sometida a reglas adecuadas, contribuye más que ningún otro recurso a la diversión y mejora de la juventud de ambos sexos [...] Si despojamos a un festín de su acompañamiento de charlas, discreteos, simpatías, amistad y regocijo, lo que queda apenas merece la pena, a juicio de los verdaderamente elegantes y sibaritas. ¿Qué mejor escuela de buenas maneras que la compañía de mujeres virtuosas, en la que el mutuo deseo de agradar afina insensiblemente el espíritu, el ejemplo de la dulzura femeninas se comunica a sus admiradores y su delicadeza nos mantienen alertas para no ofenderlas con faltas al decoro. (*Sobre el origen y el progreso de las artes y las ciencias, Essays*, vol. I, p. 193-194 (1994:93))

En efecto: según Hume, sea cual sea la cultura de un determinado pueblo, en todos ellos se han de mantener ciertas reglas de honor (EPM, 4., 209), ciertas pautas acerca de lo que es o no adecuado en el trato entre los sexos, que sirven al entretenimiento, refinamiento y comunicación mutua. Sin dejar de advertir que en algunas naciones las costumbres han llegado a autorizar cierta galantería inmoral, hace notar cómo también en esos casos se procura cierta regulación:

> Entre las naciones en que las costumbres autorizan hasta cierto punto una galantería inmoral, siempre que se cobra con un fino velo de misterio, inmediatamente surgen un conjunto de reglas calculadas para la conveniencia de esa relación. La famosa corte de Provenza decidía antaño todos los casos difíciles de esta naturaleza (EPM, 4., 210).

El texto puede servir para generalizar un aspecto de la argumentación de Hume: cualquier forma de relación social requiere el establecimiento de reglas. Hume se refiere a las sociedades de juego, en las que se instituyen reglas, en gran medida caprichosas y arbitrarias, pero que han de cumplir quienes participan en el juego; se trata de reglas muy distintas de las reglas morales, de la justicia, la fidelidad o la lealtad , las cuales son enteramente necesarias para la vida común (EPM, 4., 211). Pero no importa lo triviales que sean, su mera existencia es significativa de un punto fundamental: «*The necessity of rules, wherever men have any intercourse with each other.*» (EPM, 4., 211)

En efecto: allí donde hay trato social, debe haber reglas[200]. Esto, que vale incluso para asociaciones que tienen por fin el juego, vale en general

[200] «La convención, aunque no fundación o causa de la sociedad [...] puede suponerse simultánea con el trato de la humanidad [...] A partir de los primeros pasos, por tanto, que se dan en sociedad, se puede suponer que se han ido acumulando las convenciones

para todo trato social. Hume habla en ocasiones de una «moralidad menor» –por comparación a las normas básicas de la convivencia, relativas a la justicia. Entre estas reglas de «moralidad menor», indispensables en el trato social, se refiere a aquellas normas que llevan a hablar modestamente de uno mismo, o las que prohíben el uso del lenguaje grosero.

Hume considera que el valor que concedemos a la modestia –que en principio lleva a disimular la desagradable pasión del orgullo (T. 3.3.2., 598), pero finalmente incluso a ocultar los propios talentos– arranca de un *prejuicio:* todos los hombres tienden a valorarse en más de lo que son; por ello no hay que prestar gran credibilidad a la prepotencia y a la expresión de la propia valía. Esta común experiencia estaría en la base de ciertas normas de conducta, que Hume enumera en el mismo lugar:

> Debemos estar dispuestos a preferir en todo momento a los demás en vez de a nosotros mismos; a tratarlos con cierta deferencia aun cuando sean nuestros iguales; a pasar, cuando estemos acompañados, por el más sencillo e ínfimo, siempre que nuestra condición no sea claramente superior a la de los demás. Si seguimos todas estas reglas en nuestra conducta los hombres tolerarán mejor la expresión indirecta de nuestros ocultos sentimientos de vanidad (T. 3.3.2., 598).

Ahora bien; aquel prejuicio que nos lleva a rechazar la manifestación de orgullo como algo inadecuado se encuentra tan arraigado, que incluso en el caso de que un hombre realmente haya hecho algo de mérito, la *costumbre* nos lleva a mirar con desagrado el que nos lo haga notar. La costumbre, por tanto, estaría en la base de que ciertas normas de conducta, originalmente introducidas para disimular el orgullo exagerado, terminen extendiéndose también a los casos de orgullo legítimo.

En la norma social que considera de mal gusto la exhibición de los propios talentos, tenemos un nuevo caso de ese principio general, al que Hume alude con cierta frecuencia: la norma convencional, inicialmente introducida por un fin bien concreto, se generaliza y llega así a adquirir una extensión mayor de lo inicialmente previsto, llegando incluso a modificar su sentido original. Si en el origen rechazábamos el orgullo porque se supone una exageración, y por tanto falso, luego molesta simplemente por ser orgullo.

Algo similar ocurre con las otras normas de cortesía, a las que aludíamos arriba: las que prohíben el lenguaje grosero. Hume advierte que muchas veces nos resulta más molesta una fina ironía que el lenguaje

en forma de prácticas, si no en forma de estatutos o instituciones expresas» (A. FERGUSON, 1968: 163).

abiertamente ofensivo. Pero eso ocurre porque, inicialmente, lo realmente ofensivo era este último, y por esa razón fue prohibido. A partir de entonces, quien insulta abiertamente se rebaja a sí mismo en mayor medida de lo que ofende al otro (T.1.3.13., 151-152). La prohibición introducida para garantizar la convivencia, ha terminado por desactivar lo ofensivo de la conducta originalmente prohibida. Una vez introducida la convención que prohíbe el lenguaje grosero, por ofensivo, el que queda peor ante los ojos de todos no es el supuestamente ofendido, sino el ofensor.

A la vista de estos ejemplos, resulta tentador interpretar la explicación que ofrece Hume de las reglas de cortesía en los términos en que lo hará posteriormente Nietzsche: como una inversión de valores, consecuencia de la interiorización de normas que vienen a contrariar ciertas inclinaciones de nuestra naturaleza. Y, en verdad, la génesis de las normas de cortesía sugerida por Hume –y más en general la génesis misma de las normas morales, en el concepto de utilidad– se presta muy fácilmente a una interpretación auto-destructiva, tanto de las convenciones sociales como de la moral propiamente dicha. Sin embargo, a diferencia de Nietzsche, el propósito de Hume no es cuestionar el orden social existente, sino explicarlo partiendo de la observación de la conducta humana.

Desde esta perspectiva, Hume considera que las normas de cortesía vienen a introducir un equilibrio en nuestras pasiones, de forma que faciliten el trato social y en última instancia la misma vida social. Además de los ya citados tenemos otro ejemplo particularmente significativo en aquella norma que prohíbe «repetir, en perjuicio de un hombre, cualquier cosa que se le escapó en una conversación privada»: Hume advierte con claridad que una norma como esta viene a garantizar el intercambio libre y sociable de opiniones (EPM, 4., 208).

En todo caso, la ley general que siguen estas normas de cortesía es la de contrapesar la pasión o inclinación natural, mediante una deliberada inclinación en sentido contrario:

> El papel de la moral, y el objeto de la educación ordinaria, es corregir aquellos vicios que nos llevan a ofender a los demás. Donde no se presta atención a esto no puede haber sociedad humana. Pero a fin de hacer más fácil y agradable la conversación y el trato entre las gentes, se han inventado las buenas maneras, que han ido aún más lejos. En todos los puntos en que la naturaleza ha dado al espíritu propensión a algún vicio o pasión desagradable para los demás, la buena educación ha enseñado a los hombres a tender al lado opuesto y conservar en todo su comportamiento la apariencia de sentimientos diferentes a aquellos a los que por su natural se inclinan (*Del origen y progreso de las artes y las ciencias*, *Essays*, vol. I, p. 192 (1994: 91))

En una apretada síntesis, Hume enumera algunos ejemplos que hemos venido considerando: la propensión a exigir preferencia, se contrarresta con la norma que impone ser deferente con los demás y darles prioridad; la propensión a despreciar a determinadas personas, por sus achaques, indefensión, edad, etc., se contrapesa con la norma que impone mostrar mayor respeto a débiles, ancianos, enfermos, forasteros, mujeres, etc[201]. De este modo, como apuntábamos, las normas convencionales sirven al propósito de encauzar y facilitar nuestra inclinación sociable:

> Este principio es también el fundamento de la mayoría de las leyes que regulan las buenas maneras; una clase de moralidad menor, calculada para la comodidad de las reuniones de personas y de la conversación. Tanto las excesivas formalidades como su escasez son condenables; y todo lo que promueve nuestra comodidad sin provocar una familiaridad impropia es útil y laudable (EPM, 4., 209).

Llegamos así al equilibrio que, según Hume, debemos alcanzar en nuestro trato social: ni excesiva formalidad ni excesiva familiaridad. Cabría detallar: ni la familiaridad propia del trato con parientes y amigos ni la frialdad propia de las reglas de justicia, inicialmente introducidas por motivos de interés. Las reglas de buenas maneras, en las que se dan cita motivos de interés y un cierto gusto por la conversación, adquirido en la familia, constituyen la pauta que ha de regir la vida y la conversación social allende la familia, es decir, esa vida y esa conversación que tiene lugar en ausencia de, o con independencia de los vínculos de amor o amistad que nos puedan unir a las personas. Así, sin dejar de recordar lo necesaria que es la constancia en las relaciones de amistad y de familia, Hume hace notar cómo la utilidad pública prevé y promueve un espacio de vida social en el cual es posible relacionarse y hablar sin reservas con muchas personas, y abandonar después esa relación, sin que tal cosa suponga un quebranto de las buenas maneras (EPM, 4., 209).

Sin dejar de advertir la ambivalencia de las buenas maneras –su lado negativo ya señalado por Rousseau–, Hume considera que su ausencia es igualmente ambivalente:

> Del mismo modo que la cortesía moderna, que tanto adorna cuando es natural, cae a menudo en la afectación, el disfraz y la hipocresía, así la antigua sencillez, tan franca y afectuosa, degenera con frecuencia en grosería y abuso, chabacanería y obscenidad (*Del origen del progreso de las artes y las ciencias*, *Essays*, vol.I, p. 191 (1994: 90).

[201] (*Del origen y progreso de las artes y las ciencias*, *Essays)*, vol.I, p. 192 (1994:91-92).

En general, sin embargo, la valoración que hace Hume de las buenas maneras es positiva: ellas sirven al propósito de limitar nuestras pasiones egoístas que podrían ser causa de conflicto, y así crear un espacio social en el que nuestra inclinación sociable puede finalmente desarrollarse sin peligro.

6.5. Recapitulación

Hume presenta la formación de la sociedad civil a partir de la experiencia de los bienes anejos a la sociabilidad, que tiene lugar en la familia, la primera forma de superación del conflicto de pasiones egoístas y sociables que acompaña la naturaleza humana; el contexto en el que se adquiere *la primera educación moral* y se refuerzan los sentimientos morales; en particular, donde se inculca y desarrolla el sentido del honor y del compromiso.

A su vez, la sociedad civil se presenta como otro modo de superar el conflicto, modo, sin embargo, que no constituye una mera réplica de la familia. En efecto: a diferencia existente entre las relaciones propias del ámbito familiar –comparables hasta cierto punto con las relaciones de amistad–, las relaciones propias de la sociedad civil son en principio más formales, y requieren de cierto *aprendizaje social*, que cabría describir como la adquisición de competencias conversacionales, enmarcadas dentro de ciertas reglas o convenciones: las reglas de cortesía.

Las reglas de cortesía constituyen un artificio con el que se persigue equilibrar las pasiones egoístas y sociables, de forma que se haga más llevadero y aun grato el trato social. Son, por tanto, una forma de regular institucionalmente nuestros sentimientos en un contexto que, a diferencia del contexto familiar, no facilita por sí solo –naturalmente– dicha regulación. Así pues, aunque entre las relaciones que se establecen en el seno de la familia y las propias de la sociedad civil cabe reconocer una cierta continuidad, se da también una notoria diferencia: la diferencia que existe entre un equilibrio natural y un equilibrio artificial de las pasiones.

Por otra parte, sin embargo, esas mismas normas ejercen un impacto sobre la educación moral que se imparte en la familia. Esto se advierte de manera singular en las normas convencionales sobre la castidad y la modestia, con las que la sociedad viene a reforzar o, por el contrario, debilitar, la obligación de la fidelidad matrimonial. Y a la inversa: la educación moral y cívica recibida en la familia refuerza o, por el contrario, debilita las convicciones a las que los individuos se atienen en su conducta cotidiana. Por ello, ambas formas sociales se constituyen en referente para la formación del juicio moral de los agentes individuales. De ahí también que cualquier modificación institucional termine por afectar inevitablemente a la subjetividad.

CAPÍTULO 7. LA SOCIABILIDAD HUMANA SEGÚN HUME: DE LOS CÍRCULOS NATURALES DE SIMPATÍA A LA FORMACIÓN DE UN JUICIO MORAL IMPARCIAL

7.1. Introducción

En buena parte inspirados por la obra de Habermas (1990) sobre el espacio público, muchos estudios históricos recientes sobre la Ilustración vienen argumentando que el siglo XVIII fue testigo de la aparición de una cultura pública definida por la práctica de la *politeness* en la conversación, como un modo de superar el partidismo político o la diferencia religiosa. La peculiaridad de esta ciudadanía reside en el hecho de que fue defendida más sobre la base de una preservación inteligente del interés individual que sobre una promoción consciente del bien común, el cual se promovía en mayor medida por la multiplicación de las interacciones sociales y la espontánea aparición de un sentido común público y moderado que por la acción positiva de la clase política.

Hay razones para considerar a Hume como uno de los casos ejemplares de este tipo de aproximación a la vida pública, uno de los representantes principales de esa sociabilidad ilustrada que, según Robertson, configuró «una cultura de la ciudadanía, pero una ciudadanía en modo alguno estrechamente republicana o revolucionaria» (J. Robertson, 2006: 18-19). Para verlo, tenemos que atender a la proyección social de su teoría de la simpatía. Haciendo esto, estamos llamando la atención sobre una de las conexiones sistemáticas entre Hume y los estoicos.

No es fácil decidir si la filosofía moral de Hume está más cerca de los epicúreos, los estoicos o los escépticos[202], y el propósito de este capítulo no es decidir esa cuestión. Aunque a causa de su ultimo criterio de moralidad, parece más próximo a los epicúreos –pensemos en la última razón

[202] En sus Ensayos «El Epicúreo», «El Estoico», «El Escéptico», describe esas posiciones sin identificarse con ellas.

que proporciona para rechazar el comportamiento del bribón astuto[203]–, su sistema moral también está en deuda con el estoicismo en un punto fundamental, a saber, en la adopción del principio de simpatía como el principio más básico de la moral.

En efecto: el principio de simpatía, que está en la base de la teoría social y moral de Hume, puede considerarse una versión peculiar de la *oikeoisis* estoica, propia de la segunda Estoa, según la cual nosotros nos encontramos ante todo en relación con nosotros mismos, y es solo a partir de esa identidad primordial como vamos expandiendo gradualmente nuestra simpatía, en círculos concéntricos: primero hacia los más próximos a nosotros, y luego hacia aquellos con los que tenemos menos cosas en común:

> Es manifiesto que en la estructura original de nuestra mente la atención más intensa está centrada en torno a nosotros mismos; la siguiente en intensidad se dirige a nuestras relaciones y conocidos; tan solo la más débil alcanza a los extraños y a las personas que nos son indiferentes. (T. 3. 2. 2. 2., 488)[204]

Hume piensa que en todo deseo humano hay una referencia implícita a la sociedad. Esa referencia, dice, es atribuible a la operación del principio de simpatía. Sin embargo, el mecanismo de la simpatía funciona de tal manera que cuando creamos sociedad con los que están próximos a nosotros, creamos también, indirectamente, cierta distancia con los que no nos son tan afines. Si bien esta distancia no intencionada podría dar lugar al conflicto social, también representa una oportunidad para desarrollar el tipo de relación propio de la sociedad civil, que es cualitativamente diferente de la que encontramos en el interior de la familia. Considero que Hume es uno de los primeros autores en haber advertido la relevancia de esta diferencia para el desarrollo de vida social compleja. El prisma a

---

[203] «Aunque consiguieran obrar en secreto y tener éxito, el hombre honrado, si posee algún barniz de filosofía o incluso de la reflexión y observación comunes, descubrirá que los bribones resultan al final las mayores víctimas, y que han sacrificado el disfrute inestimable de una reputación, en lo que se refiere a ellos mismos, por la adquisición de juguetes y chucherías sin valor». Hume sigue diciendo: «¿Qué pocas cosas son necesarias para satisfacer las necesidades de la naturaleza? Y, en lo que respecta al placer, ¿qué comparación entre la satisfacción no comprada de la conversación, las relaciones sociales, el estudio, incluso de la salud y de las bellezas usuales de la naturaleza; pero sobre todo la reflexión tranquila sobre la propia conducta; qué comparación, digo, entre estas satisfacciones y las diversiones vacías y febriles del lujo y el gasto? De hecho, esos placeres naturales realmente no tienen precio; tanto porque están por debajo de todo precio en su obtención, como porque se encuentran por encima de cualquiera en su disfrute». (EPM, 9. 2., 283-4).

[204] Quiero agradecer a Marcelo Boeri por indicarme el paralelismo entre este texto y Hierocles, en Stobeus, Ecl, 4.671, 7-673, 11 (LS 57 G).

través del cual podemos apreciar esta diferencia se encuentra en su teoría de las virtudes artificiales.

En contraste con las relaciones familiares, que según Hume se basan primariamente en un equilibrio natural de pasiones egoístas y altruistas, él hace notar que el equilibrio que encontramos en la sociedad civil es altamente artificial. Al mismo tiempo, sin embargo, mantiene que estas relaciones son posibles, en gran medida, por la experiencia positiva de sociabilidad que tenemos en primer lugar en la familia, donde, al lado de las pasiones egoístas, tenemos también experiencia del placer derivado de las pasiones sociales. Este placer de la sociabilidad, deseo argumentar, sirve para reforzar el interés social en asegurar la estabilidad de la propiedad, que, como es sabido, constituye para Hume el primer factor que nos mueve a negociar con los otros las normas de la vida social. De este modo, un elemento natural –el placer en la sociabilidad– está entretejido en las relaciones artificiales que creamos en la vida social. La combinación de ambos elementos, placer en la sociabilidad e interés en la sociedad, representa una combinación peculiar de naturaleza y artificio que se encuentra en la base de lo que, anticipando a Norbert Elias, podríamos llamar la teoría Humeana de la civilización.

7.2. El deseo de sociedad

Para Hume, al menos en el *Treatise*, los seres humanos no buscan la sociedad simplemente por razones utilitarias. Su inclinación a la vida social no se basa solamente en las ventajas que, como individuos, podrían obtener de la sociedad, sino también en el mismo placer de la compañía.

Ciertamente, los seres humanos no son los únicos en experimentar cierto deseo de sociedad. Muchos animales muestran un deseo similar. En esto Hume sigue a Hutcheson[205]. Sin embargo, Hume argumenta que la dimensión social es más obvia en los humanos que en otros seres[206] porque todo deseo humano implica una referencia implícita a la sociedad.

[205] «Uno apenas puede negar a la humanidad un impulso natural a la sociedad con sus semejantes, como un principio inmediato, cuando vemos algo semejante en muchas especies de animales; ni deberíamos adscribir toda asociación a su indigencia. Sus otros principios, su curiosidad, su disposición comunicativa, su deseo de acción, su sentido del honor, su compasión, su benevolencia, alegría, y la facultad moral, podrían tener poco o ningún ejercicio en soledad». F. Hutcheson, *System of Moral Philosophy*, London, 1755, I, 34-35. Citado por G. Brysson, (1968: 153).

[206] «En todas las criaturas que no devoran a otras ni se hallan agitadas por violentas pasiones aparece un notable deseo de compañía, que les lleva a agruparse, a pesar de que con ello no se propongan alcanzar ventaja alguna. Esto se ve de forma aún más notable en el hombre, que es la criatura que más ardiente deseo de sociabilidad tiene en el universo,

Hume atribuye la presencia de la sociedad como una fuerza motivacional en la psicología humana a un principio que, sin ser exclusivo de los hombres, no obstante opera en ellos con una fuerza especial: el principio de simpatía[207], que él considera la cualidad más notoria de la naturaleza humana. En particular, Hume insiste en que el impacto de la vida social en nuestros deseos y sentimientos constituye él mismo una prueba de la operación de la simpatía: la posibilidad de compartir placer aumenta ese mismo placer, y la imposibilidad de compartir el dolor aumenta el dolor[208].

Para Hume, una explicación adecuada de este hecho de experiencia requiere profundizar en el mecanismo de la simpatía, que es de por sí indicativo de la profunda naturaleza social que tenemos. En efecto, si la misma posibilidad de compartir el placer aumenta o potencia la experiencia de placer, y la imposibilidad de compartir el dolor aumenta o potencia la experiencia de dolor, la simpatía misma –la capacidad de simpatizar más la oportunidad de hacerlo– parece operar como una fuente de placer, mientras que la ausencia de simpatía –carencia de esta capacidad y/o de la posibilidad de simpatizar –parece operar como una fuente de dolor–.

Según Hume la simpatía depende de dos factores: contigüidad y/ o semejanza –simpatizamos con los semejantes o próximos a nosotros[209]–. Así, la carencia de simpatía –y, por tanto de dolor– podría estar motivada por la distancia o la desemejanza. Estos términos, sin embargo, son relativos, y, en consecuencia, las relaciones de simpatía –o su ausencia– admiten tam-

y que está dotada para ello con las mayores ventajas. No podemos concebir deseo alguno que no tenga referencia a la sociedad». T.2.2.5., 363.

207 «El modo mejor de convencernos de esta opinión consiste en lanzar una mirada de conjunto sobre el universo y observar cómo actúa la fuerza de la simpatía en todo el reino animal, así como la fácil comunicación de sentimientos de un ser pensante a otro». T.2.2.5., 362-3.

208 «No podemos concebir deseo alguno que no tenga referencia a la sociedad. La soledad completa es posiblemente el mayor castigo que podamos sufrir. Todo placer languidece cuando no se disfruta en compañía, y todo dolor se hace más cruel e insoportable. *El alma o principio vivificante de todas las pasiones es la simpatía*; cualquier otra pasión por la que podamos ser movidos, sea el orgullo, la ambición, la avaricia, la curiosidad, el deseo de venganza o el de placer, está animada por la simpatía y no tendría fuerza alguna si hiciéramos entera abstracción de los pensamientos y sentimientos de otras personas. Aunque todos los poderes y elementos de la naturaleza conspiren para servir y obedecer a un hombre; aunque el solo salga y se ponga según su voluntad, el mar y los ríos se agiten cuando él desee, y la tierra produzca espontáneamente todo cuanto le pueda ser provechoso o agradable, ese hombre seguirá siendo un miserable hasta que se le proporcione al fin *otra persona a quien hacer partícipe de su alegría, y de cuyo aprecio y amistad pueda disfrutar*». T.2.2.5., 363.

209 «Pero no es la semejanza la única relación que tiene este efecto, sino que recibe fuerza adicional de otras relaciones que puedan acompañarla. Los sentimientos de los demás tienen poca influencia cuando esas personas no tienen relación con nosotros; es necesaria la contigüidad para poder comunicar los sentimientos en toda su integridad». T. 2.1.11, 318.

bién cierta relatividad e incluso tensión, porque lo que en algunos contextos o conforme a algunos criterios genera semejanza o contigüidad, de acuerdo con otros criterios puede generar conflicto. De hecho, al hacer la simpatía dependiente de la contigüidad y la semejanza, Hume no puede menos que reconocer que la sociabilidad humana está internamente afectada por una cierta dialéctica. Pues mientras la semejanza y la contigüidad tienden a generar círculos de simpatía que, *ad intra*, constituyen expansiones de la naturaleza social del hombre, *ad extra*, implican diferenciación de otros grupos sociales u otros círculos de simpatía[210].

Por supuesto, esto último refleja una tensión que acompaña al desarrollo de la vida social, la tensión entre «nosotros» y «ellos», que quizá quepa describir mejor como una tensión entre distintos niveles de «nosotros» y distintos niveles de «ellos». En la medida en que dicha tensión nos enfrenta con la posibilidad del conflicto, impide consideraciones simplistas o ingenuas de la paz social. Que Hume era perfectamente consciente de esta tensión se advierte con claridad por sus reflexiones sobre la política de partidos[211]. *«An over-active zeal in friends is apt to beget a like spirit in antagonists»*[212].

Tengo la impresión de que, si grupos diferentes, definidos por diferentes simpatías, pueden sin embargo coexistir en el mismo marco político, en términos humeanos, se debe únicamente a que el conflicto potencial puede ser neutralizado por medio de una curiosa combinación de artificio y simpatía natural, que se encuentra en el núcleo de una nueva forma de sociabilidad característica de la sociedad civil, y que entraña una expan-

[210] Hay cierta semejanza entre esta idea de HUME y el modo en que GEORG SIMMEL plantea la diferenciación individual. Según SIMMEL, la diferenciación individual se hace posible por la multiplicación de círculos sociales en los que los individuos desenvuelven su vida, porque esta multiplicación requiere de ellos una cierta síntesis de influencias.

[211] «Las facciones pueden dividirse en personales y reales; es decir, en aquellas fundadas en la amistad o enemistad personales de quienes las componen y aquellas otras basadas en alguna diferencia auténtica de opinión o intereses. La razón de esta distinción es obvia, aunque reconozca que no es frecuente encontrar partidos puros de una u otra clase. Pocas veces se ve a un gobierno dividirse en facciones sin que entre ellas exista una diferencia de opinión real o aparente, trivial o importante; y en las facciones basadas en las diferencias más reales e importantes se observa siempre una gran proporción de animosidad o afecto personales. Pero a pesar de esta mezcla, un partido puede ser calificado de personal o real de acuerdo con el principio que en él predomina y ejerce mayor influencia». (*De los partidos en general, Essays*, vol. I, p. 128 (1994:44)); «Es difícil penetrar en los pensamientos y sentimientos de una persona, pero es casi imposible averiguar los de todo un partido, en el que a menudo no hay dos hombres que piensen lo mismo. No obstante, me aventuraré a afirmar que lo que unía a los tories a la Antigua dinastía no era tanto los principios, o la creencia en un derecho inalienable, como el afecto, un cierto amor y estima por las personas». (*De los partidos británicos, Essays*. vol. I., p. 142 (1994: 58)).

[212] (*Del acuerdo entre los partidos, Essays*, vol. I, p. 469 (1994:126)).

sión de nuestros sentimientos, así como el hacerlos más públicos –luego veremos qué significa esto–.

Es por esta razón por lo que estimo que la respuesta de Hume contiene una indicación para ir más allá de la filosofía política hacia la teoría social. Si quisiéramos describir su respuesta en términos sociológicos, podríamos verla como el esbozo de un proceso de civilización o refinamiento que capacitaría a los seres humanos para crear un nuevo espacio social diferente del de la familia y las comunidades de amistad. Este nuevo espacio social, que no es otro que el de la sociedad civil, estaría regido por sus propias normas, distintas de las que rigen en las comunidades de amistad, y cuya observancia sería requisito indispensable para lo que he designado arriba como «ciudadanía social». Veamos el argumento con más detalle.

7.3. El despliegue de la simpatía y la formación del juicio moral en la conversación social

Según Hume, la operación de la simpatía requiere una cierta semejanza o contigüidad con el objeto de nuestra simpatía. Por lo que se refiere a la semejanza, Hume piensa que el solo hecho de compartir la misma naturaleza constituye una fuente de simpatía con todo ser humano. Gracias a esta simpatía básica somos capaces de apreciar las buenas cualidades de la gente con la que no estamos vinculados por otras razones.

Sin embargo, admitir esta simpatía básica, fundada en la común naturaleza humana, no le impide a Hume reconocer la existencia de semejanzas más específicas, basadas en razones más particulares, que constituirían, a su vez, el fundamento de otras simpatías particulares. A este respecto podemos mencionar, por supuesto, los vínculos familiares, pero también otros factores más superficiales que, como muestra la experiencia, son capaces de generar afinidades o, por el contrario, constituyen la ocasión de fuertes hostilidades personales o nacionales. Hume se refiere explícitamente a cosas tales como «maneras, carácter, país, lenguaje»[213], que, como muestra la experiencia, pueden generar afinidades o, por el contrario, producir fuertes hostilidades personales e incluso nacionales. Hume sugiere, además que cuanto más particulares y numerosas sean las rezones de semejanza, mayor será la simpatía.

Algo similar ocurre con la contigüidad, ya sea por razón de lazos familiares o simple frecuencia de trato. Hume considera que las relaciones de

[213] «Vemos que allí donde existe, además de la semejanza general de nuestra naturaleza, una peculiar similitud en nuestra forma de ser, carácter, país o lenguaje, todo ello facilitará la simpatía». T. 2.1.11., 318.

sangre, en la medida en que representan una contigüidad fuerte, refuerzan el amor, y que este afecto disminuye proporcionalmente en la medida en que la relación de consanguinidad se debilita. Al mismo tiempo, observa que no es la mera consanguinidad la que causa este efecto, sino, más en general, cualquier relación de contigüidad o semejanza: pertenecer al mismo país, al mismo vecindario, incluso el solo hecho de tener el mismo nombre constituyen títulos para fortalecer el afecto.

A partir de estas observaciones, por lo demás bastante triviales, Hume se considera autorizado para concluir que existe un estrecho vínculo entre contigüidad, simpatía y afecto. Sin embargo, en las relaciones humanas podemos descubrir diferentes grados de afecto, dependiendo de los distintos grados de relación y frecuencia de contacto, dos factores que, como él mismo observa, podrían, a la hora de emitir valoraciones, relegar a un segundo plano las cualidades objetivas de una persona[214].

En efecto, un rasgo notable de las relaciones humanas es que el afecto basado en la contigüidad y la semejanza conduce a que prefiramos a aquellos más afines a nosotros por encima de los que detentan cualidades objetivamente superiores[215]. Con otras palabras, la preferencia por la gente que tratamos con más asiduidad no se basa en cualidades objetivas, sino en vínculos de simpatía fomentados por la contigüidad y la semejanza[216]. Esto puede explicarse por la identificación singular con los sentimientos de otros, derivada de la asociación frecuente con ellos.

En efecto, la operación de la simpatía, tal y como Hume la entiende, supone que, partiendo de cada pequeño gesto que vemos en la otra persona –sea un gesto, un modo de hacer, temperamento, etc.– fácilmente llegamos a reproducir en nosotros, por asociación de ideas, el mismo sentimiento que supuestamente tiene esa persona. Ahora, si esto es así, es claro que

[214] «Cualquier persona que tenga relación con nosotros sabe en todo momento que participa de nuestro amor en proporción a su conexión con nosotros, sin necesidad de preguntarse por sus demás cualidades. Así, la relación de parentesco establece en el caso del amor de los padres por sus hijos el vínculo más fuerte de que la mente es capaz, y produce la misma afección en menor grado cuando la relación es más débil. Así, amamos a nuestros compatriotas, a nuestros vecinos, a nuestros compañeros de oficio y profesión, y aun a los que se llaman como nosotros. Se considera que todas estas relaciones establecen algún vínculo y dan derecho a que quienes las tienen participen de nuestro afecto». T.2.2.4., 352.

[215] «Existe otro fenómeno semejante: se trata de ese íntimo y asiduo contacto que, sin relación alguna de parentesco, origina sin embargo amor y afecto. Una vez acostumbrados al trato e intimidad con una persona, aunque al frecuentar su compañía no alcancemos a descubrir en ella ninguna cualidad realmente valiosa, no podremos evitar, con todo, preferirla a personas extrañas, *de cuyos superiores méritos estemos convencidos*». T.2.2.4., 352.

[216] «Estos dos fenómenos de los efectos de la relación y el trato se esclarecen y dilucidan entre sí, y pueden ser explicados también por el mismo principio». T.2.2.4., 352.

la intensidad y la extensión de la operación de simpatía hacia los otros aumenta con nuestro conocimiento e interacción con ellos[217].

En este punto, podríamos retornar al problema que apuntábamos antes. Pues reflexionar sobre el mecanismo de la simpatía pone de manifiesto que cuanto más simpatizamos con aquellos afines a nosotros, mayor resulta también la diferencia con los menos familiares o afines; y que aquello que facilita la simpatía con los semejantes indirectamente introduce un factor de diferencia y distancia con los más lejanos. Ahora bien: este hecho podría amenazar la eficacia de la comunidad basada en la naturaleza humana como una fuente de vida social pacífica. Con otras palabras, incluso sin negar que la común naturaleza humana generalmente constituye un fundamento para una simpatía general con los seres humanos, es sin embargo cierto que la existencia de semejanzas más particulares con ciertas personas es fundamento de una simpatía más intensa con ellas, de tal modo que, en comparación, los restantes seres humanos vienen a ocupar un segundo lugar y, en el caso de conflicto, tienen más posibilidades de convertirse en nuestros antagonistas. Hume es consciente de este problema. Así escribe:

> Igual que cada uno se ama a sí mismo más que a cualquier otra persona, en este amor por los demás se guarda el mayor afecto para con los parientes y conocidos, de modo que esto deberá producir necesariamente una oposición de pasiones y una consecuente oposición de acciones, lo que no puede resultar sino peligroso para la recién establecida unión (T.3.2.2., 487).

De ahí que, a fin de prevenir una posible objeción a su sistema moral, a fin de cuentas basado en el principio de simpatía, Hume tenga que subrayar la necesidad de introducir criterios para corregir las parcialidades inevitablemente derivadas del sentimiento.

En efecto: aunque la operación natural de la simpatía representa un papel clave en la explicación del comportamiento humano, la simpatía por sí sola no puede realizar todo el trabajo necesario para llevar una vida moral y social. Demasiada simpatía o demasiado poca, puede ser inconveniente tanto para la vida social como la moral:

[217] «Este fenómeno de la doble simpatía y su tendencia a ocasionar amor puede contribuir a engendrar el afecto que naturalmente sentimos por nuestras relaciones y conocidos. La costumbre y la relación, familiar o amistosa, nos hacen participar profundamente de los sentimientos de otras personas, y sea cual sea la suerte que les acompañe, la tendremos presente gracias a la imaginación, actuando sobre nosotros como si originariamente se tratara de nuestra propia suerte. Nos alegramos de los placeres de esas personas, y nos entristecemos de sus desgracias, simplemente por la fuerza de la simpatía. Nada que les concierna nos será indiferente; y como esta comunidad de sentimientos es el natural acompañante del amor, producirá fácilmente esta última afección». T.2.2.5., 389.

> Es manifiesto que en la estructura original de nuestra mente la atención más intensa está centrada en torno a nosotros mismos; la siguiente en intensidad se dirige a nuestras relaciones y conocidos; tan solo la más débil alcanza a los extraños y a las personas que nos son indiferentes. Por tanto, esta parcialidad y desigual afección deberán tener influencia no solo sobre nuestra conducta y comportamiento en sociedad, sino incluso sobre nuestras ideas de virtud y vicio, de modo que nos lleven a considerar cualquier trasgresión notable de este grado de parcialidad, sea por agrandar demasiado nuestros afectos, o por reducirlos, como viciosa e inmoral. (T.3.2.2., 488)

Según Hume, los inconvenientes sociales de esta parcialidad son particularmente obvios cuando se refieren a esos bienes que «hemos adquirido por nuestra industria y buena fortuna», porque esta clase de bienes se encuentra «expuesta a la violencia de los otros y puede además ser transferida sin sufrir merma o alteración; al mismo tiempo nunca se tiene una cantidad tal de bienes que satisfagan a cada uno de nuestros deseos y necesidades.» (T.3.2.2., 487-8)

Para Hume la solución a los problemas derivados de la parcialidad de los sentimientos pasa por la corrección de la parcialidad natural mediante cierto artificio. En efecto, él observa que nuestros juicios espontáneos ordinarios no sirven mucho para este propósito, pues más bien refuerzan la parcialidad natural. Así se advierte en:

> Los juicios de la vida diaria relativos a acciones, cuando censuramos a una persona por concentrar todos sus afectos en su familia o, por el contrario, por tenerla en tan poco que en cualquier oposición de intereses concede preferencia a un extraño o a alguien conocido por mera casualidad. De todo esto se deduce que nuestras ideas naturales y no cultivadas de la moralidad, en lugar de proporcionar remedio a la parcialidad de nuestras afecciones, más bien las configuran en esa parcialidad, y les confieren fuerza e influencia adicionales. (T.3.2.2., 488-9)

Así pues, dado que la naturaleza –es decir, la operación natural de la simpatía– no puede proporcionar el remedio para los problemas inherentes a nuestra existencia como criaturas parciales, Hume recurre al artificio, término con el que se refiere realmente al «juicio y el entendimiento»:

> El remedio, por tanto, no se deriva, pues, de la naturaleza, sino del artificio; o bien, hablando con más propiedad: la naturaleza proporciona un remedio en el juicio y el entendimiento para lo que resulta irregular e inconveniente en las afecciones. Pues una vez que los hombres llegan a darse cuenta de las ventajas que resultan de la sociedad, gracias a su

> temprana educación dentro de ella, y han adquirido además una nueva afición por la compañía y la conversación, cuando advierten que la principal perturbación de la sociedad viene originada por los bienes que llamamos externos -debido a lo independiente de su naturaleza y a lo fácilmente que pasan de una persona a otra- se afanan entonces por buscar remedio a la movilidad de esos bienes situándolos en lo posible al mismo nivel que las ventajas constantes e inmutables de la mente y el cuerpo (T.3.2.2., 489)[218].

Como es conocido, este remedio no es otro que una convención que proporciona estabilidad a las posesiones -una convención que, según Hume-, está en la base de la virtud artificial de la justicia. Ahora no quiero detenerme en este punto. Más bien, deseo centrarme en ese «afecto a la compañía y la conversación» que, una vez adquirido en la familia, hace posible que las personas ponderen cómo expandir el círculo de sus relaciones más allá de la familia y los allegados. Quiero también fijarme en la necesidad advertida de corregir la parcialidad natural de los afectos, de tal modo que este círculo social emergente pueda quedar a salvo de una parcialidad injusta[219]. En relación con esto trataré de mostrar cómo, según Hume, la experiencia social adquirida en la familia trabaja simultáneamente como incentivo y modelo de las relaciones que artificialmente recreamos en la sociedad civil. A su vez, el carácter artificial de estas últimas no es irrelevante para el subsiguiente desarrollo de la naturaleza humana. Muy al contrario, tal y como argumentaré más abajo, el artificio implicado en el desarrollo de la sociedad civil, y, particularmente, lo que Hume llama «conversación social» es responsable de la corrección de la parcialidad del sentimiento y, por tanto, de la mejora moral de la naturaleza humana.

7.4. El origen de la conversación social en la familia

Explicar el origen de la conversación social con aquellos que no están inicialmente próximos a nosotros equivale a explicar los motivos que, desde un punto de vista eficiente, podrían conducir a agentes humanos, inicialmente interesados en sí mismos y en los suyos, a implicarse en un proceso que requiere la relativización de sus propios intereses. Para Hume esto es posible en la medida en que el agente se deja guiar por lo

[218] Esto podría relacionarse con la idea estoica que toma a la razón como artesana del impulso.

[219] Obviamente, no toda parcialidad natural es injusta: no es injusto que un padre privilegie el cuidado de su hijo por encima del cuidado del hijo del vecino. Ejemplo de parcialidad injusta sería que un profesor, a cargo de valorar los exámenes de sus alumnos, pusiera más nota al hijo de su amigo, a pesar de que ha rendido menos que otro compañero.

que –usando una expresión de Tocqueville– podríamos llamar «un interés ilustrado», es decir, un interés que considera los beneficios a largo plazo de una restricción momentánea del interés propio. En el caso que estamos considerando ahora –la integración del agente en la sociedad civil– los agentes humeanos deben ser conscientes de las ventajas que a largo plazo se derivan de su participación en la conversación social, lo cual, en un primer momento, requiere controlar los sentimientos que les conducirían a favorecer su propio interés. Esta conciencia es crucial para formar una sociedad civil.

En efecto, como observa Hume, a fin de constituir una sociedad no es suficiente que la asociación sea benéfica para la gente implicada, es necesario también que las personas sean conscientes de las ventajas que se derivan de tal asociación. Eso significa que la construcción de la sociedad civil, en un sentido importante, es una obra reflexiva. Sin embargo, no se trata de una reflexión teórica. Como él mismo apunta, es imposible que un ser humano en un estado inculto o salvaje sea persuadido de las ventajas de la vida social mediante la sola reflexión y el estudio[220].

A primera vista podría sorprendernos la sugerencia implícita de que en un estado inculto o salvaje pudiera haber estudio o reflexión. Sin embargo, esto es indicativo de que, para Hume, el estado inculto y salvaje no se encuentra en contradicción con el ejercicio de la razón teórica sino más bien con el desarrollo de la razón práctica. De hecho, para Hume, la razón práctica, a la que se vincula el desarrollo de la civilización, no se desarrolla a menos que concurran una serie de circunstancias, y estas se encuentran presentes sólo cuando los seres humanos se relacionan con sus congéneres. Pero si este es el caso, podría parecer que nos encontramos ante una inevitable circularidad: a fin de entrar en sociedad con nuestros congéneres, debemos ser conscientes de las ventajas de la vida social; pero esta conciencia no es posible a menos que estemos ya, de antemano, implicados en la vida social. La circularidad, sin embargo, desaparece tan pronto como advertimos que nos hallamos ante dos tipos de sociedad cualitativamente distintos. Mientras que una de ellas –la familia– tiene un origen natural, la otra implica un alto grado de artificio, bien entendido que tal artificialidad no impide reconocer que, dadas las circunstancias de la vida humana, la sociedad deba desarrollarse necesariamente.

En efecto: según Hume, la conciencia de las ventajas de la vida social no se sigue de una reflexión teórica sobe la naturaleza de la sociedad,

[220] «Para formar una sociedad no solo es necesario que ésta resulte ventajosa, sino también que los hombres se den cuenta de estas ventajas. Ahora bien, es imposible que solamente a fuerza de estudio y reflexión hayan sido capaces los hombres, en su estado salvaje e inculto, de alcanzar ese conocimiento». T. 3.2.2., 486.

sino de una experiencia práctica que adquirimos de modo natural, sin pretenderlo, por primera vez en la familia. Así, poco después de haber señalado que «a fin de formar una sociedad, es necesario no solo que sea ventajosa, sino que los hombres sean conscientes de sus ventajas», añade:

> Afortunadamente, a las necesidades que tienen un remedio remoto y oscuro va unida otra necesidad cuyo remedio es más obvio y cercano, por lo que puede ser justamente considerada como el principio original y primero de la sociedad humana. Esta necesidad no es otra cosa que el natural apetito sexual, que une a los hombres y preserva su unión hasta que, con el interés por la prole común, surge un nuevo vínculo. Esta nueva preocupación se convierte también en principio de unión entre padres e hijos, formando así una nueva sociedad (T.3.2.2., 486).

Aunque esta sociedad familiar es obviamente distinta de la sociedad civil, es no obstante una sociedad. Y la experiencia de las ventajas derivadas de ella proporciona un incentivo para que las personas se animen a entrar en un nuevo tipo de relación social. Hume mismo señala a este posterior desarrollo cuando observa que:

> La costumbre y el hábito actúan sobre la delicada mente de los hijos haciendo que se den cuenta de las ventajas que pueden obtener de la vida en sociedad y conformándoles gradualmente para ella, limando asperezas y corrigiendo las afecciones adversas que pudieran impedir su unión en sociedad (T.3.2.2., 486).

No es accidental que estas palabras precedan el argumento de Hume para el establecimiento de la justicia y la propiedad. Tomo esto como un indicio de que nuestra experiencia de la sociedad familiar establece un incentivo poderoso para que superemos los impulsos asociales que, de lo contrario, podrían impedir la interacción y cooperación con otros con los que no tenemos una relación anterior o especial. Así, mientras que la reflexión y el estudio son causalmente insuficientes para introducirnos en sociedad, la naturaleza cumple ese papel en la medida en que nos hace nacer y vivir en una familia, en la que adquirimos la primera experiencia de la sociabilidad. Tal experiencia se encuentra marcada por un intento continuo de superar los conflictos entre pasiones egoístas y altruistas, por medio del equilibrio de pasiones. Con otras palabras, el equilibrio que debe introducirse entre pasiones egoístas y altruistas adopta una forma institucional llamada «familia», que se presenta a sí misma como referente natural de otras formas institucionales, que intentan también lograr un equilibrio análogo, aunque por medio de cierto artificio.

La mención del artificio en este punto es crucial. El grado de artificio es lo que permite distinguir la familia de la sociedad civil. Sin embargo, es igualmente importante advertir que el artificio no es el único elemento de la sociedad civil, pues, como venimos diciendo, esta se encuentra fundada en y crece a partir de una experiencia social previa, que tiene lugar en la familia. En efecto, tal y como se sigue de las palabras de Hume a propósito de la convención social básica, es este tipo de experiencia social, y no simplemente un mero cálculo racional de utilidad lo que nos proporciona la motivación principal para entrar en esa conversación social que define a la sociedad civil. Como veremos después, esta conversación social es posible gracias a la introducción de una serie de convenciones o artificios que sirven al desarrollo de una cierta pasión en la medida en que imponen límites al desarrollo de otra pasión. Es, como ya sabemos, la operación de lo que Christopher Berry denomina el «principio homeopático» (C.J. Berry, 2003: 429), conforme al cual una pasión pone un límite a otra pasión. Este límite ocurre bien de un modo natural –como en la familia– bien mediante cierto artificio –como ocurre en la estabilización de la propiedad–, la cual, al tiempo que proporciona una nueva dirección y finalidad al fuerte deseo humano de adquirir, simultáneamente crea un espacio de interacción que, a diferencia de la familia, está marcado por una fluctuación continua, y gobernado por un conjunto de reglas convencionales.

7.5. El espacio de la sociedad civil y el papel de la conversación social en la corrección de las parcialidades naturales

Según Hume, en efecto, la situación humana está marcada por una continua fluctuación en lo que se refiere a gentes y personas, de tal modo que un ser humano, que está lejos de nosotros en un determinado momento, podría, en cosa de pocos días llegar a convertirse en un conocido. Esto justificaría, en su opinión, la necesidad de llegar a un juicio estable acerca de las cosas y las personas, para lo cual es imprescindible adoptar un punto de vista fijo[221].

Si subrayando la continua fluctuación de nuestra situación en el mundo Hume nos recuerda a Heráclito, su esfuerzo por encontrar un criterio estable de juicio en el medio de tanta inestabilidad es un signo de que, para

[221] «Nuestra situación con respecto a personas y cosas está sometida a una continua fluctuación: cualquier hombre que nos es extraño en un determinado momento puede llegar a tener en poco tiempo una íntima relación con nosotros... Por tanto, y para que no se produzcan esas continuas contradicciones y podamos establecer un juicio más constante sobre cualquier asunto, convenimos en mirarlo desde algún punto de vista estable y general, de modo que en nuestros razonamientos nos situamos siempre en él, con independencia de nuestra real situación en ese momento», T. 3. 3. 1., 581-2.

él, el flujo no puede ser la última palabra acerca de la situación humana en el mundo. Muy al contrario, él da por sentada la necesidad de contar con puntos fijos de referencia, con objeto de evaluar personas y situaciones.

A fin de abandonar nuestra perspectiva particular y situarnos en una perspectiva más general, necesitamos virtud moral o, como dice Hume algunas veces, fuerza de espíritu o carácter *(strength of mind).* Sin embargo, en esta ocasión no quiero centrarme tanto en ese aspecto, que hace subjetivamente posible la formación de juicios generales, cuanto, más bien, en el proceso mediante el cual llegan a constituirse los criterios objetivos de juicio. La palabra «proceso» es importante aquí, porque Hume no obtiene tales criterios de juicio de la estructura o de los fines de la naturaleza humana o de la razón, al menos si consideramos la naturaleza o la razón humana desde un punto de vista estático; más bien él espera obtener esos criterios a partir de un proceso reflexivo que toma en consideración las afecciones de los agentes implicados en una cierta acción, afecciones que dependen en gran medida de la posición que ocupan en cada caso.

Es en el curso de ese proceso reflexivo como Hume llega a hablar de «puntos de vista generales». Tales puntos de vista son esas posiciones en las que deberíamos idealmente situarnos a nosotros mismos cada vez que se supone que debemos juzgar. Estos puntos de vista generales, por tanto, constituirían los puntos fijos de referencia que nos podrían conducir a corregir las parcialidades derivadas del sentimiento. Así pues, estos criterios no están dados de una vez por todas, sino que se constituyen a lo largo de un proceso reflexivo que implica a nuestra sociabilidad, y que sirve al propósito de expandir esta misma sociabilidad.

La implicación de la sociabilidad en el proceso reflexivo que conduce a la formación del juicio moral puede apreciarse en que, a fin de superar la particularidad derivada de nuestra situación, y formar nociones más generales, la participación en la conversación con nuestros congéneres, en una variedad de círculos sociales, constituye un factor decisivo. Hay un parágrafo en el *Enquiry*, que voy a citar largamente, por que es crucial para entender el pensamiento de Hume en este punto:

> Cuanto más conversemos con los hombres y cuantas más relaciones sociales mantengamos, más nos familiarizaremos con esas distinciones y preferencias generales sin las que nuestra conversación y discurso apenas podrían hacerse inteligibles a los demás. [...] Concederemos que la simpatía es mucho más débil que nuestra preocupación por nosotros mismos, y que la simpatía con personas que están muy lejos de nosotros es mucho más débil que la que tenemos con personas próximas y cercanas; pero, por esta misma razón, nos resulta necesario en nuestros discursos y en nuestros juicios no apasionados sobre los caracteres de

> los hombres pasar por alto todas estas diferencias y convertir nuestros sentimientos en más públicos y sociales. Además de que nosotros mismos cambiamos nuestra situación en este particular, todos los días nos encontramos con personas que están en una situación diferente de la nuestra y que nunca podrían conversar con nosotros si permaneciéramos continuamente en esa posición y punto de vista que nos es peculiar. Por lo tanto, el intercambio de opiniones en la sociedad y en la conversación nos hace formar un criterio general e inalterable, mediante el que podemos aprobar o desaprobar caracteres y conductas. Y aunque el corazón no participe de esas nociones generales ni regule todo su amor y odio por las diferencias abstractas y universales del vicio y la virtud, sin tener en cuenta al propio yo, o a las personas con las que estamos más directamente relacionados, sin embargo, esas diferencias morales tienen una influencia considerable, y al bastar al menos para el discurso sirven para todos nuestros propósitos en el trato social, en el púlpito, en la escena y en las escuelas (EPM, 5. 42-43; 228-30).

De este rico pasaje, quisiera destacar las siguientes ideas:

En primer lugar, la idea de que la conversación con los seres humanos, entendida como trato social, implica llegar a familiarizarse con las preferencias y distinciones generales. Esto es algo que, por sí mismo, nos obliga a superar nuestras distinciones y preferencias individuales, abriendo entre tanto un espacio para la comprensión recíproca.

En segundo lugar, por el hecho de participar de ese modo en la conversación social, nuestros sentimientos se hacen «más públicos y sociales», y así más fáciles de compartir y comunicar.

En tercer lugar, Hume sostiene que el mero intercambio de sentimientos en la sociedad y la conversación nos lleva a formar esos criterios generales y estables que sirven para aprobar o desaprobar maneras y caracteres.

Finalmente, el reconocimiento de que si bien estos criterios generales –que en el texto Hume identifica con las virtudes– no regulan completamente los afectos del corazón, hasta el punto de modificar sus preferencias (en primer lugar por nosotros mismos, y, en segundo lugar por los más próximos a nosotros), sirven no obstante para el propósito del trato social en espacios públicos «el púlpito, el teatro y las escuelas».

Según esto, la conversación social desempeña un papel clave en la formación de un sentido moral común, por referencia al cual podemos regular o corregir nuestros juicios inmediatos, siquiera para el propósito del trato social. Hume parece cifrar ese papel en el «lenguaje general» que es preciso emplear en el curso de la conversación social, a fin de hacerse entender:

> El interés de cada hombre únicamente le pertenece a él, y no puede suponerse que las aversiones y deseos que resultan del mismo afecten a los otros en una medida similar. Por lo tanto, al estar formado el lenguaje general para el uso general, tiene que moldearse sobre puntos de vista más generales y tiene que conceder los epítetos de alabanza y censura en conformidad con sentimientos que surgen de los intereses generales de la comunidad. Y si en la mayor parte de los hombres estos sentimientos no son tan fuertes como los que se refieren a su bien privado, tienen sin embargo que establecer una distinción, aún en el caso de las personas más depravadas y egoístas, y unir la noción de bien a una conducta benéfica y la de mal a la contraria (EPM, 5. 42-43; 228).

Siendo un signo de nuestra naturaleza social, el lenguaje que empleamos –particularmente los epítetos de alabanza y censura– está destinado a reflejar los intereses generales de la comunidad. Según esto, tal y como sugiere Hume, la participación en la conversación social de algún modo nos fuerza a ajustar nuestros sentimientos a los valores generales implícitos en ese lenguaje.

Sin esta clase de corrección de nuestros sentimientos, señala Hume, nunca podríamos relacionarlos de un modo razonable con personas que se encuentran más allá de nuestros círculos sociales más inmediatos. Ni siquiera podríamos alcanzar una vida política pacífica[222].

Así pues, la conversación constituye un modo de entrenamiento social indispensable[223], por el cual aprendemos a ajustar nuestras opiniones y sentimientos de modo que lleguen a ser aceptables por los demás. En cualquier caso, este sentido moral común, construido al hilo de la conversación social, constituiría el criterio para regular las parcialidades derivadas del sentimiento. Con otras palabras: constituiría el trasfondo de juicio moral –donde el término «moral» tiene el sentido moderno, que lo opone al de «interés propio».

Así, lo que Hume llama «juicio moral» sería el resultado de la corrección progresiva de las parcialidades del sentimiento a través de una reflexión que toma en consideración el hecho de la sociabilidad, esto es, el hecho de que tenemos que conversar con y hacernos comprensibles a

[222] «No hay método más efectivo para promover un fin tan loable que el de evitar cualquier insulto y humillación de un partido por otro, que alentar las opiniones moderadas, hallar el justo medio en todas las disputas, persuadir a cada uno de que su antagonista puede tener a veces la razón y mantener el equilibrio en las alabanzas y las censuras que dedicamos a cada bando». (*Del acuerdo entre los partidos*, *Essays*, vol. I. p. 464 (1994:120)).

[223] «Diariamente nos encontramos con personas cuya situación es diferente de la nuestra, por lo que nunca podrían relacionarse con nosotros en términos razonables si permaneciéramos constantemente en nuestra peculiar situación y punto de vista». T. 3.3.3., 603.

nuestros congéneres. Como apuntaba más arriba, este proceso produce en nosotros un cierto refinamiento de nuestros sentimientos y juicios[224].

En este punto podemos reconocer en Hume una visión diferente a la de Rousseau. Para Rousseau la conversación social implica siempre hipocresía o engaño. Rousseau añora una situación en la que «el comportamiento exterior sería siempre imagen de las disposiciones del corazón»[225]. Para Hume, en cambio, la dimensión moral de la naturaleza humana, entendida como la capacidad de pronunciar juicios estables sobre objetos o juicios desapasionados sobre caracteres, es activada, precisamente, en el ejercicio de la sociabilidad, que él considera explícitamente «entre las artes de la conversación», y toma como un indicador de la disposición de cada cual a «contener u ocultar esa presunción y arrogancia tan natural al hombre»[226].

7.6. La ampliación del círculo de conversación: la regulación institucional de los sentimientos

Como se indicó anteriormente, la posibilidad de que las personas trasciendan la esfera social de los familiares y amigos depende de que entren en conversación social con los menos afines. El motivo para hacerlo puede ser el interés propio, pero este ha de ir acompañado también por la experiencia y el gusto por la conversación con nuestros congéneres, algo que adquirimos en primer lugar en la familia.

En efecto: según advertimos en su teoría de la justicia, es claro que, para Hume, el interés individual juega un papel clave cuando se trata de entrar en la sociedad civil. Después de todo, evitar el conflicto social es una de las condiciones necesarias para que florezca la actividad comercial

[224] De hecho, participar en la conversación social produce cierto refinamiento de nuestros sentimientos. Un asunto distinto es si la conversación social se cierra a los ya refinados conforme a otros criterios. En otro lugar Hume argumenta que «cultivar el gusto por las bellas artes extingue las pasiones y nos hace indiferentes a los objetos que con tanto deseo busca el resto de la humanidad... nos hacemos más sensibles a las pasiones tiernas y agradables, al tiempo que nuestra mente se hace incapaz de sentir las emociones más violentas y vehementes...»; y también indica que «la delicadeza de pasión favorece el amor y amistad al confinar nuestra elección a pocas personas y hacernos indiferentes a la compañía y conversación de la mayor parte de los hombres». (*De la delicadeza del gusto y pasión*, *Essays*, vol. I, pp. 90-91. (2008: 98-99)).

[225] J.J. Rousseau (1959, III, 7). Para un comentario sobre Rousseau en este punto: J. Starobinski (1983).

[226] «Entre las artes de la conversación, ninguna complace más que la mutual deferencia o urbanidad, que nos lleva a ceder y ocultar esa presunción y arrogancia tan naturales al espíritu humano. Un hombre de buen natural que esté además bien educado practica este comedimiento con todo mortal, sin premeditación o interés». (*Del origen y progreso de las artes y las ciencias*, *Essays*, vol. I, p. 187. (1994:87)).

de tal modo que la pasión dominante del agente humeano –la pasión por adquirir– pueda ser razonablemente satisfecha[227]. Sin embargo, el interés solo no puede explicar el desarrollo de la sociedad civil tal y como Hume la describe. Así, él se refiere explícitamente al gusto por la conversación con nuestros congéneres, como algo que nos mueve de una manera fundamental a entablar relaciones sociales más allá de los círculos de la familia y los amigos.

La dimensión expresiva implicada en este gusto por la conversación parece tan connatural al agente humeano como el factor de racionalidad estratégica. Y, del mismo modo que la entrada en la sociedad civil requiere la institución de una convención social básica por la cual la propiedad queda asegurada, así también la dimensión expresiva de nuestras naturaleza, tal y como se muestra en la conversación social, desempeña un papel relevante a la hora de hacer de esta vida social no sólo algo conveniente sino también agradable, en la medida en que encuentra la forma de expresión adecuada.

Más aún: en una notable anticipación de la teoría social de teóricos tales como Norbert Elias o Pierre Bordieu[228], Hume observa con gran claridad que la ampliación del círculo de conversación, requerida por la transición de la familia a la sociedad civil, implica importantes modificaciones en nuestros sentimientos. Esto puede apreciarse de su observación, recogida más arriba, de que la entrada en la conversación social supone hacer «más públicos nuestros sentimientos». En efecto: con esta frase, él no está diciendo que debamos dar publicidad a nuestros sentimientos privados, sino más bien que debemos presentar nuestros sentimientos de tal manera que puedan obtener aprobación por parte del público. Pero esto es algo que realizamos con relativa espontaneidad en la medida en que entramos en conversación social con los otros, y nos vemos obligados a hacernos entender por ellos. A juicio de Hume, este requerimiento social conduce al refinamiento de nuestros sentimientos porque implica corregir el elemento pasional con el que estos suelen presentarse en primera

[227] «Pues una vez que los hombres llegan a darse cuenta de las ventajas que resultan de la sociedad, gracias a su temprana educación dentro de ella, y han adquirido además una nueva afición por la compañía y la conversación, cuando advierten que la principal perturbación de la sociedad viene originada por los bienes que llamamos externos –debido a lo independiente de su naturaleza y a lo fácilmente que pasan de una persona a otra- se afanan entonces por buscar remedio a la movilidad de estos bienes situándolos en lo posible al mismo nivel que las ventajas constantes e inmutables de la mente y el cuerpo. Y esto no puede hacerse de otra manera que mediante la convención, en la que participan todos los miembros de la sociedad, de conferir estabilidad a la posesión de estos bienes externos, dejando que cada uno disfrute pacíficamente de aquello que pudo conseguir gracias a su laboriosidad o suerte». (T. 3.2.2., 489).

[228] (N. Elias, 1997); (P. Bordieu, 2002).

instancia, de forma que aparezcan de un modo más objetivo y abierto a regulación institucional.

Este último aspecto –la regulación institucional de los sentimientos– tiene mucho que ver con la importancia que Hume concede a las reglas de cortesía que configuran el «arte de agradar» y, entre esas reglas, de manera particular, las que se refieren al trato entre hombres y mujeres. La importancia de estas reglas para el desarrollo de una sociedad ilustrada no debe ser infravalorada. Aunque, como han mostrado varios autores, las practicas de ciudadanía reflejaban las maneras propias del salón aristocrático, desvelando la dimensión de género implicada en el discurso ilustrado[229], ellas también contribuían a crear una atmósfera en la que era posible el trato recíproco como iguales, a pesar de las diferencias[230]. Como Dena Goodman ha señalado, a los ojos de los *philosophes*, la conversación de salón pronto se convirtió en un modelo de interacción y trato para la entera sociedad civil[231]. Una lectura cuidadosa de los textos de Hume muestra que él no constituye una excepción a este modo de ver. El también pensaba en el artificio social como un modo de superar las diferencias y hacer el intercambio entre extraños no sólo posible y menos conflictivo[232], sino también agradable[233]. Parte de este artificio social consistía en

[229] «El discurso ilustrado de la diferencia fue articulado en los espacios culturales de la sociabilidad urbana, en los cuales se cultivaba la práctica de la civilidad. La diferencia, debe advertirse, ha estado siempre en la base de la necesidad de civilidad. En el siglo XVII, los hombres y mujeres franceses iban a los salones aristocráticos a aprender cómo debían actuar noblemente, lo cual equivale a decir, cómo distinguirse de los otros mediante la práctica de la civilidad». (D. Goodman, 2001: 132).

[230] Esto es lo que tiene Goodman en mente cuando sigue diciendo que «en el salón un conjunto de diferencias basadas en el nacimiento, eran devaluadas y reemplazadas por otro, basado en el comportamiento, maneras, y discurso compartido. Ser civilizado era actuar noblemente, y así ser noble. Los nobles eran personas que compartían un conjunto de maneras y un discurso, definido por reglas de comportamiento que regulaban el modo en que se relacionaban recíprocamente, como personas que ciertamente eran diferentes, en una sociedad definida por rangos y clases». (D. Goodman, 2001: 132).

[231] «El comercio, la conversación, la ilustración misma, fueron creados a partir de una cultura de la interacción e intercambio entre individuos cuyas diferencias hicieron tales relaciones significativas, más que tautológicas, pero que también necesitaban reglas, estructuras e instituciones que las hicieran funcionar. Los *philosophes* pronto miraron a la conversación de salon no solo con el fin de estructurar la obra de ilustración, sino como un modelo para la misma sociedad civil». (D. Goodman, 2001: 134).

[232] Como señala Lawrence Klein, «La sociabilidad no significaba amistad, pero incluso el antagonismo estaba sujeto a reglas» (L. Klein, 2001: 161).

[233] «Si la civilidad era primariamente un signo de estatus aristocrático en el siglo XVII, era también un medio para evitar o superar un conflicto potencial. El noble guerrero puede haber sido 'civilizado' en un "caballero" a través de las practices del salón, pero el ethos del guerrero fue solo transformado, no eliminado. La civilidad controlaba las diferencias dentro del grupo, incluso mientras distinguía el grupo de los que estaban excluidos de él. Al mismo tiempo que las reglas por las que se mantenía la civilidad definían un sociedad que excluía a muchos mientras incluía a algunos, dentro de ese exclusivo grupo las mis-

la práctica de la cortesía. Para Hume, la cortesía venía a refinar, pulir y dar propia gracia y expresión a la galantería[234], una pasión que a su juicio tiene su base en la diferencia sexual. Más en general, Hume consideraba que la cortesía era una parte necesaria de la educación conducente a una vida pacífica y agradable, y, en esa medida, parte de la moralidad misma:

> El papel de la moral, y el objeto de la educación ordinaria, es corregir aquellos vicios que nos lleva a ofender a los demás. Donde no se presta atención a esto no puede haber sociedad humana. Pero, a fin de hacer más fácil y agradable la conversación y el trato entre las gentes, se han inventado las buenas maneras, que han ido aún más lejos[235].

Hume describe la esencia de las buenas maneras como el esfuerzo positivo por equilibrar la propia propensión a ciertos vicios o pasiones desagradables:

> En todos los puntos en que la naturaleza ha dado al espíritu propensión a algún vicio o pasión desagradable para los demás, la buena educación ha enseñado a los hombres a tender al lado opuesto y conservar en todo su comportamiento la apariencia de sentimientos diferentes a aquellos a los que por su natural se inclinan[236].

---

mas reglas permitían alimentar y controlar las diferencias. La civilidad se convirtió en la llave a una nueva cultura que reconocía la diferencia porque permitía interacciones significativas y fructíferas entre las personas definidas por ella. En el siglo XVIII, cuando la elite que se implicó en el discurso público se expandió bastante más allá de los límites de la nobleza parisina, la civilidad aristocrática dio lugar a una noción y práctica más amplia e igualitaria de la civilidad». (D. Goodman, 2001: 132).

[234] «La naturaleza ha dotado a todas las criaturas vivas de un afecto entre los sexos que, aun en los animales más fieros y rapaces, no se limita a la satisfacción del apetito carnal, sino que suscita una amistad y simpatía mutuas que afectan a todos los aspectos de su vida. Incluso en aquellas especies en las que la naturaleza limita este apelativo a una sola estación y un solo objeto, y forma una especie de matrimonio o asociación entre macho y hembra, se da una visible complacencia e inclinación que excede de aquel propósito y suaviza las relaciones entre los sexos. Cuánto más sucederá esto en el hombre, en quien el límite del apetito no es natural, sino derivado de un fuerte sentimiento amoroso, o hijo de la reflexión sobre el deber y la conveniencia. Nada, pues, más lejos de tener por causa la afectación que la pasión de la galantería, natural en el más alto grado. En las cortes más elegantes, el arte y la educación no provocan mayor alteración en ella que en las demás pasiones laudables. Tan solo contribuyen a hacerla más presente al ánimo; a refinarla, pulirla y darle la gracia y expresión adecuadas». (*Del origen y progreso de las artes y las ciencias*, *Essays*, vol. I, p. 192. (1994:91)).

[235] (*Del origen y progreso de las artes y las ciencias*, *Essays*, vol. I, p. 192. (1994:91)).

[236] (*Del origen y progreso de las artes y las ciencias*, *Essays*, vol. I, p. 192. (1994:91)).

El mejor modo de introducirse a uno mismo en esta clase de trato social, dice Hume, es la conversación con mujeres[237]. Así, no sorprende que Hume atribuya la rudeza de las sociedades pre-modernas, tanto en la vida social como en el arte, al confinamiento de las mujeres a la vida doméstica[238]. Por contraste, la presencia de las mujeres en la vida social debería contarse entre las causas de la mejora o la civilización característica de los tiempos modernos[239]. Según esto, podría decirse que, para Hume, las mujeres tienen un papel crucial en lo que Elias ha llamado «proceso civilizatorio»[240], un proceso que va más allá de la vida social como tal, puesto que la necesidad de sujetarse a ciertas normas convencionales

[237] «¿Qué mejor escuela de buenas maneras que la compañía de mujeres virtuosas, en la que el mutuo deseo de agradar afina insensiblemente el espíritu, el ejemplo de la dulzura y modestia femeninas se comunica a sus admiradores y su delicadeza nos mantienen alerta para no ofenderlas con faltas al decoro?». (*Del origen y progreso de las artes y las ciencias, Essays*, vol. I, p. 194. (1994: 93)).

[238] «Entre los antiguos, al bello sexo se le adjudicaba un papel exclusivamente doméstico, y las mujeres no participaban en la vida de sociedad y las reuniones mundanas. Esta es quizá la verdadera razón de que los antiguos no nos hayan dejado una sola obra amena que podamos calificar de excelente (acaso con la excepción del Banquete, de Jenofonte, y los Diálogos de Luciano), aunque muchas de sus composiciones serias sean inimitables. Horacio condena las bromas groseras y las frías bufonadas de Plauto; pero, aun siendo el más fácil, agradable y juicioso escritor del mundo, tampoco su talento para lo jocoso resulta original ni refinado. Es ésta, por tanto, una considerable mejora que las bellas artes han recibido de la galantería, y de las cortes en que nació». (*Del origen y progreso de las artes y las ciencias, Essays*, vol. I, p. 194. (1994: 93-4)).

[239] Ciertamente, Hume puede ser leído también como si la contribución positiva de las mujeres a la vida social y artística estuviera confinada al refinamiento del espíritu, mientras que la sustancia de la cultura sería de hecho una contribución exclusive de los varones. Pienso, sin embargo, que leer a Hume de esta manera está fuera de lugar, porque en el contexto en el que él escribía, su postura era más bien la de un partidario de la aportación específica de las mujeres a la vida social. Con otras palabras: es altamente improbable que Hume considere a las mujeres como incapaces de hacer contribuciones sustantivas a la cultura; es más plausible que, siguiendo sus propios presupuestos metodológicos, Hume concluyera que, en términos generales, la contribución de las mujeres a la vida social y cultural había sido principalmente de carácter formal. Esta última postura, al menos, parece más coherente con la tesis que abre el Ensayo «Origen y progreso de las artes y las ciencias»: «Lo que depende de unos pocos debe, en gran medida, ser atribuido a la suerte, o a causas secretas y desconocidas; mientras que lo que procede de muchos puede con frecuencia ser explicado por causas determinadas y conocidas». (*Del origen y progreso de las artes y las ciencias, Essays*, vol. I, p. 175 (1994:74)). De donde concluye: «la cuestión del origen y progreso de las artes y las ciencias no es algo totalmente dependiente del gusto, el ingenio y la inteligencia de unos pocos, sino de los de todo un pueblo, y puede, en consecuencia, ser en cierta medida explicado por causas y principios generales», (p. 177 (1994: 76)). Según esto, si, como dice, una de las causas generales del progreso en artes y ciencias es la introducción de gobiernos libres, otra sería la presencia creciente de mujeres en al vida social moderna.

[240] «La conversación, la educación y la sociabilidad tuvieron un éxito notable infiltrando un amplio sector de la discusión en el siglo XVIII europeo. Entre muchos autores, el ideal conversacional se reiteró extensamente. La conversación fue alabada como una actividad concreta, y tal alabanza hizo mucho para potenciar los lugares reales de conversación. Sin

de expresión, so pena de perder la propia personalidad pública, no deja intacta la personalidad privada. Después de todo, el sujeto que debe moverse en un círculo familiar y social es uno y el mismo.

Más en general, las intuiciones de Hume acerca de la naturaleza peculiar de las relaciones humanas en el ámbito de la sociedad civil pueden considerarse una aproximación a las disfunciones derivadas de la confusión que amenaza a esas sociedades en transición, de una organización social basada en relaciones de sangre o parentesco a otras sociedades basadas en la razón o el consentimiento. Aquí nos encontramos ante una de las constitutivas tensiones que puede adoptar la naturaleza humana, a saber, la tensión entre la lógica social del espacio público y la lógica social del espacio privado[241].

Como ha observado Hartmut Kliemt[242], Hume puede considerarse uno de los primeros autores que ha percibido y conceptualizado la diferente racionalidad que reina en cada una de estas esferas. Según he tratado de mostrar, a fin de explicar cómo se configura el espacio de la sociedad civil tenemos que explorar el modo en que llega a corregirse la operación natural de la simpatía, mediante criterios generales de juicio generados en el curso de la conversación social.

7.7. Conclusión

Es momento de recapitular. Para Hume, la sociabilidad humana no responde simplemente a un motivo auto-interesado sino también a la existencia de sentimientos sociales que son activados por la operación de la simpatía. Ahora bien, la simpatía opera conforme a criterios de contigüidad y semejanza. Y son estos criterios los que explican la formación de grupos sociales de afines, pero también los que abren la posibilidad de un conflicto con otros grupos constituidos según criterios similares. Desde la perspectiva de Hume, la solución a este posible conflicto implica ampliar el círculo de una conversación que inicialmente incluye solo a aquellos próximos a nosotros (familia, amigos), así como crear un nuevo espacio

embargo, la conversación era también una figura del entero proceso civilizador, central a buena parte del pensamiento ilustrado». (L. Klein, 2001: 160).

241 En la práctica este difícil equilibrio puede quebrarse en dos direcciones distintas: o bien la regulación pública e institucional de la espontaneidad del sentimiento es importada a la vida privada, conduciendo a un mayor refinamiento –en casos extremos, represión- de la subjetividad, o bien el trato espontáneo y familiar de la vida privada es exportado a la vida pública, conduciendo a una des-institucionalización –en casos extremos, anarquía- de la subjetividad.

242 (H. Kliemt, 1985).

de relaciones sociales regulado por una lógica diferente de la que domina en el círculo social familiar, el espacio de la sociedad civil.

El incentivo para ampliar el círculo social de este modo –de lazos naturales a lazos artificiales– no procede únicamente del interés por la paz social –en la medida en que la paz social hace posible el despliegue de la pasión por adquirir. Pues aunque la paz social ciertamente desempeña un papel crucial en la institución de la convención social básica por la cual se fija la propiedad, el desarrollo de esta paz no sería posible en ausencia de una experiencia social que se adquiere por primera vez en la familia, como fruto del equilibrio entre pasiones egoístas y sociales. La capacidad de institucionalizar este equilibrio es un requisito para la paz social.

Ahora bien, una vez que entramos en la sociedad civil, nos implicamos en una conversación social cualitativamente diversa de la que habíamos experimentado en la familia. Es en el curso de esta nueva conversación social donde se van refinando nuestros sentimientos y vamos adquiriendo criterios estables de juicio, que nos permiten superar las parcialidades naturales y, de este modo, superar posibles injusticias. En esos juicios encontramos un criterio para evaluar la mesura de nuestros sentimientos. De este modo, el proceso de civilización no simplemente establece pautas para el comportamiento cooperativo, sino también se inmiscuye en nuestra psicología moral, proporcionando a nuestros sentimientos una significación moral.

EPÍLOGO: LA ARTICULACIÓN DE LO HUMANO EN SOCIEDAD

Apuntaba en el prólogo que los estudios morales de Hume no persiguen otra cosa que mostrar la normatividad interna de un nuevo espacio de relaciones sociales, específicamente diverso de las relaciones familiares y políticas: el espacio de la sociedad civil. Espero que los análisis realizados a lo largo de las páginas anteriores, permitan comprender algo mejor el sentido de aquellas palabras, y el modo en que resuelven el objetivo general que Hume se proponía en la introducción al *Tratado de la Naturaleza Humana*: sentar las bases de una ciencia de la naturaleza humana.

A estas alturas de nuestra investigación parece claro que esa ciencia de la naturaleza humana, que Hume perseguía fundamentar en el *Tratado*, adopta la forma de una *teoría de las instituciones*, es decir, una teoría de la formación de espacios sociales diferenciados, ajustados a condiciones psicológicas y materiales, cada uno con un propósito específico y definido mediante reglas igualmente específicas, cuya identificación y preservación tiene importancia no solo a la hora de proponer una teoría de la civilización, sino, más fundamentalmente, a la hora de garantizar el sentido humano del desarrollo social.

En efecto: si bien la interpretación por largo tiempo dominante del pensamiento moral de Hume acostumbraba a presentarlo sobre todo como un precedente de la ética utilitarista, pienso que tal interpretación –más plausible desde el *Enquiry* que desde el *Treatise*– no hace justicia a la complejidad de su argumentación, y, en particular, a la importancia que él concede a la historia y a la configuración de formas institucionales, a medio camino entre las relaciones familiares y las políticas, y de los que depende en gran medida el despliegue articulado de la libertad.

Por eso, antes de dar por concluido este trabajo, me ha parecido oportuno realizar una breve reflexión encaminada a destacar el sentido ético de este descubrimiento. A fin de cuentas, como adelantaba en la introducción, «la teoría social de los ilustrados escoceses se enmarca en el contexto de una reflexión moral y sirve en gran medida a un propósito moral», y pienso que dicho propósito moral tiene mucho que ver con asegurar espacios para el desarrollo diversificado de la naturaleza humana: no es lo mismo, en efecto, desplegar la propia vida exclusivamente en el ámbito de la familia, que implicarse además en la vida pública; no es lo mismo relacionarse con los familiares y amigos que hacerlo con los extraños; no es igual entablar relaciones movidos por el afecto, que hacerlo movidos por el interés. Por ello, la clase de regulación ética esperable en cada ámbito de acción, va a depender en cada caso de acentos especiales, en parte ya recogidos en la distinción entre virtudes naturales y artificiales, es decir, virtudes cuya valoración moral positiva encuentra inmediato respaldo en un sentimiento moral, y virtudes cuya valoración moral positiva presupone alguna convención ordenada a la utilidad social.

En efecto: aunque la formación del juicio moral –que también rige en el ámbito privado, permitiendo distinguir entre excesos y defectos respecto de un término medio virtuoso– requiera asimismo de la mediación o del marco proporcionado por las virtudes artificiales, persiste el hecho de que las virtudes llamadas por Hume «naturales» encuentran un referente claro en la operación de la naturaleza: el deber moral, que incumbe a los padres, de cuidar a sus hijos, constituye el ejemplo más claro, en la medida en que se encuentra respaldado por un afecto natural. Frente a ellas, las virtudes llamadas «artificiales» no apelan de manera directa a un sentimiento de esta clase, sin la mediación de una consideración de utilidad.

Retener esa diferencia básica y desarrollar sus implicaciones en una teoría de las instituciones constituye una aportación indudable del planteamiento ético de Hume. En este, la familia aparece inicialmente como un ámbito social de raigambre natural y claramente pre-político, netamente diferenciado del ámbito de la sociedad civil, a cuya formación, sin embargo, contribuye significativamente, en la medida en que suministra a sus miembros –que lo serán de la sociedad civil– elementos como el inicial gusto por la conversación, o el referente tácito de un modelo de convivencia en el que las pasiones sociales y egoístas se compensan o equilibran de una forma en gran medida «natural».

Sobre esta base se abrirá el ámbito de la sociedad civil como un espacio cooperativo novedoso, en el que el equilibrio de pasiones sociales y egoístas –en especial la moderación de la pasión individual por adquirir bienes exteriores– solo puede lograrse artificialmente: mediante la introducción de unas normas que, asegurando la estabilidad de las posesiones, y definiendo las reglas de su transferencia, hacen posible el intercambio pacífico de la propiedad, e incentivan la búsqueda de objetivos a largo plazo frente a la satisfacción inmediata de los impulsos, de forma que, indirectamente favorecen el desarrollo de las artes y las ciencias, así como la civilización de las maneras. La sociedad civil se presenta, así, como un espacio de actividad muy diversa, en el que los individuos interactúan libremente, en clave de reciprocidad, partiendo de sus gustos e intereses.

Frente a la ebullición y riqueza de la sociedad civil, el ámbito político, en sentido estricto, se limitaría a garantizar el espacio de libre intercambio social, previniendo posibles abusos y coordinando las obras estructurales que exceden las posibilidades de los agentes sociales singulares, pero que resultan necesarias para dar cancha a su actividad. Ahora bien, por limitado que pueda parecer, en comparación con la efervescente actividad de la sociedad civil, el ámbito político pone en funcionamiento todo el sistema de administración de justicia y de gobierno –comprendiendo la actividad de los partidos–, y su recto funcionamiento exige prestar esmerada atención al diseño institucional y al carácter de los magistrados.

Desde muchos puntos de vista cabría decir que Hume nos presenta un modelo social característicamente moderno, económicamente liberal y políticamente conservador: es significativo, por ejemplo, que el único caso realmente claro en el que deja entender la posibilidad fáctica de un derecho a la resistencia se refiera a las situaciones en las que un poder superior interfiere en las legítimas competencias de un poder inferior. Fuera de esto, la exposición diacrónica de la estructura social –implícita en la historia conjetural del desarrollo social– imprime un sesgo naturalista a la cuestión del cambio social, camuflando la posibilidad de promoverlo por razones éticas, desde el interior mismo del sistema social. Ello se encuentra en sintonía con el hecho de que Hume no hace uso del lenguaje moderno de los derechos naturales –diverso del lenguaje clásico del derecho natural– que en ese momento se esgrimía principalmente con propósitos revolucionarios; la idea de una individualidad trascendente al proceso social, en nombre de la cual debiera modificarse el sentido mismo del proceso histórico, no entra dentro de su ciencia empírica de la naturaleza humana. El sentido ético implícito en su teoría social discurre en la otra dirección, precisamente en exponer la relevancia que el orden social, derivado del correcto funcionamiento de las instituciones, reviste para el desarrollo de los individuos.

Desde esta perspectiva, limitarse a caracterizar el pensamiento social de Hume conforme a la doble rúbrica de «económicamente liberal» y «políticamente conservador» no permitiría apreciar el fondo ético de la cuestión que sale a la luz en su obra. En mi opinión, a dicho fondo se llega, únicamente, cuando se advierte que el bien humano, desplegado en el curso de la vida social y política, reclama de oportunas diferenciaciones institucionales en el plano social y político. Con otras palabras: el bien humano es complejo, y Hume advierte con claridad meridiana que, en la práctica, dicha complejidad se traduce en una diversidad de esferas institucionales de acción, cada una con sus normas específicas. Anular esa complejidad, o proyectar indebidamente las normas que rigen en un ámbito a otro ámbito distinto, solo puede ser fuente de distorsiones, que dañan la integridad del bien humano.

La razón es que lo humano como tal no se realiza en una única esfera de acción –la familia, la multiforme actividad de la sociedad civil, la política–, sino que depende muy crucialmente de la compensación relativa entre todas ellas. Reconocer la pluralidad de ámbitos institucionales, como distintos ámbitos de acción, permite interpretar correctamente el sentido ético de la relativa fluidez propia de la interacción social, pero también identificar una variedad de posibles desequilibrios éticos sistémicos, allí donde una esfera es invadida por otra.

En efecto: aunque en el curso de la interacción social ordinaria la frontera entre propios y extraños puede resultar fluida –el propio Hume hace notar que los que hoy son extraños mañana pueden llegar a ser personas con las que tratemos de forma habitual–, precisamente la significación ética de esa fluidez dependerá en gran medida de comprender cuáles son las reglas que en principio rigen cada ámbito de acción. Esas mismas reglas son las que, llegado el caso, permiten identificar posibles desequilibrios sistémicos.

Así, los que inicialmente eran solo conocidos pueden llegar a ser amigos, de forma que su interacción ya no se regula únicamente por las normas que rigen el trato entre extraños, sino las propias de la amistad. Sin embargo, estas normas relativas a la modalidad del trato interhumano no anulan la lógica propia de otros ámbitos de acción, en los que están en juego bienes económicos o políticos. Igualmente, las normas que rigen estas dos esferas de acción no pueden, por sí solas, remplazar la modalidad de trato propio de las esferas familiar o social.

Cuando estas diferencias se pierden de vista, tienen lugar una serie de distorsiones sociales que inciden negativamente en el desarrollo humano, porque violentan o confunden la articulación de bienes conforme a la que se cumple dicho desarrollo. Así, hablamos de *economicismo*, cuando la lógica económica, que gira en torno a la circulación de bienes, coloniza el ámbito de las relaciones familiares o políticas suplantando por completo los vínculos personales y jurídicos en los que éstas se basan originalmente. Hablamos de *politicismo*, cuando la lógica política, encargada de asegurar jurídicamente los derechos de las partes, ahoga la espontaneidad de la vida económica con regulaciones excesivas, o invade la legítima autonomía de la vida familiar, donde el derecho debería darse por descontado. Y, ya en el terreno del trato interpersonal, hablamos de *familiaridad* excesiva o *formalismo* –según los casos– allí donde, descuidando la variedad de registros, derivados de la naturaleza misma de las relaciones, se homogeneiza el trato, bien sea a imagen del trato familiar o a imagen del trato civil.

Ciertamente, cuando una determinada institución no cumple sus fines específicos aumenta el riesgo de que su esfera de acción sea invadida por otra. Así ocurre, por ejemplo, cuando la familia no transmite en la práctica los elementos básicos de la convivencia entre géneros y generaciones, llegando incluso a violentar el derecho, pues en esos casos ya no prepara para la diversidad característica de la convivencia social; o cuando la falta de confianza afecta la normalidad de las transacciones económicas y los ojos se vuelven a la esfera política para que subsane esa deficiencia con nuevas regulaciones, que terminan por ahogar la espontaneidad económica; o cuando la política es incapaz de garantizar la seguridad y el derecho, o cunde la sospecha de que la clase política no representa los intereses de la sociedad sino los suyos propios... En todos estos casos los problemas que se plantean no son de ningún modo problemas puramente puntuales, sino que revisten una dimensión sistémica.

Ahora bien, si aceptamos la tesis según la cual la diferenciación institucional no constituye únicamente una consecuencia natural del desarrollo social, sino una exigencia ética del mismo desarrollo humano en sociedad, entonces aquellos problemas «sistémicos» revelan su rostro humano –o inhumano–: pues, por un lado, la disfunción institucional priva a los seres humanos de referentes claros a la hora de planificar sus acciones, favoreciendo de hecho la «miopía práctica» –el abandono de objetivos a largo plazo por objetivos a corto plazo–; y, por otro, la confusión de esferas de acción en el ámbito público dificulta también el que los individuos puedan identificar y articular aquella pluralidad de bienes en su vida personal.

En la medida en que las instituciones articulan la presencia pública de bienes humanos cualitativamente distintos, las disfunciones institucionales revisten una dimensión ética, que no sirve a la exaltación moral del individuo, sino más bien a su desorientación práctica. Ciertamente, para quienes consideran opresiva toda lógica institucional, «individualización» podría parecer, en un primer momento, sinónimo de liberación. Sin embargo, se trata solo de una apariencia, pues, de ordinario, la alternativa fáctica a instituciones funcionales no es la ausencia de instituciones, sino únicamente instituciones disfuncionales que, lejos de ser éticamente neutrales, afectan negativamente al crecimiento ético de las personas.

Con esto no se quiere decir que la dimensión ética de las instituciones resida únicamente en su funcionalidad; después de todo, a lo largo de la historia ha habido instituciones muy funcionales y muy injustas: la esclavitud es el ejemplo más claro; la desigualdad de varones y mujeres en la vida profesional podría ser otro. Hume no se pronuncia sobre estas cuestiones con la claridad que hoy lo hacemos, tal vez porque su misma condición de historiador le hace particularmente sensible al contexto en el que se desarrollan las instituciones. No obstante, en su planteamiento hay silencios y distinciones elocuentes, que permiten abrir, dentro de la misma dinámica social, un espacio para el discernimiento y progreso moral en estas materias.

Así, por ejemplo, es significativo que –tal y como observa Berry– Hume no aplique el concepto de propiedad a las personas. Aunque esto no sea suficiente para convertirle en un pensador de la dignidad o los derechos humanos, al menos representa un límite tácito a la expansión de la lógica instrumental y económica, dentro de la cual Aristóteles enmarcaba la esclavitud –el esclavo era para él parte de la propiedad de la casa, un «instrumento animado», al servicio de los fines de su amo–. Algo similar cabría decir de sus reflexiones sobre el papel las mujeres en la vida cultural y social. Pues, sin dejar de ser hijo de su época, no solo resalta como pocos el papel de las mujeres en el proceso civilizador, sino que, además, abre espacio para la crítica ética cuando hace explícita la doble vara de medir que rige socialmente el comportamiento sexual de varones y mujeres.

Más en general, el modo en que Hume da cuenta de la formación de un sentido moral común, en el curso de la conversación social, permite entender de qué manera consideraciones morales, nacidas de la observación y la reflexión, podrían llegar a configurar la opinión pública y modelar el sentimiento moral. No atender a este aspecto de su pensamiento impediría reconocer uno de los aspectos más sobresalientes de la entonces naciente sociedad civil, así como una de las vías más ordinarias del cambio cultural y social.

BIBLIOGRAFÍA GENERAL

ANSCOMBE, Elizabeth. «On Brute Facts», en *The Collected Philosophical Papers of G.E.M. Anscombe*, vol. III, Minneapolis, Ethics, Religion and Politics, University of Minnesota Press, 1981, pp. 22-25.

– «On Promising and its Justice, and whether it need be respected in *foro interno*», en *The Collected Philosophical Papers of G.E.M. Anscombe*, vol. III, Minneapolis, Ethics, Religion and Politics, University of Minnesota Press, 1981, pp. 10-21.

«On the Source of the Authority of the State», in *The Collected Philosophical Papers of G.E.M. Anscombe*, vol. III, Minneapolis, Ethics, Religion and Politics, University of Minnesota Press, 1981, pp. 130-156.

«Rules, Rights and Promises», en *The Collected Philosophical Papers of G.E.M. Anscombe*, vol. III, Minneapolis, Ethics, Religion and Politics, University of Minnesota Press, 1981, pp. 97-106.

AQUINO, Santo Tomás de. *Suma de Teología*, vol. II-III, Madrid, BAC, 1989, 1995.

ARISTÓTELES. Ética a Nicómaco, Madrid, Centro de Estudios Constitucionales, 1985.

ATIYAH, F. B. A. *Promises, morals, and laws*, Oxford, Clarendon Press, 1981.

BAIER, A. C. *A Progress of Sentiments: Reflections on Hume's Treatise*, London, England, Harvard University Press, 1991.

– «Good Men's Women: Hume on Chastity and Trust», en *Hume Studies*, nº5, 1979, pp. 1-19

– «Hume's account of social artifice: its origins and originality», en *Ethics*, nº98, 1988, pp. 757-778. Reproducido en R. Cohon, 2001: 291-312.

BARRY, B. «David Hume as a Social Theorist», en *Utilitas*, nº22, 2010, pp. 369-392

BELL, D. *Las contradicciones culturales del capitalismo*, Madrid, Alianza, 1987.

BERRY, C. J. *The idea of luxury: A conceptual and historical investigation*, Cambridge University Press, 1994.

– *The Social Theory of the Scottish Enlightenment*, Edinburgh University Press, 1997.
– «Lust Women and Loose Imagination: Hume's philosophical anthropology of chastity», en *History of Political Thought*, vol. XXIV, nº 3, 2003, pp. 413-433.
– «Hume y la inflexibilidad de la justicia: propiedad, comercio y expectativas», en *Razón Práctica en la Ilustración Escocesa*, González, A. M. (ed.) & Lázaro, R., (ed.), Anuario Filosófico, 42/1, 2009, pp. 65-88.
BORDIEU, Pierre. *Distinction: a social critique of the judgement of taste*, Cambridge, Harvard University Press, 2002.
BOWLES, P. «The origin of property and the development of Scottish historial science», en *Journal of the History of Ideas*, nº46, 1985, pp. 197-209.
BRAND, W. *Hume's Theory of Moral Judgment: A Study in the Unity of A Treatise of Human Nature*, Dordrecht, Kluwer Academic Publishers, 1992.
BREWER, J. D. «The Scottish Enlightnement», en *Modern Theories of Exploitation*, A. Reeve (ed.), London, Sage, 1987, pp. 6-29.
– Conjectural history, sociology and social change in 18th Century Scotland: Adam Ferguson and the division of labour», en *The Making of Scotland*, D. McCrone, *et al* (ed.), Edinburgh, Edinburgh University Press, 1989, pp. 13-30.
BRICKE, J. «Hume's conception of character», en *David Hume: Critical Assessments*, vol. VI, London, New York, Routledge, 1995 pp. 248-254.
– *Mind and Morality: An Examination of Hume's Moral Psychology*, Oxford, Clarendon Press, 1996.
BROWNSEY, P. «Hume and the social contract», en *Philosophical Quarterly*, nº28, pp. 132-148.
BRYSSON, G. *Man and society: The Scottish Inquiry of the Eighteenth Century*, New York, August M. Kelley Publishers, 1968.
BUCKLE, S; CASTIGLIONE, D. «Hume's critique of Contract Theory», en *History of Political Thought*, nº12, 1991, pp. 457-480.
CAMERON, J. «Theological controversiy: a factor in the origins of the Scottish Enlightenmebnt», en *The Origins and Nature of the Scottish Enlightenment*, R. Campbell & A. Skinner (ed.), Edinburgh, John Donald Publishers, 1982, pp. 116-130.
CAMIC, C. *Experience and Enlightenment: Socialization for Cultural Change in 18th Century Scotland*, Chicago; University of Chicago Press, 1983.
CAMPBELL MOSNER, E. *The life of David Hume*, 2ª edición, Oxford, New York, Clarendon Press, Oxford University Press, 1980.
CAMPBELL, R. H.; SKINNER, A. S. (ed.). *The Origins and Nature of the Scottish Enlightenment*, Edinburgh, John Donald Publishers, 1982.
CAPALDI, N.; LIVINGSTON, D. *Liberty in Hume's History of England*, Dordrecht, Kluwer Academic, 1990.
CAPALDI, N. «Hume as a social scientist», en *David Hume: Critical Assessments*, vol. VI, Tweyman, S. (ed.), London, New York, Routledge, 1995, pp. 3-23.
– «Hume as a social scientist», en *Review of Metaphysics*, nº38, 1978, pp. 99-123.
– *David Hume: The Newtonian Philosopher*, Boston, 1975.

CHARRON, W. C. «Convention, Games of Strategy, and Hume's Philosophy of Law and Government», en *David Hume: Critical Assessments,* vol. VI, Tweyman, S., London, New York, Routledge, 1995, pp. 171-185.

CHITNIS, A. *The Scottish Enlightenment: A social history,* London, Croom Helm, 1976.

COHON, R. (ed.) *Hume: moral and political philosophy,* Aldershot, Ashgate, Dartmouth, 2001.

– «Hume on promises and the peculiar act of the mind», en *The Journal of the History of Philosophy,* vol. 44, 2006.

– *Hume's Morality: Feeling and Fabrication.* New York, Oxford University Press, 2008.

CUMMING, R. D. *Human Nature and History,* Chicago, London, 1969.

DARWALL. «Hume and the Invention of Utilitarianism», en *Hume and Hume's Connexions,* M. A. Stewart and John P. Wright (eds.) Edinburgh, Edinburgh University Press, pp. 58-82.

DAVIS, G. F. «Philosophical Psychology and Economic Psychology in David Hume and Adam Smith», en *History of Political Economy,* nº 35, 2003, pp. 269-304.

DE SOTO, Domingo. *De iustitia et iure. Libri Decem,* vol. IV, Libro VII, Madrid, Instituto de Estudios Políticos, 1968.

DOW, Sheila C. «Interpretation: The Case of David Hume», en *History of Political Economy,* nº34, 2002, pp. 399-420.

ELIAS N. *Über den Prozess der Zivilisation: soziogenetische und psychogenetische Untersuchungen,* Frankfurt, Main, Suhrkamp, 1997.

EMERSON, R. «Conjectural history and the Scottish philosophers», en *Historical Papers of the Canadian Historical Association,* 1984, pp. 63-90.

– «Natural philosophy and the problem of the Scottish Enlightenment», en *Studies in Voltaire,* nº242, 1986, pp. 243-288.

– «The religious, the secular and the worldly: Scotland 1680-1800», en *Religion, Secularization and Political Thought,* J. Crimmins (ed.), London, Routledge, 1989, pp. 68-89.

– «Science and moral philosophy in the Scottish Enlightenment», en *Studies in the Philosophy of the Scottish Enlightenment,* M. Stewart (ed.), 1990, pp. 11-36.

ENRÍQUEZ GÓMEZ, T. *De la decisión a la acción. Estudio sobre el imperium en Tomás de Aquino,* Verlag, Hildesheim, Zürich, New York, Georg Olms, 2011.

FARR, J. «Hume, Hermeneutics and history: a "sympathetic" account», en *History and Theory,* nº17, 1978, pp. 285-320.

FATE NORTON, David. «Hume, human nature, and the foundations of morality», en *The Cambridge Companion to Hume,* David Fate Norton (ed.), Cambridge University Press, 1993, pp. 148-181.

FERGUSON, A. *An Essay on the History of Civil Society,* Edinburgh, Edinburgh University Press, 1966.

– *Principles of moral and political science,* Olms, Hildesheim, 1995.

FIESER, J. (ed.) *Early responses to Hume's history of England*, Bristol, England, Sterling, Va, Thoemmes Press, 2002.
FINLAY, C. J. *Hume's Social Philosophy. Human Nature and Commercial Sociability in A Treatise of Human Nature*, London, New York, Continuum, 2007.
FOERSTER, D. «Scottish primitivism and the historical approach», en *Philological Quarterly*, nº29, 1950, pp. 307-323.
FORBES, D., «Natural Law and the Scottish Enlightenment», en *Origins and Nature of the Scottish Enlightenment*, R. Campbell & A. Skinner (eds.), 1982, pp. 186-204.
– *Hume's Philosophical Politics*, New York, Cambridge University Press, 1975.
FRIED, C. *Contract as Promise: A Theory of Contractual Obligation*, Cambridge, Harvard University Press, 1981.
GARCÍA, Alejandro N. *El proceso de la civilización en la sociología de Norbert Elias*, Pamplona, Eunsa, 2006.
GASKIN. «Hume on religion», en *Cambridge Companion to Hume*, D. Norton (ed.), 1993, pp. 313-344.
GAUTHIER, D. «David Hume: Contractarian», in *Philosophical review*, nº88, 1979, pp. 3-38.
GIERKE, O. *Natural law and the Theory of Society*, 2 vols., Cambridge University Press, 1934.
GOLDMANN, L. *The Philosophy of Enlightenment: the Christian burgess and the Enlightenment*, H. Maus (tr.), London, Routledge & Kegan Paul, 1973.
GONZÁLEZ, A. M.; LÁZARO, R. (eds.), «Razón práctica en la ilustración escocesa», en *Anuario Filosófico*, 2009.
GONZÁLEZ, A. M. «Humean Keys For Social Theory: From Natural Circles of Sympathy to the Formation of an Impartial Moral Judgment», en *Oikeiosis and the Natural Bases of Morality. From Classical Stoicism to Modern Philosophy*, A. Vigo (ed.), Hildesheim – Zürich – New York, Georg Olms, 2012, pp. 231-262.
– «La oposición de pasiones y su superación en el trato social según Hume: Familia, castidad y cortesía», en *Themata. Revista de Filosofía*, nº 44, 2011, pp. 308-325.
– «Hume y los teóricos de la ley natural acerca de las promesas: un contraste fecundo», en *In Umbra intelligentiae: Estudios en homenaje al Prof. Juan Cruz Cruz*, Ángel Luis González & Mª Idoya Zorroza (eds.), Pamplona, Eunsa, 2011b, pp. 451-492.
Culture as Mediation. Kant on nature, culture, and morality, Hildesheim – Zürich – New York, Georg Olms, 2011c, pp. 433-454.
– «Kant's Contribution to Social Theory», en *Kant Studien*, vol. 100, nº. 1, 2009, pp. 77-105
– «Alcance y límites del deber de obediencia en Hume», en *Tópicos. Revista de Filosofía*, nº. 37, 2009b, pp. 77-116.
– «Justicia como virtud artificial en David Hume: Elementos para una teoría psicosocial de la acción», en *Pensamiento*, vol. 64, nº 239, 2008, pp. 97-127.

– «Naturaleza y función del gobierno en Hume», en *Revista de Filosofía*, vol. 33, nº 1, 2008b, pp.161-196.
– «Cultura y felicidad en Kant» en *Teorema*, vol. XXIII, nº. 1-3, 2004, pp. 215-232
– «La doble aproximación de Kant a la cultura», en *Anuario Filosófico*, vol. XXXVII/3, nº. 80, 2004b, pp. 679-711.
GOODMAN, D. «Difference: An Enlightenment Concept», en Baker, K., *What's left of Enlightenment? A postmodern question*, Stanford University Press, 2001.
GROCIO, H., *The rights of war and peace*, Introducción de Richard Tuck, Indianapolis, Liberty Fund Inc., 2005.
HAAKONSSEN, K. *The Science of a Legislator: The Natural Jurisprudence of David Hume and Adam Smith*, New York, Cambridge University Press, 1989.
– «The structure of Hume's political theory», en *The Cambridge Companion to Hume*, David Fate Norton (ed.), Cambridge University Press, 1993, pp. 182-221.
– *Natural Law and Moral Philosophy: From Grotius to the Scottish Enlightenment*, New York, Cambridge University Press, 1996.
– *Grotius, Pufendorf and Modern Natural Law*, Darmouth, Ashgate, 1999.
– «Modern Natural Law: A Protestant Tradition», en *Contemporary Perspectives on Natural Law: Natural Law as a Limiting Concept*, González, A. M. (ed.), Ashgate, Aldershot, 2008.
HABERMAS, J. *Strukturwandel der Öffentlichkeit: Untersuchungen zur einer Kategorie der bürgerlichen Gesellschaft*, Darmstadt, Suhrkamp, 1990.
– *Escritos sobre moralidad y eticidad*, introd. y tr. de M. J. Redondo, Barcelona, Paidós,1991.
HAMOWY, R. *The Scottish Enlightenment and the Theory of Spontaneous Order*, Carbondale, Southern Illinois University Press, 1987.
HARDIN, R. «Hume's Human Nature», en *The Continuum Companion to Hume*, Alan Bailey & Dan O'Biren (eds.), Continuum, 2012, pp. 303-318.
– *David Hume: Moral and Political Theorist*, Oxford University Press, 2007.
HARRISON, J. *Hume's Theory of Justice*, Oxford, Clarendon Press, 1981.
– *Hume's Moral Epistemology*, Oxford, Clarendon Press, 1976.
HAYEK, F. «The legal and political philosophy of David Hume», en *Hume*, V. Chappell (ed.), 1966, pp. 335-360.
HENDERSON, H., *Religion in Scotland*, Paisley, A. Gardner, 1920.
HILL BURTON, J. *Life and correspondence of David Hume*, Aalen, Scientia Verlag, 1969.
HIRSCHMAN, A., *The Passions and the Interests: political arguments for capitalism before its triumph*, Princeton University Press, 1977.
HOBBES, T., *Leviathan*. Düsseldorf, 1990. Versión castellana: Leviatán. La materia, forma y poder de un Estado eclesiástico y civil, tr., prólogo y notas de Carlos Mellizo, Alianza Editorial, 1ª ed. 1989, 4ª reimp. 1996.
HONT, I. «The language of sociability and commerce: S. Pufendorf and the theoretical foundations of the "four stages" theory», en *The Languages of Political Theory in Early modern Europe*, A. Pagden (ed.), pp. 253-76.

HONT, Istuan; IGNATIEFF, M. (eds.) *Wealth and Virtue: the shaping of political economy in the Scottish Enlightenment*, 1983.

HOPE, V. *Virtue by Consensus*, Oxford, Clarendon Press, 1989.

HUME, D. *A Treatise of Human Nature*. Analytical Index by L. A. Selby-Bigge, 2nd Edition, with text revised and notes by P. H. Nidditich, Oxford, Clarendon Press, 1978. Edición castellana: *Tratado de la naturaleza humana*, ed. preparada por Félix Duque, Tecnos, 2005.

– *Enquiries concerning Human understanding and concerning the principles of morals*, 3rd Edition, with text revised and notes by P. H. Nidditich, Oxford University Press, 1975. Edición en castellano preparada por Jaime de Salas, y traducción de Jaime de Salas y Gerardo López Sastre, Tecnos, Madrid, 2007.

– «Of the Delicacy of Taste and Passion», en *The Philosophical Works: Essays Moral, Political and Literary*, vol. I, Thomas Hill Green and Th. Hodge Grose (eds.), vol. III, Scientia Verlag Aalen, 1964, pp. 91-94. Edición castellana: «Sobre la delicadeza del gusto y de la pasión», en *David Hume. Ensayos morales y literarios*. Selección, traducción, estudio preliminar y notas de Estrella Trincado Aznar, Tecnos, Madrid, 2008, pp. 93-98.

– «That Politics may be reduced to a Science», en *The Philosophical Works: Essays Moral, Political and Literary*, vol. I, Thomas Hill Green and Th. Hodge Grose (eds.), vol. III, Scientia Verlag Aalen, 1964, pp. 98-109. Edición castellana: «Que la política puede ser reducida a ciencia» en *Ensayos Políticos*, tr. César Armando Gómez, 2ª ed., Madrid, Tecnos, 1994, pp. 8-20.

– «Of the First Principles of Government», en *The Philosophical Works: Essays Moral, Political and Literary*, vol. I, Thomas Hill Green and Th. Hodge Grose (eds.), vol. III, Scientia Verlag Aalen, 1964, pp. 109-113. Edición castellana: «De los primeros principios del gobierno», en *Ensayos Políticos*, tr. César Armando Gómez, 2ª ed., Madrid, Tecnos, 1994, pp. 21-25.

– «On the Independency of Parliament», en *The Philosophical Works: Essays Moral, Political and Literary*, vol. I, Thomas Hill Green and Th. Hodge Grose (eds.), vol. III, Scientia Verlag Aalen, 1964, pp. 117-121. Edición castellana: «De la independencia del parlamento», en *Ensayos Políticos*, tr. César Armando Gómez, 2ª ed., Madrid, Tecnos, 1994, pp. 30-36.

– «Of the Origin of Government», en *The Philosophical Works: Essays Moral, Political and Literary*, vol. I, Thomas Hill Green and Th. Hodge Grose (eds.), vol. III, Scientia Verlag Aalen, 1964, pp. 113-117. Edición castellana: «Del origen del gobierno», en *Ensayos Políticos*, tr. César Armando Gómez, 2ª ed., Madrid, Tecnos, 1994, pp. 26-30.

– «Of Parties in General», en *The Philosophical Works: Essays Moral, Political and Literary*, vol. I, Thomas Hill Green and Th. Hodge Grose (eds.), vol. III, Scientia Verlag Aalen, 1964, pp. 127-133. Edición castellana: «De los partidos en general», en *Ensayos Políticos*, tr. César Armando Gómez, 2ª ed., Madrid, Tecnos, 1994, 43-50.

– «Of the Parties of Great Britain», en *The Philosophical Works: Essays Moral, Political and Literary*, vol. I, Thomas Hill Green and Th. Hodge Grose (eds.), vol. III, Scientia Verlag Aalen, 1964, pp. 133-144. Edición castellana: «De los partidos británicos», en *Ensayos Políticos,* tr. César Armando Gómez, 2ª ed., Madrid, Tecnos, 1994, pp. 51-60.

– «On Superstition and Enthusiasm», en *The Philosophical Works: Essays Moral, Political and Literary,* vol. I, Thomas Hill Green and Th. Hodge Grose (eds.), vol. III, Scientia Verlag Aalen, 1964, pp. 144-150.

– «Of the rise and Progress of the Arts and Sciences», en *The Philosophical Works: Essays Moral, Political and Literary,* vol. I, Thomas Hill Green and Th. Hodge Grose (eds.), vol. III, Scientia Verlag Aalen, 1964, pp. 174-197. Edición castellana: «Del origen y progreso de las artes y las ciencias», *Ensayos políticos,* estudio de Josep M. Colomer, tr. de César Armando Gómez, 2ª ed., Madrid, Tecnos, 1994, pp. 74-96.

– «The Epicurean», «The Stoic», «The Sceptic», en *The Philosophical Works: Essays Moral, Political and Literary,* vol. I, Thomas Hill Green and Th. Hodge Grose (eds.), vol. III, Scientia Verlag Aalen, 1964. Edición castellana: *David Hume: Ensayos morales y literarios,* selección traducción, estudio preliminar y notas de Estrella Trincado Aznar, Tecnos, Madrid, 2008, pp. 171-217.

– «Of polygamy and divorces», en *The Philosophical Works: Essays Moral, Political and Literary,* vol. I, Thomas Hill Green and Th. Hodge Grose (eds.), vol. III, Scientia Verlag Aalen, 1964, pp. 231-239.

– «On the Standard of Taste», en *The Philosophical Works: Essays Moral, Political and Literary,* vol. I, Thomas Hill Green and Th. Hodge Grose (eds.), vol. III, Scientia Verlag Aalen, 1964, pp. 266-284.

– «Of Commerce», en en *The Philosophical Works: Essays Moral, Political and Literary,* vol. I, Thomas Hill Green and Th. Hodge Grose (eds.), vol. III, Scientia Verlag Aalen, 1964, pp. 287-299. Edición castellana: «Sobre el comercio», en *Hume: Ensayos Económicos. Los orígenes del capitalismo moderno,* edición de Javier Ugarte Pérez, Biblioteca Nueva, Madrid, 2008, pp. 63-78.

– «Of Refinement in the Arts», en *The Philosophical Works: Essays Moral, Political and Literary,* vol. I, Thomas Hill Green and Th. Hodge Grose (eds.), vol. III, Scientia Verlag Aalen, 1964, pp. 299-309. Edición castellana: «Sobre el refinamiento en las artes», en *Hume: Ensayos Económicos. Los orígenes del capitalismo moderno,* ed. de Javier Ugarte Pérez, Biblioteca Nueva, 2008, pp. 79-92. "Sobre el lujo", en *Ensayos Políticos,* tr. Enrique Tierno Galván, 2ª ed., Madrid, Centro de Estudios Constitucionales, 1982, pp. 31-54.

– «Of Some Remarkable Customs», en *The Philosophical Works: Essays Moral, Political and Literary,* vol. I, Thomas Hill Green and Th. Hodge Grose (eds.), vol. III, Scientia Verlag Aalen, 1964, pp. 374-381. Edición castellana: «Sobre algunas costumbres curiosas», en *Ensayos Políticos,* tr. Enrique Tierno Galván, 2ª ed., Madrid, Centro de Estudios Constitucionales, 1982, pp. 189-204.

– «Of the Original Contract» en *The Philosophical Works: Essays Moral, Political and Literary,* vol. I, Thomas Hill Green and Th. Hodge Grose (eds.), vol. III, Scientia Verlag Aalen, 1964, pp. 443-460. Edición castellana: «Del contrato

original», en *Ensayos Políticos*, tr. César Armando Gómez, 2ª ed., Madrid, Tecnos, 1994, pp. 97-115.
– «Of the Coalition of Parties», en *The Philosophical Works: Essays Moral, Political and Literary*, vol. I, Thomas Hill Green and Th. Hodge Grose (eds.), vol. III, Scientia Verlag Aalen, 1964, pp. 464-460. Edición española. «Del acuerdo entre los partidos», en *Ensayos Políticos*, tr. César Armando Gómez, 2ª ed., Madrid, Tecnos, 1994, pp. 120-127.
– «Of Essay Writing», en *David Hume: The Philosophical Works*: Essays Moral, Political and Literary, vol. II, Thomas Hill Green and Thomas Hodge Grose (eds.), vol. IV, Scientia Verlag Aalen, 1964, pp. 367-370. Edición castellana: *Ensayos morales y literarios*, selección, traducción, estudio preliminar de Estrella Trincado Aznar, Tecnos, 2008, pp. 81-87.
– «Of impudence and modesty», en *David Hume: The Philosophical Works*: Essays Moral, Political and Literary, vol. II, Thomas Hill Green and Thomas Hodge Grose (eds.), vol. IV, Scientia Verlag Aalen, 1964, pp. 380-383.
– «Of Love and Marriage», en *David Hume: The Philosophical Works*: Essays Moral, Political and Literary, vol. II, Thomas Hill Green and Thomas Hodge Grose (eds.), vol. IV, Scientia Verlag Aalen, 1964, pp. 383-388.
HUNTER, M. «Aikenhead the atheist: the context and consequences of Articulate Irreligion in the late 17th Century», en *Atheism from the Reformation to the Enlightenment*, M. Hunter & D. Wootton (eds.), Oxford Clarendon Press, 1992, pp. 221-254.
HUTCHESON, F. *A system of moral philosophy*, con introducción de D. Carey, Continuum, 2005.
JACK, M. *Corruption and Progress: the 18th Century debate*, New York, AMS Press, 1989
JENKINS, J., *Understanding Hume*, Edinburgh, Edinburgh University Press, 1992.
JONES, P. (ed.) *Philosophy and Science in the Scottish Enlightenment*, Edinburgh, John Donald, 1988
– *The «Science of man» in the Scottish Enlightenment: Hume, Reid and their contemporaries*, Edinburgh, Edinburgh University Press, 1989.
KANT, I. *Metaphysik der Sitten*, Frankfurt, Main, 1977. Edición castellana: La Metafísica de las costumbrse, ed. Adela Cortina Orts y Jesús Conill, Tecnos, Madrid, 1989.
– *Sobre la paz perpetua*, tr. Joaquín Abellán, 6ª ed., Madrid, Tecnos, 1998.
KEMP SMITH, N. *The philosophy of David Hume : a critical study of its origins and central doctrines*, London, Macmillan, 1949.
KETTLER, D. *Social and Political Thought of Adam Ferguson*, Columbus, Ohio State University Press, 1965.
KLEIN, L. «Enlightenment as conversation», en Baker, K. (ed.), *What's left of Enlightenment? A postmodern question*, Stanford University Press, 2001.
KLIEMT, H., *Moralische Institutionen. Empiristische Theorien ihrer Evolution*: Freiburg, München, Verlag Karl Alber, 1985. Traducción española: *Las*

instituciones morales: Las teorías empiristas de su evolución, Barcelona, Ed. Alfa, 1986.

KOLODNY, N.; WALLACE, J. «Promises and Practices revisited», en *Philosophy and Public Affairs,* nº31, 2003.

KORSGAARD, C. K. *The Sources of Normativity,* New York, Cambridge University Press, 1996.

– «Natural Motives and the Motive of Duty: Hume and Kant on our Duties to Others», en *The Constitution of Agency.* New York, Oxford University Press, 2008.

KYEDD, R. *Reason and conduct in Hume's treatise,* Bristol, Thoemmes Press, 1990.

LAING, Bertram M., *David Hume,* Bristol, Thoemmes, 1994.

LAWRENCE, C., «The nervous system and society in the Scottish Enlightenment», en *Natural Order,* B. Barnes & S. Shapin (eds.), London, Sage, 1978, pp. 19-40.

LEHMANN, W. *Adam Ferguson and the Beginnings of Modern Sociology,* New York, Columbia University Press, 1930.

MACKIE, J. L. *Hume's moral theory,* London, Routledge, Kegan Paul, 1987

MANENT, P. *Historia del pensamiento político liberal,* Buenos Aires, Emece, 1990.

MARTÍNEZ DE PISON. *Justicia y orden político en Hume,* Madrid, Centro de Estudios Políticos y Constitucionales, 1992.

MEDICK, H. *Naturzustand und Naturgeschichte der bürgerlichen Gesellschaft,* Göttingen, 1973.

MEEK, R. L. «The Scottish contribution to Marxist sociology», en *Economics and Ideology and Other Essays,* London, 1967.

MERTON, Robert. *Ciencia, tecnología y sociedad en la Inglaterra del siglo XVII.* Trad. Néstor Míguez. Madrid, Alianza Editorial, 1984.

MILLER, D. *Philosophy and ideology in Hume's political thought,* Oxford, Clarendon Press, 1981.

MORRICE, G. (ed.) *David Hume: bi-centenary papers,* Edinburgh, Edinburgh University Press, 1977.

NOOGLE, J. «Literary taste and counter-enlightenment in Hume's History of England», en *Studies in English Literature 1500-1900,* vol. 44, 2004, pp. 617-638.

NOXON, J. *Hume's philosophical development,* Oxford, Clarendon Press, 1973.

OWENS, D. «A Simple Theory of Promising», en *Philosophical Review,* vol. 115, 2006.

PARSONS, T. «Durkheim's contribution to the theory of integration of social systems», en *Emile Durkheim, 1858-1917: A collection of Essays,* Kusrt H. Wolff (ed.), Columbus, The Ohio State University Press, 1960.

PASSMORE, J. *Hume's Intentions,* London, Duckworth, 1968.

– *The Perfectibility of Man,* London, Duckworth, 1970.

PHILLIPSON, N.; MITCHISON, R. (eds.), *Scotland in the Age of Improvement,* Edinburg, Edinburg University Press, 1970.

PHILLIPSON, N. «Lawyers, landowners and the civic leadership of post-Union Scotland», en Juridical Review, nº21, 1976, pp. 97-120.
POCOCK, J. G. A. «Hume and the American Revolution: The dying thoughts of a North Briton», en *Virtue, Commerce, and History. Essays on Political Thought and History, Chiefly in the Eighteenth Century*, Cambridge, Cambridge University Press, 1986, pp. 125-142.
– «The mobility of Property and the rise of eighteenth-century sociology», en *Virtue, Commerce, and History. Essays on Political Thought and History, Chiefly in the Eighteenth Century*, Cambridge, Cambridge University Press, 1986, pp. 103-124.
– *The Machiavellian Moment: Florentine Political Thought and the Atlantic Republican Tradition*. Princeton, Princeton University Press, 2003.
POPKIN, R. «Scepticism, old and new», en *The third force in seventeenth century thought*, Leiden Brill (ed.), New York, Kobenhaven, Koln, 1992.
POSTEMA, G. «Whence Avidity? Hume's psychology and the origins of justice», en *Synthese*, 2006, 152, pp. 371-391.
PUFENDORF, S. *The Whole Duty of Man*, tr. David Saunders, ed. Knud Haakonssen, Indianapolis, Liberty Fund Inc., 2003.
RAPHAEL, D. D. «Hume and Adam Smith on Justice and Utility», en *Proceedings of the Aristotelian Society, New Series*, Vol. 73, 1972 - 1973, pp. 87-103.
RAWLS, J. *Lectures on the History of Moral Philosophy*, ed. Barbara Herman, Cambridge, Harvard University Press, 2000. Versión española: *Lecciones sobre la historia de la filosofía moral*, comp. B. Herman, Barcelona, Paidós, 2001.
– *Teoría de la justicia*, 2ªed., Madrid, FCE, 1995.
– «Two concepts of rules», en *The philosophical Review*, vol. 64, N. 1, Duke University Press, 1955, pp. 3-32
REINACH, A. *Phänomenologie des Rechts: Die Apriorischen Grundlagen des Bürgerlichen Rechts*, München, 1953.
RENDALL, Jane. *The Origins of the Scottish Enlightenment: 1707-1776*, London, Macmillan, 1978.
ROBERTSON, J. «The Scottish Enlightenment at the limits of the civic tradition», en *Wealth and Virtue*, I. Hunt & M. Ignatieff (eds.), pp. 137-78.
The case for the Enlightenment: Scotland and Naples 1680-1760, New York: Cambridge University Press, 2005.
ROUSSEAU, J. J., *Discours sur les Sciences et les Arts*, *Oeuvres completes*, Paris, Bibliothèque de la Pléiade, 1959.
RUNGE, L. L. «Beauty and Gallantry: A Model of Polite Conversation Revisited», en *Eighteenth-Century Life*, nº25, 1, 2001, pp. 43-63.
SALTER, J. «Hume and mutual advantage», en *Politics, Philosophy & Economics*, 2012
SAPP, V. J. «The Philosopher's seduction: Hume and the fair sex», en *Philosophy and Literature*, nº19, 1, 1995, pp. 1-15.
SCHMIDT, Claudia M. *David Hume: Reason in History*. Philadelphia, Pennsylvania State University Press, 2003.

SCHNEEWIND, J. B. *The invention of Autonomy: a history of modern political philosophy*, Cambridge, Cambridge University Press, 1998.
SCHNEIDER, L. *Introduction to the Scottish Moralists on Human Nature and Society*, Chicago, University Press, 1967.
SCHUMPETER, J. A, *History of Economic Analysis*, New York, Oxford University Press, 1954.
SEARLE, J., *Rationality in action*, Cambridge, MIT Press, 2001.
– *Speech acts: An essay in the philosophy of language*, New York, Cambridge University Press, 1970.
SHAW, D. *Reason and feeling in Hume's action theory and moral philosophy*, Lewinston, Mellen, 1998.
SHER, R. *Church and University in the Scottish Enlightenment*, Edinburgh, Edinburgh University Press, 1985.
SIEBERT, D. T. «Chivalry and Romance in the Age of Hume», en *Eighteenth-Century Life* nº21, 1,1997, pp. 62-79.
SKINNER, A. «Economics and history: the Scottish Enlightenment», en *Scottish Journal of Political Economy*, nº12, 1965, pp. 1-22.
SKINNER, Q. *The foundations of modern political thought* (2 vol), Cambridge, University Press, 1978-1980.
SNARE, F. *Morals, Motivation and Convention. Hume's influential doctrines*, Cambridge: Cambridge University Press, 1991.
STAROBINSKI, J., *Jean-Jacques Rousseau: la transparencia y el obstáculo*, tr. Santiago González Norieta, Madrid, Taurus, 1983.
– *Remedio en el mal: crítica y legitimación del artificio en la era de las luces*, Madrid, A. Machado Libros, 2000.
STEIN, P. «Law and society in 18th Century Scottish thought», en *Scotland in the Age of Improvement*, N. Phillipson & R. Mitchison (eds.), pp. 148-168.
– «The four stages theory of the development of societies», en *The Character and the Influence of Roman Civil Law*, London, The Hamblendon Press, pp. 395-409.
STEWART, J. B. *The moral and political philosophy of David Hume*, Westport, Greenwood Press, 1973.
– *Opinion and Reform in Hume's political philosophy*, Princeton University Press, 1992.
– *The moral and political philosophy of David Hume*, Westport, Columbia University Press, 1963.
STEWART, M. (ed.) *Studies in the Philosophy of the Scottish Enlightenment*, Oxford, Clarendon Press, 1990.
STOCKTON, C. «Economics and the mechanism of historical progress in Hume's History», en *Hume: A re-evaluation*, D. Livingston & J. King (eds.), New York, Fordham University Press, 1976, pp. 296-320.
STROUD, B. *Hume*, London, New York, Routledge, 1977.
SUÁREZ, F., *De legibus*, CSIC-Dpto. de Publicaciones, 1974, pp.12-13
SUSATO, R. «The Idea of Chivalry in the Scottish Enlightenment: The Case of David Hume», en *Hume Studies*, vol. 33, nº 1, pp. 155-178.

SWINGEWOOD, A. «Origins of sociology: the case of the Scottish Enlightenment», en *British Journal of Sociology*, 21, 1970, pp. 164-180.
THOMPSON, M. «Hume's critique of Locke and the "Original Contract"», en *Il Pensiero Politico*, 10, 1977, pp. 189-201.
TOCQUEVILLE, A. *La democracia en América, I y II*, traducción de Dolores Sánchez de Aleu en Alianza Editorial, 1980, 5ª y 6ª reimp. 1998 y 1999.
TORRALBA LÓPEZ, Jose María. *Libertad, objeto práctico y acción: la facultad del juicio en la filosofía moral de Kant*, Olms, Hildesheim, 2009.
TUCK, R. *Hobbes: A Very Short Introduction*. New York, Oxford University Press, 2002.
TWEYMAN, S. (ed.) *David Hume: critical assessments*, London, New York, Routledge, 1995.
VLACHOS, G. *Essai sur la politique de Hume*, Paris, Institut Français Athènes, 1955.
VON MISES, L. *Human Action: A Treatise on Economics*, The Scholars Edition, Alabama, Ludwig von Mises Institute, 1998, reimpreso 2008.
WALTON, C. «Hume's England as a natural history of morals», en *Liberty in Hume's History of England*, N. Capaldi & D. Livingston (eds.), pp. 25-52.
WENNERLIND, C. «The link between David Hume's *Treatise of Human Nature* and his Fiduciary Theory of Money», en *History of Political Economy*, nº33, 1, 2001.
– «The Role of Political Economy in Hume's Moral Philosophy», en *Hume Studies*, vol. 37, nº 1, 2011, pp. 43-64.
WESTFALL, Richard. *Science and Religion in Seventeenth-Century England*, New Haven, Yale Historical Publications, Yale University Press, 1958.
WHELAN, F. G. *Order and Artifice in Hume's political philosophy*, Princeton, Princeton University Press, 1985.
– Hume *and Machiavelli. Political Realism and Liberal Thought*, Lanham, Lexington Books, 2004.
WILLIAMS, B. *Ethics and the limits of philosophy*, Cambridge, Harvard University Press, 1998.
WOOD, N. «The value of asocial sociability», en *Machiavelli and the Nature of Political Thought*, M. Fleischer (ed.), New York, Atheneum, pp. 282-307.
WOOD, Paul. «The natural history of man in the Scottish Enlightenment», en *History of Science*, 27, 1989, pp. 89-123.
– (ed.) *The Scottish Enlightenment*, 2000.
WOOTTON, D. «David Hume "the historian"», en *The Cambridge Companion to Hume*, D. Norton (ed.), 1993, pp. 281-312.
WRIGHT, J. *The Sceptical Realism of David Hume*, Manchester University Press, 1983.

ÍNDICE DE MATERIAS

ÍNDICE ONOMÁSTICO

Made in United States
North Haven, CT
05 November 2026

21763428R00148